谨以此书献给

我挚爱的父母

首都人口调控

京津冀协同发展下"双转移"模式研究

王瑜 著

群众出版社 · 北京

图书在版编目（CIP）数据

首都人口调控：京津冀协同发展下"双转移"模式研究／王瑜著．
—北京：群众出版社，2018.1
（青年博士文库）
ISBN 978－7－5014－5763－2

Ⅰ.①首…　Ⅱ.①王…　Ⅲ.①人口控制—研究—北京　Ⅳ.①C924.251

中国版本图书馆 CIP 数据核字（2017）第 259798 号

首都人口调控

京津冀协同发展下"双转移"模式研究

王瑜　著

出版发行：群众出版社
地　　址：北京市丰台区方庄芳星园三区十五号楼
邮政编码：100078
经　　销：新华书店
印　　刷：北京普瑞德印刷厂

版　　次：2018 年 1 月第 1 版
印　　次：2018 年 1 月第 1 次
印　　张：18.25
开　　本：787 毫米 × 1092 毫米　1/16
字　　数：310 千字

书　　号：ISBN 978－7－5014－5763－2
定　　价：68.00 元

网　　址：www.qzcbs.com
电子邮箱：843195700@qq.com

营销中心电话：010－83903254
读者服务部电话（门市）：010－83903257
警官读者俱乐部电话（网购、邮购）：010－83903253
文艺分社电话：010－83901730　　　010－83903973

内容摘要

随着我国工业化和城市化快速发展，作为新首都圈主体、环渤海地区和北方腹地经济发展龙头，京津冀地区已成为继长三角、珠三角之后新的重要发展引擎。该区域涵盖全国政治、文化、科技、国际交往的核心区域，具有重要的政治、经济和社会发展区位优势，区域的绿色协同可持续发展更事关国家发展全局。尤其中共十八大以来，在习近平总书记倡导下，京津冀协同发展业已上升为重大国家战略。

然而，北京作为京津冀协同发展的核心及特大城市代表，在城市化快速发展同时，人口集聚引发交通拥堵、住房紧张、环境污染、公共服务和社会保障滞后等一系列的城市病问题日益凸显，亟待通过人口调控以促进本地及京津冀区域人口与经济社会及资源环境的可持续发展。

本论著的研究正是围绕当前首都北京人口相关最突出问题——"大城市病"的解决而展开。作者深入分析发现：北京"大城市病"表面看是人口过多引发，背后很大程度源于其在城市化进程中，产业发展失衡和公共资源过度集中引致的人口快速集聚。所谓城市病，其实质是常住人口尤其外来常住人口增加而带来的需求，超过现有基础设施、公共服务和社会保障的水平和能力，因而给城市运行带来交通拥挤、房价高涨、环境污染和公共服务滞后等多重压力。

作者从工业化和城市化发展视角分析认为，北京"大城市病"形成过程中，产业和公共资源过度集中引致大量劳动力人口和相关人口集聚是幕后重要推手。而产业的发展和公共资源布局则主要取决于城市功能定位。进一步分析发现，产业和公共资源过度集聚根源于以往"大而全"的首都功能指向。换言之，以往"大而全"的首都功能吸引过多产业和优质公共资源向首都尤其核心城区集中布局，进而吸引过多劳动力人口和对优质公共资源需求的人口向首都中心城区聚集。这其中相当一部分是外来人口，尤以河北来京外来人口占比最高。因此，解决首都"大城市病"的关键在于科学调控人口；而通过有序疏解非首都功能，进而疏解相对"超载"的人口则成为首都人口调控的目标导向。这一思路正与国家《京津冀协同发展规划纲要》的首要任务与核心思想相吻合。

在作者看来，疏解非首都功能应重点疏解支撑非首都功能的产业和公共资源，而两者相较应优先疏解支撑非首都功能的产业。这是因为从工业化和城市化发展规律来看，当下我国所处的阶段，产业经济的发展是整个社会财富积累和转型优化的活力之源，也是我国推动经济发展方式转变和供给侧结构性改革的主要着力点。一方面，从发展经济学角度看，只有通过产业转移实现迁出地和承接地的产业优势互补和转型升级，达成双方利益共赢和协同发展，各方才最有动力推进产业带动人口"双转移"。另一方面，按照产业经济自身规律，通过产业转移疏解本身即可带动产业人口（劳动力人口）的迁移疏解，并进而带动公共资源疏解。而公共资源和公共服务体系的疏解只有跟着人口迁移尤其劳动力人口迁移走，才可能使迁出的人口和产业尽可能留在承接地。由此，在考虑解决北京"大城市病"和疏解非首都功能及人口过程中，应将产业转移带动人口迁移作为先导，通过其进一步带动包括公共资源及相关人口在内的非首都功能之整体疏解。因此，本论著研究得出的结论为：北京只有优先通过产业带动人口"双转移"才可能在推进承接双方产业转型和升级优化过程中，真正促进人口的有序迁移和区域内均衡布局，进而推动非首都功能整体疏解和首都"大城市病"的解决，实现京津冀协同发展。

作者继续分析指出，产业转移和人口迁移若形成良性互动与联动，其蕴含的潜在价值和可能产生的实际效果都将是惊人的。当下情境，在研究京津冀协同发展视野下的人口调控和相关非首都功能疏解过程中，很有必要深入分析京津冀地区产业和人口区域间的核心差异及内在作用机制；探究产业和人口的"双转移"对于首都北京的人口调控乃至京津冀协同发展的深层价值；论证能否在遵循产业转移和人口迁移的双重规律基础上，优先通过产业带动人口"双转移"及所产生的连锁反应，带动整体非首都功能的有序疏解、首都人口的有效调控以及京津冀协同发展的"大盘"。既实现三地产业优势互补和优化升级，又能达成京津冀人口的空间均衡分布，最终实现区域人口与经济社会以及资源环境相协调的绿色、协同、可持续发展。

因此，作者认为，应将北京向津冀的产业带动人口"双转移"作为推动非首都功能疏解和人口均衡发展的主要抓手和着力点。这一过程中，应侧重从总体宏观角度切入，充分把握京津冀协同发展的重大国家战略机遇，以有序推进非首都功能疏解为核心导向，在充分尊重城市化发展规律并遵循产业转移和人口迁移基本规律基础上，重点围绕产业带动人口"双转移"和双承接（涵盖产业转型升级）的推进，辨析影响京津冀尤其是北京产业转移和人口迁移的基础条件、动力机制与障碍因素；以创新为核心，兼顾生态文明与绿色发展、城镇化发展和城乡公共服务均等化等人口城市化发展需求，使得产业转移与人口迁移实现统筹推进和有机统一，最终实现三地产业优势互补、人口有序迁移与合理分布，促进非首都功能整体疏解和北京城市病的解决，进而推动京津冀协同发展。

为此，本论著以人口老龄化和城市化进程为背景，以京津冀协同发展国家战略强调的非首都功能疏解为导向，以产业带动人口"双转移"作为研究基点，通过厘清北京"大城市病"问题与城市功能、人口、产业乃至公共资源集聚之间的关系；论证得出产业带动人口"双转移"对于非首都功能有序疏解、首都人口的有效调控以及京津冀协同发展具有重要作用和优先价值；发现产业和人口"双转移"的相互作用机理和内在动力机制；同时对产业转移和人口迁移的规模、路径和方向进行预测和情景模拟分析，之后特别以雄安新区为样本对"双转移"框架模式进行应用分析；最后，在上述预测和分析基础上尝试拟定未来"双转移"的策略导向和政策建议。

本书是首部研究将"双转移"作为解决首都人口相关的"大城市病"问题和推进非首都功能疏解之先导的学术专著。在当前语境下，本书的研究具有重要的理论与现实意义，可为相关研究者和一线实践者提供战略性和前瞻性的参考价值。其研究发现和政策思路，不仅有助于破解首都北京发展长期积累的深层次矛盾和问题，优化提升首都核心功能，探索中国特色"大城市病"解决的路径；而且有利于探索京津冀区域有效应对资源环境压力和区域发展不平衡矛盾日益突出等挑战，加快转变区域经济发展方式、培育新的增长动力和增长极，优化区域发展格局的路径；也有助于探索未来完善京津冀区域城市群发展形态，优化生产力布局和空间结构，打造具有较强竞争力的世界级城市群的发展模式。

Abstract

When China is undergoing rapid development of industrialization and urbanization, the megalopolis of Beijing – Tianjin – Hebei (BTH) region has become an important new economic development engines after the Yangtze River delta and the Pearl River delta. As the main part of the Capital Economic Circle (CEC), also the development leader of the Bohai Economic Rim (BER) and the northern hinterland, BTH region is the national center for politics, culture development, scientific and technical innovation, and international communication. This region has an important location advantage in political, economic and social development, and the green coordinated and sustainable development among BTH region is crucial to the nation's overall development. Especially since the 18th CPC national congress, under the initiative of the general secretary Xi Jinping, BTH region coordinated development has risen to a major national strategy.

However, Beijing is the core city in BTH region and a typical megacity of China. With rapid urbanization and population rising sharply, the city faces a series of problems, such as traffic jams, housing shortage, environmental degradation, public service and social security shortage, which are usually called as "urban disease" and urgently need to be solved through population management so as to boost the sustainable development in population, economic, society, resources and environment within the city and among the BTH region.

This book right focuses on solving "urban disease", the most outstanding problem related to the capital city's population. After thorough investigation and research, the author finds out that although Beijing's urban disease is seemingly due to the excessive population, it is actually a result of the rapid population agglomeration caused by industrial imbalance and excessive concentration of public resources in the process of urbanization. The essence of the so – called "urban disease" is that when residential population, especially floating population is increasing, the demand for infrastructure, public services and social security exceeds the existing level and capability, thus bringing traffic congestion, high housing prices, environmental pollution and public service lag and other multiple pressures to urban operation.

From the industrialization and urbanization point of view, the author believes that the agglomeration of labor force and related population which is caused by excessive concentration of industry and public resources is a key driving force leading to Beijing's urban disease. The industrial development and the layout of public resources mainly depend on the orientation of the city function. Further analysis shows that the excessive concentration of industry and public resources is rooted in the past "big and all" orientation of the capital city function. In other words, the past "big and all" orientation attracts too many industries and high - quality public resources to the capital city, especially to the center urban areas, and thus attract too much labor force and those who demand for high - quality public resources in the center urban areas. A considerable part of the labor force is consist of floating population, especially those coming from Hebei province which accounts for the highest proportion of the floating population in Beijing. Therefore, the key to solve the capital urban disease lies in scientific management of population. Orderly evacuating the non - capital functions and the relative "overload" population is the goal of population management of the capital city. This thought is consistent with the major task and the core idea of the national "BTH Region Coordinated Development Planning Outline".

In the author's opinion, evacuating the non - capital functions should focus on evacuating the industries and public resources that relate to the non - capital functions, giving priority to the former if having to tick one in the first. This is because from the perspective of the law of industrialization and urbanization development, China's industrial economic development in the current stage is not only the source of vitality of the social wealth accumulation and transformation optimization, but also the main focus of China's economic development model transformation and supply - side structural reform. On the one hand, from the perspective of development economics, only through industry relocation hence taking the complementary advantage and transformation upgrading in both move - in and move - out areas, we can achieve win – win and coordinated development, and both areas will have incentives to promote the "double transfer" of industry relocation driven population migration. On the other hand, according to the law of industrial economics, industry relocation can promote population migration and then promote the evacuation of public resources. The evacuation of public resources and public service systems can only be accompanied by population migration, particularly the labor force migration, in order to leave the relocated industries and populations in the move – in areas as much as possible. Therefore, in the process of solving Beijing's urban disease and evacuating the non – capital functions and population, industry relocation should be taken in the first step, through which we can further promote the overall e-vacuation of the non – capital functions, including public resources and related population. This book concludes that only by giving priority to the "double transfer", i. e. population migration driven by industry relocation, Beijing can actually promote the orderly migration and regional balanced distribution of population in the process of undertaking industrial transformation and upgrading, and further promote the evacuation of the non – capital functions, solve Beijing's urban disease and realize the coordinated development among BTH regions.

Further analysis shows that if there are positive interactions and linkages between industry relocation and population migration, the potential value and the possible practical effects will be amazing. In the current situation, it is very necessary to analyze the core differences and the internal mechanism of industry and population between BTH regions; to explore the deep value of the "double transfer" of industry and population for the population management and coordinated development among BTH regions; to demonstrate whether it is possible to follow the laws of industry relocation and population migration, while giving priority to relocating industry firstly and driving population migration and triggering the chain reaction, hence to promote the orderly evacuation of the non – capital functions, to realize effective management of the capital city's population and to promote the coordinated development of BTH regions in a grand vision. Through the "double transfer", we will see the complementary industrial advantages and the optimized and upgraded industry layout, the population of BTH regions will also distribute in a more balanced way, and finally we will realize the green, coordinated and sustainable development of population, economy, society, resources and environment within the region.

Therefore, the author believes that the "double transfer" from Beijing to Tianjin and Hebei should be the breakthrough and the emphasis of promoting the non – capital functions evacuation and the balanced population development. In this process, we should focus from a macro point of view and fully grasp the major national strategic opportunities of BTH region coordinated development, take the orderly evacuation of the non – capital functions as the core guideline, give full respect for the laws of urbanization, follow the basic laws of industry relocation and population migration, emphasize on the promotion of "double transfer" and double undertaking (including industrial transformation and upgrading), and distinguish the basic conditions, the dynamic mechanism and the obstacles to the factors that affect industry relocation and population migration of BTH region, especially of Beijing. Meanwhile, we should focus on innovation and take into account the population urbanization demand for ecological civilization, green development, urbanization development and public service equalization in urban and rural areas, so as to promote industrial relocation and population migration in a coordinated way. We should take the advantage of industrial complementation as well as the orderly migration and reasonable distribution of population, to promote the non – capital functions evacuation and the solution of urban disease of Beijing, and to further promote the coordinated development of Beijing, Tianjin and Hebei. The above thinking is also the research essentials of chapter 4 to chapter 9.

In this book, the population aging and urbanization process are the research background, the non – capital functions evacuation under the national strategy of coordinated development among BTH regions is the guideline, and the "double transfer" of industry relocation driven population migration is the research emphasis. By clarifying the relationship between Beijing's urban disease and the capital city's functions, population, industry and public resource agglomeration, this book concludes that the "double transfer" of industry relocation driven population migration plays an important role and displays a priority value in realizing orderly evacuation of the non – capital functions, the effective management of capital city's population and the coordinated development among BTH regions. This book finds out the interaction mechanism and internal dynamic mechanism of the "double transfer" between industry and population, and in the meanwhile taking Xiong'an New Area as an example, makes scenario analysis and predictions on the scale, path and direction of industrial relocation and population migration. Also, based on the a-bove prediction analysis, this book provides strategic direction and policy recommendations under the "double transfer" framework in the future.

This book is the first academic monograph to study the "double transfer" as a guide to solve urban disease related to the population in the capital city and to promote the non – capital functions evacua-tion. In the current context, the study of this book has important theoretical and practical significance. It provides researchers and frontline practitioners strategic and forward – looking references.

The research findings and policy thinking will not only help to solve the deep contradictions and problems accumulated in the long – term development of Beijing, optimize and improve the core func-tions of the capital city, and explore the way to solve the "big urban disease" with Chinese characteris-tics, but are also conducive to exploring a respond to the increasing challenges of how to effectively deal with the resource and environmental constraint and regional development imbalance, to accelerating the transformation of regional economic development model, to cultivating new growth momentum and growth poles, and to optimizing the regional development pattern. Furthermore, it will also help to explore the future development of BTH regional urban agglomeration, optimize the layout of productivity and spatial structure, and create a more competitive development model of world – class urban agglomeration.

前　言

随着我国工业化和城市化快速发展，作为新首都圈主体、环渤海地区和北方腹地经济发展的龙头，京津冀地区业已成为继长三角、珠三角之后新的重要发展引擎。这一区域涵盖全国政治、文化、科技、国际交往的核心区域，具有独特的政治、经济和社会发展区位优势，区域的绿色协同可持续发展事关国家发展全局，已成为重大国家战略。然而，北京作为京津冀首都圈与城市群协同发展的核心及特大城市代表，在城市化快速发展的同时，因人口集聚引发交通拥堵、住房紧张、环境污染、公共服务和社会保障滞后等一系列城市病的问题日益加剧，亟待通过着眼于京津冀协同发展和非首都功能有序疏解战略下的科学人口调控，来促进本地及区域人口与资源环境的协调发展，以及经济社会的可持续发展。

为此，2014年2月26日，中共中央总书记、国家主席、中央军委主席习近平在北京主持召开座谈会，专题听取京津冀协同发展工作汇报，强调实现京津冀协同发展，是面向未来打造新的首都经济圈、推进区域发展体制机制创新的需要，是探索完善城市群布局和形态、为优化开发区域发展提供示范和样板的需要，是探索生态文明建设有效路径、促进人口经济资源环境相协调的需要，是实现京津冀优势互补、促进环渤海经济区发展、带动北方腹地发展的需要，是一个重大国家战略，要坚持优势互补、互利共赢、扎实推进，加快走出一条科学持续的协同发展路子来。

2015年4月，中共中央政治局审议通过《京津冀协同发展规划纲要》，明确提出，京津冀协同发展国家战略的首要任务是解决北京"大城市病"问题，核心是"有序疏解北京非首都功能，优化提升首都核心功能"，在产业、人口、公共服务以及环境生态等方面出台协同治理和发展专项政策。2016 年 5 月 27 日，中共中央政治局会议审议通过《关于规划建设北京城市副中心和研究设立河北雄安新区的有关情况的汇报》。

2017 年 2 月 23 日，习近平专程到河北省安新县实地考察，主持召开河北雄安新区规划建设工作座谈会。随后 4 月 1 日，中共中央、国务院印发通知，决定设立河北雄安新区。由此，首都副中心正式建立。

2017 年 9 月 27 日，《北京城市总体规划（2016 年 –2035 年)》通过中共中央、国务院批复同意并正式对外公布。其中明确定位："北京是中华人民共和国的首都，是全国政治中心、文化中心、国际交往中心、科技创新中心。"

2017 年 10 月 18 日，习近平总书记在中国共产党第十九次全国代表大会上的报告中明确提出，以疏解北京非首都功能为"牛鼻子"推动京津冀协同发展，高起点规划、高标准建设雄安新区。

一、问题的提出

三年多来，在京津冀协同发展的理念和国家战略指向下，三地在产业、交通和生态等方面相继出台专项协同发展政策，在推动落实方面呈现不同程度效果。笔者的前期调查与研究发现：当前三地在协同发展过程中尚存在一些突出问题，尤其在老龄化程度加剧背景下，以非首都功能疏解为导向的产业转移和人口调控亦面临一些瓶颈亟待突破：比如非首都功能、产业、人口和公共资源等方面的疏解转移尚未形成系统合力与联动效应，北京转移到河北的部分产业呈现"水土不服"的问题；一些地方还存在一定程度违背经济规律和人口迁移规律的盲目疏解甚至强制疏解；有调查显示，京津冀在区域产业转移承接过程中合作建立的一些产业园区存在着同质化建设与无序竞争等问题；"行政主导和市场职能相互掣肘，利益共享机制和生态补偿机制不到位"等问题还阻碍着人口、产业、功能等转移承接和协同发展。

诸如此类现实问题给业界和学界带来新的思考：在当前

京津冀协同发展的非首都功能疏解政策导向下，产业转移和人口迁移究竟有何内在联系？其在非首都功能疏解和人口调控过程中应如何定位，扮演什么角色，发挥怎样的作用？与"双转移"相应的转移和承接政策应如何配套，才能更好地契合三地协同发展的需求？进一步思考，若产业和人口的对外疏解存在某种互动和联动效应，未来在推动产业转移承接和劳动力疏解落地之后，如何确保迁出地和承接地各自新的产业结构与就业结构及劳动力资源配置相协调适应？产业转移和人口迁移遵循哪些基本规律和原则，两者之间有何内在作用机制，能否通过产业转移带动更多劳动力人口及相关人口实现有序疏解迁移？这些问题的分析和解答，对于解决首都北京的"大城市病"以及推进非首都功能的有效疏解、区域人口的有序迁移与合理分布以及促进京津冀协同发展，都将具有重要的借鉴价值。

总体来看，《京津冀协同发展规划纲要》《"十三五"时期京津冀国民经济和社会发展规划》等国家战略明确提出，以推进非首都功能有序疏解为核心，调控首都北京的人口，进而解决北京"大城市病"；并初步提出产业、交通和生态先行协同的转移思路。从研究层面看，目前尚缺乏针对产业带动人口"双转移"之于非首都功能疏解与首都人口调控的核心价值及深层作用的深入探讨；对京津冀协同发展下产业转移和人口迁移之间的相互作用以及联动效应亦研究不足；同时对于产业带动人口"双转移"的路径和方向也缺少定性和定量综合研究。而这正是本论著研究探讨的出发点和落脚点。

二、研究基点和思路

本研究围绕解决北京人口问题而展开。当前北京人口问题最为突出的表现是"大城市病"。笔者通过分析发现：北京"大城市病"产生的实质是常住人口，尤其是外来常住人口增加带来的需求，超过现有基础设施、公共服务和社会保障的水平和能力，而给城市运行带来交通拥挤、房价高涨、环境污染和公共服务滞后等多重压力。这其中，因产业和公共资源过度集中引致大量劳动力人口和相关人口集聚是幕后重要推手。进一步分析发现，产业和公共资源过度集聚正是源于以往"大而全"的首都功能指向。换言之，以往"大而全"的首都功能吸引过多产业和优质公共资源向首都，尤其是核心城区集中布局，进而吸引过多劳动力人口和对优质公共资源有需求的人口向首都中心城区聚集。其中相当一部分是外来人口，尤以河北来京外来人口占比最高。因此，有序疏解非首都功能，进而疏解相对"超载"的人口成为首都人口调控的目标导向。

从工业化和城市化发展视角分析研究可以得知，北京"大城市病"表面看是人口过多引发，背后很大程度源于其在城市化进程中，产业发展失衡和公共资源过度集中引致的人口快速集聚。产业的发展和公共资源布局则主要取决于城市功能定位。因此，疏解非首都功能应重点疏解支撑非首都功能的产业和公共资源，而两者相较应优先疏解支撑非首都功能的产业。

从工业化和城市化发展规律来看，在当下我国所处阶段，产业经济发展是整个社会财富积累和转型优化的活力之源，也是推动经济发展方式转变和供给侧结构性改革的主要着力点。一方面，只有通过产业转移实现迁出地和承接地的产业优势互补和转型升级，达成双方利益共赢和协同发展，双方才最有动力推进产业带动人口"双转移"；另一方面，按照产业经济规律，通过产业转移疏解本身即可带动劳动力人口的迁移疏解，并进而带动公共资源疏解。而公共资源和公共服务体系的疏解只有跟着人口迁移，尤其是劳动力人口迁移走，才可能使迁出的产业和人口尽可能留在承接地。由此，在考虑解决北京"大城市病"和疏解非首都功能及人口过程中，应将产业转移带动人口迁移作为先导，从而进一步带动包括公共资源及相关人口在内的非首都功能的整体疏解。因此，本研究得出的结论是，北京只有优先通过产业带动人口"双转移"，才可能在推进承接双方产业转型和升级优化过程中真正促进人口的有序迁移和区域内均衡布局，进而推动非首都功能整体疏解和首都"大城市病"的解决，实现京津冀协同发展。

笔者进一步研究认为，产业转移和人口迁移若形成良性互动与联动，其蕴含的潜在价值和可能产生的实际效果都将是惊人的。当下情境，在研究京津冀协同发展的人口调控和相关非首都功能疏解过程中，很有必要深入分析京津冀地区产业和人口区域间的核心差异及内在作用机制；探究产业和人口的"双转移"对于首都北京的人口调控乃至京津冀协同发展的深层价值；论证出能否在遵循产业转移和人口迁移的双重规律基础上优先通过产业带动人口"双转移"及所产生的连锁反应，来带动整体非首都功能的有序疏解、首都人口的有效调控以及京津冀协同发展的"大盘"。既实现三地产业优势互补和优化升级，又能达成京津冀人口空间均衡分布，最终实现区域人口与社会经济、资源环境相协调的绿色、协同、可持续发展。

因此，在笔者看来，应将北京向津冀的产业带动人口"双转移"作为推动非首都功能疏解和人口均衡发展的主要抓手和着力点。这一过程应侧重从总体宏观角度切入，充分把握京津冀协同发展的重大国家战略机遇，以推进非首都功能疏解为核心导向，在充分尊重城市化发展规律并遵循产业转移和人口迁移基本规律基础上，重点围绕产业带动人口"双转移"和承接（涵盖产业转型升级）的推进，辨析影响京津冀，尤其是北京产业转移和人口迁移的基础条件、动力机制与障碍因素，以创新为核心，兼顾生态文明与绿色发展、城镇化发展和城乡公共服务均等化等人口城市化发展需求，使得产业转移与人口迁移实现统筹推进和有机统一，最终实现三地产业优势互补、人口有序迁移与合理分布，促进非首都功能整体疏解和北京"大城市病"的解决，进而推动京津冀协同发展。而这一思路也正是本研究第4章至第9章的总体研究思路。

为此，本论著以人口老龄化和城市化为背景，以京津冀协同发展国家战略提出的非首都功能疏解为导向，以产业带动人口"双转移"作为研究基点，通过厘清北京"大城市病"问题与城市功能、人口、产业乃至公共资源集聚之间的关系论证得出：产业带动人口"双转移"对于非首都功能有序疏解、首都人口的有效调控以及京津冀协同发展具有重要作用和优先价值；发现产业和人口"双转移"的相互作用机理和内在动力机制。同时，对产业转移和人口迁移的规模、路径和方向进行预测和场景模拟分析，并以雄安新区为样本对"双转移"框架进行应用分析。在上述预测和分析基础上，尝试拟定未来"双转移"的策略导向和政策建议。

三、创新与发现

首先，创新性构建了基于京津冀协同发展和非首都功能疏解导向下产业带动人口"双转移"的理论分析框架；通过总结勾勒北京城市发展模式和运行机理图，从全新视角论证出：北京实施人口调控旨在应对"大城市病"，而城市病核心症结在于北京非首都功能过多、过散。因此，应将有序疏解非首都功能作为核心。而优先通过产业带动人口"双转移"，促进人口与产业在区域范围有序流动与合理分布，实现人口有效调控，才是破解首都"大城市病"和推动非首都功能有序疏解的关键。

其次，本书通过厘清产业和人口"双转移"的基础条件、主体障碍和影响因素，总结出"双转移"的相互作用机理，归纳出推进"双转移"的"六轮驱动"系统动力机制：政府和市场的双重动力，产业转移和人口迁移之间互为动力，创新的内驱力和绿色发展的引领动力。

再次，首次探索运用定量（PDE多状态模型）和定性相结合的方法，对"双转移"的路径和方向进行预测分析；模拟分析出京津冀范围内适宜承接北京产业和人口"双转移"的6个城市及其在三种不同情境下各自承接"双转移"的方案。首先，运用PDE多状态模型预测出至2020年北京各产业迁出总人口（就业人口）规模的高中低三种方案。其次，在充分考虑三地主要地市的功能定位、自然条件、产业和人口发展布局基础上，结合京津冀三地 13 地市人均水资源状况，参考人口发展功能区划思路，综合预判出河北最适合承接北京产业带动人口"双转移"的 6 个主要城市——石家庄、保定、沧州、廊坊、唐山、秦皇岛。而后，以前述北京迁出人口方案作为承接对象，依据这 6 城市的人均水资源指数占比，得到高中低三种情境下各城市承接北京迁出人口的分配方案。

随后，特别以最新的首都副中心——国家雄安新区设立为样本，将上述"双转移"分析框架进行应用分析，进一步佐证"双转移"视角的科学合理性。本研究认为，雄安新区的定位、建立和推进符合产业带动人口"双转移"规律，是"双转移"应用的典型案例。从北京向雄安集中疏解非首都功能和人口时，应优先通过"双转移"来带动首都公共资源和公共服务的疏解，进而带动非首都功能和人口的整体疏解。这一过程还应始终遵循绿色发展为引领和创新驱动为核心的理念和规律。

最后，在上述论证基础上，有针对性地提出产业带动人口"双转移"的战略原则和政策建议。

四、研究局限与不足

首先，从研究内容和研究视角看，本论著以宏观层面研究为主，微观企业转移和人口迁移作用机制探讨略显不足。同时，偏重京津冀协同发展下跨行政区域的转移承接，对北京行政区域内部产业人口"双转移"研究涉及不多，尤其对北京城市副中心——通州之于未来产业转移和公共服务疏解下人口迁移路径的影响研究没有足够涉及。

其次，对"双转移"路径的场景模拟是基于模型预测结果的分析，能否在实践中获得实效尚待验证。限于有关数据不可及原因，对未来京津冀人口规模和数量的预测难免存在误差（详见附录模型说明）。预测假设为便于研究，将人口迁移严格设定于北京与河北之间，未考虑天津在区域人口转移承接中的作用。这在实际人口迁移中也是理想状况。

再次，需特别说明的是，本书主体为 2016 年 6 月成稿的博士论文。当时能收集到的最新年度数据多为 2016 年之前数据，大部分研究论述都基于此。成文时，河北雄安新区尚未建立，虽在后续修订中专门补充一章雄安概况和定性分析，但因时间关系，在第 7 章定量预测模拟中并未明确涉及雄安相关内容，只是笼统地提及保定市。

最后，偏重政策研究和比较分析的论著，对制定未来政策建议的理解和把握若能有一线实践工作和参与决策经验最好。笔者虽也参加了几次国家相关项目研究和调研，且精研了已有文献资料，但与实际工作者毕竟还存在一定距离。因此，政策建议部分的可操作性尚待进一步修正和完善。

五、总结和展望

综合来看，本研究直击当前京津冀协同发展中的核心热点——北京人口调控问题，尤其是与人口相关的"大城市病"问题，以京津冀协同发展和人口老龄化加剧背景下北京的"非首都功能有序疏解"为导向，着力探讨如何通过产业转移带动人口疏解的"双转移"思路，有效分解北京的"大城市病"问题；在理论和实证基础上，特别以雄安新区设立为样本，进行了重点分析与假设，通过"双转移"视角深度解析雄安与京津冀三地的互动关系及深远价值。论证得出：优先通过产业带动人口"双转移"思路不仅可以促进京津冀三地产业优化升级和优势互补，而且可以引导首都圈地区人口有序迁移与合理分布，进而推动非首都功能的有序疏解，促进京津冀区域人口、产业与资源环境以及经济社会的绿色、协调和可持续发展。

总体来看，本研究探讨的首都人口调控问题实际指向是首都人口压力在京津冀三地协同发展中的疏解分散问题，是以非首都功能疏解为导向的。而这正是本研究产业带动人口"双转移"的出发点和落脚点。结合研究发现的"双转移"面临的主体障碍、动力机制和作用机理，本研究认为，未来"双转移"研究和政策建议应主要聚焦解决北京人口存量和增量问题，具体可从人口存量疏解和增量优化分流两方面来考虑；人口分析可从常住人口和非常住人口视角切入，疏解范围在京津冀区域内可划分为北京城内（以通州为主）和城外（以河北，尤其是雄安为主）。而解决总体思路是城外优先通过推进产业转移带动人口迁移来推动非首都功能的整体疏解，城内则优先通过北京市政府行政功能的转移带动人口迁移。这期间，需要防止出现市场失灵和政府失灵的问题。也就是要避免两个极端，不要用政府引导代替市场主导，也不能单纯通过市场调节发挥作用。因为政府政策规范、约束和激励机制等方面也同样重要。特别是行政干预方面，既要积极作为，做好引导和规范，又切忌过度管控。

综上，本研究对于探讨解决北京人口相关的"大城市病"问题、推动京津冀协同发展乃至全国区域协同发展都有积极的意义。其研究发现和政策思路，不仅有利于破解首都北京发展长期积累的深层次矛盾和问题，优化提升首都核心功能，探索中国特色"大城市病"解决的路径；而且有利于探索京津冀区域有效应对资源环境压力和区域发展不平衡矛盾日益突出等挑战，加快转变区域经济发展方式、培育新的增长动力和增长极，优化区域发展格局的路径；也有助于未来完善京津冀区域城市群发展形态，优化生产力布局和空间结构，打造具有较强竞争力的世界级城市群。

总之，当前语境下，本研究具有一定的理论与现实意义，也不乏前瞻性、示范效应和战略价值，可为相关研究者和一线实践者提供参考。

目　录

第一章
绪 论

1.1 研究背景及问题提出

21 世纪以来，随着全球经济的发展，许多国家大都市圈和特大城市群在城市化发展和国家社会经济发展进程中的引领作用日益显著。我国正处在工业化和城市化发展的重要阶段，城市化进程正在全面加速。长三角、珠三角、京津冀城市群和都市圈规模初显，在区域发展和国民经济中日益占据重要地位，已成为国家经济增长的重要引擎（宁越敏，2011）。其中，京津冀作为带动我国经济快速增长和参与国际经济合作与竞争的主要平台之一，地区土地面积为 21.6 万平方公里，占全国的 2%。2013 年，三地 GDP 之和首次突破 6 万亿元，达 6.2 万亿元，占当年中国国内生产总值的 10.9%。三地总人口为 10860.5 万，占全国的 7.98%；社会消费品零售总额占全国的 9.9%；进出口总额占全国的 14.7%（《国家新型城镇化规划（2014 – 2020 年)》)①。2015 年，京津冀三地地区生产总值已接近 7 万亿，合计 69312.9 亿元，占全国的 10.2%②。京津冀已成为长三角、珠三角之后第三个最具经济增长活力和人口"吸引力"的都市圈和城市群。

事实上，京津冀地区是我国的政治、文化、科技、国际交往的核心区域，具有独特的政治、经济和社会发展的区位优势。作为新首都圈主体和环渤海地区及北方腹地经济发展的龙头，其协同发展事关中国首都布局、南北平衡、地缘安全、创新能力和国际交往，关系国家发展全局（杨开忠，2015）。

作为中国新的经济"增长极"和核心动力引擎，京津冀都市圈的协同发展

---

① 人民网，http://politics.people.com.cn/n/2014/0317/c1001 – 24649809.html. 2014 – 03 – 17.

② 新华网，http://news.xinhuanet.com/politics/2016 – 03/05/c_ 128774903.html. 2016 – 03 – 05.

重要性日益凸显。为此，国家"十二五"规划、习近平总书记 2014 年初的"226"讲话和《国家新型城镇化规划（2014－2020 年）》的出台，业已将京津冀区域协同发展提升为重大国家战略。实现京津冀协同发展，是面向未来打造新的首都经济圈、推进区域发展体制机制创新的需要，更是"探索生态文明建设有效路径、促进人口经济资源环境相协调的需要"①。然而，依据国际经验，在特大城市的发展过程中普遍存在不同程度人口与资源关系紧张问题，通称为"城市病"。即伴随着工业化、城市化进程加快，大量人口快速涌向城市，给城市基础设施、公共服务和资源环境等方面带来诸多压力，包括交通拥堵、房价过快上涨、水资源短缺、环境污染等问题逐渐显现，进而影响到大城市的健康与可持续发展。"城市病"问题的核心是，短期快速的人口集聚与有限资源和环境的矛盾。

首都北京作为京津冀新首都圈和城市群协同发展的核心及特大城市的代表，在经济社会高速发展的同时，因人口"过度"集聚引发的"城市病"等问题显著加剧。伴随城市化进程加速，北京流动人口长期呈迅猛增长态势。人口加速集聚使得"城市病"凸显，交通拥堵、公共资源紧张、环境恶化严重、城市公共服务和社会保障能力滞后等问题日益突出，给北京城市运行和管理带来了严峻挑战。为此，长期以来，北京市政府贯彻严格的人口规模调控措施，尤其是针对流动人口实施严格控制的管理思路，曾在不同时期提出人口规模总量限制的指标规划。但规划目标屡设屡破，北京人口调控一度曾陷入"越调人越多""越调越不均"的怪圈，人口不均衡状况未获明显的实质改善。

针对这种情况，2015 年 4 月 30 日，中共中央政治局会议审议通过的《京津冀协同发展规划纲要》（以下简称《纲要》）明确指出，京津冀协同发展国家战略的核心应是"有序疏解北京非首都功能"。国家决策层特别强调，通过"调整经济结构和空间结构，走出一条内涵集约发展的新路子，探索出一种人口经济密集地区优化开发的模式，促进区域协调发展，形成新增长极"②。由此，北京市的人口调控和疏解应直接结合非首都功能疏解转移。这为京津冀协同战略发展建立了核心政策导向。

在这一协同发展理念的指导下，京津冀三地在产业、交通和生态等方面相继

① 新华网，http：//news. xinhuanet. com/politics/2014－02/27/c_ 119538131. htm. 2014－02－27.
② 人民网，http：//politics. people. com. cn/n/2015/0501/c1001－26935006. html. 2015－05－01.

出台了专项协同发展政策，在推动落实方面呈现出不同程度的效果。需要引起重视的是，三地当前的协同发展仍存在一些突出问题。尤其是在老龄化程度加剧的背景下，以非首都功能疏解为导向的产业转移和人口调控面临诸多瓶颈亟待突破。如北京转移到河北的部分产业呈现"水土不服"的问题，转移带动的劳动力和人口疏解成效并不明显等[①]。此外，一些调查显示，京津冀在区域产业转移承接过程中合作建立的不少"飞地"产业园区存在着同质化建设与无序竞争等问题，"行政主导和市场职能相互掣肘，利益共享机制和生态补偿机制不到位等问题"还阻碍着协同发展和产业转移的推进[②]。从整体看，三地协同发展的成效还不明显。以河北为例，其经济发展速度仍处于全国靠后的位置：2015 年前三季度 31 省市 GDP 增速排行榜上，河北经济增速排名为倒数第 5[③]。

诸如此类的现实问题给业界和学界带来新的思考：在当前京津冀协同发展的非首都功能疏解政策导向下，产业和人口的这种"双转移"与相应的承接政策应如何更好地契合三地协同发展的需求？未来在推动产业转移承接和劳动力疏解落地之后，如何确保迁出地和承接地各自新的产业结构与就业结构及劳动力资源配置相协调适应？产业转移和人口迁移需遵循哪些基本规律和原则，两者之间有何内在作用机制，如何通过产业转移带动更多劳动力人口及相关人口实现有序疏解迁移？

笔者研究发现，北京"大城市病"表面看是由人口过多引发，背后很大程度源于其在城市发展过程中产业失衡和公共资源过度集中引致的人口快速集聚。而产业的发展和公共资源布局则主要取决于城市功能定位。从工业化和城市化发展规律来看，当下我国所处的阶段，产业经济发展是整个社会财富积累和转型优化的活力之源，也是我国推动经济发展方式转变和供给侧结构性改革的主要着力点。因此，在考虑解决北京"大城市病"和疏解非首都功能及人口过程中，笔者认为应将产业转移带动人口迁移作为先导，由此进一步带动包括公共资源及相关人口在内的非首都功能的整体疏解。尽管《京津冀协同发展纲要》等国家战略已明确提出，通过非首都功能的有效疏解以解决北京"大城市病"，并初步提出产业、交通和生态先行协同的转移思路，但是无论实践还是研究层面，目前尚缺乏对京津冀协同发展

---

① 凤凰网，http://finance.ifeng.com/a/20150930/14001885_0.shtml. 2015 - 09 - 30.

② 工人日报，http://media.workercn.cn/sites/media/grrb/2015_11/01/GR0102.html. 2015 - 11 - 01.

③ 新华网，http://news.xinhuanet.com/house/sjz/2015 - 11 - 11/c_1117102713.html. 2015 - 11 - 11.

下产业转移和人口迁移之间相互作用及联动作用的深入探讨。尤其是关于"双转移"对非首都功能疏解与首都人口调控的核心价值及深层作用研究不足；同时，对于产业带动人口"双转移"的路径和方向也缺少定性和定量研究。事实上，笔者的研究表明，产业转移和人口迁移如果形成良性互动与联动，其所蕴含的潜在价值和可能产生的实际效果都将是惊人的。笔者以为，当下情境，我们在研究京津冀协同发展的人口调控及相关非首都功能疏解过程中，很有必要深入分析京津冀地区产业和人口区域的核心差异及内在作用机制，探究产业和人口的"双转移"对于首都北京的人口调控乃至京津冀协同发展的深层价值，论证出能否在遵循产业转移和人口迁移的双重规律基础上优先通过产业带动人口"双转移"及所产生的连锁反应，带动整体非首都功能的有序疏解、首都人口的有效调控以及京津冀协同发展的"大盘"。如此之下，既可实现三地产业优势互补和优化升级，又能达成京津冀人口空间均衡分布，最终实现人口与社会经济、资源环境相适应的绿色可持续发展。

为此，本论著将以京津冀协同发展的非首都功能疏解为背景和导向，以产业带动人口"双转移"作为研究基点，厘清北京人口"城市病"问题与城市功能、产业、人口乃至资源集聚之间的关系；论证产业带动人口"双转移"对于非首都功能有序疏解、首都人口的有效调控以及京津冀协同发展的重要作用和优先价值；发掘产业和人口"双转移"的相互作用机理和内在动力机制；同时对产业转移和人口迁移的规模、路径和方向进行预测和场景分析，并试图在预测的基础上拟定未来"双转移"的策略导向和政策建议。

1.2 研究目的与研究意义

1.2.1 研究目的

本论著研究目的正是以推动老龄化加剧状况下北京非首都功能有序疏解为导向，着力探讨如何通过产业转移和人口疏解，有效分解北京"大城市病"问题，促进京津冀三地产业优化升级和优势互补、人口有序迁移与合理分布，进而实现区域人口产业与资源、环境及经济、社会的绿色协调可持续发展。

为此，本论著将以京津冀协同发展和城市化发展为背景，以非首都功能疏解导向下的产业带动人口"双转移"为研究切入点，以期达成以下主要目标：（1）通过对北京人口发展的特点及其调控制度弊病的分析，厘清北京人口城市病问题与城市功能、产业和人口集聚之间的关系和原因，寻找解决对策和思路；（2）通过对京津冀区域产业结构现状和人口空间分布及迁移特征分析，把握当前推进产业带动人口"双转移"和承接存在的基础条件和主要障碍；发掘北京产业转移与人口迁移的相互作用机理和内在动力机制；（3）依据北京人口调控2300万的目标红线以及《京津冀协同发展规划纲要》精神，重点结合三地区域城市功能定位与产业优化升级以及人口发展现状，对未来产业和人口转移承接的规模、路径和方向进行情境模拟；（4）以最新的国家雄安新区设立为样本，对上述"双转移"分析框架进行应用分析，以案例研究方式佐证"双转移"的规律和价值；（5）综合模拟分析方案、全文结论及发现来拟定未来产业带动人口"双转移"策略的原则和导向，提出相应政策和建议。

1.2.2　研究意义

在当前京津冀协同发展战略和新型城镇化战略下，通过有序疏解北京非首都功能，解决好首都北京人口发展的"城市病"等相关问题，不仅有利于北京自身人口与经济社会资源环境健康发展，而且有利于京津冀区域人口和产业均衡发展，促进区域人口与经济社会及资源环境的绿色协调可持续发展，直接助推两大国家战略向更纵深方向发展；也为中国特大城市和城市群解决与人口发展相关的问题提供了可资借鉴的样本和路径参照。本研究将服务于京津冀协同发展的人口和产业有序转移与合理分布目标导向，具有较强理论意义和实践价值，为探索制定科学的区域人口调控政策乃至人口与产业经济资源环境协调发展的战略规划及具体政策提供参考价值。

首先，在理论层面，本研究在内容和方法上均具一定新意。从研究内容看，国内外学者对于京津冀协同发展的产业转移研究较多，对三地人力资源的研究也不少，但是从产业转移和人口迁移的互动及联动的"双转移"视角切入来探讨其对促进三地协同发展的"突破口"作用和驱动力价值的研究尚不充分，以非首都功能疏解和解决北京"大城市病"作为出发点和落脚点的研究视角也不多。因此，本研究将北京人口调控置于非首都功能疏解导向下，从产业转移带动人口迁移的"双转移"切入的视角具有一定理论创新意义。以往在考虑人口调控研究时，单纯从人口调控政策本身和北京自身区域视角研究比较多。通过产业转移和人口迁移的互动及联动视角来探讨其所带来的关联效应和间接调控作用的政策研究并不多；同时，将其放在京津冀区域统筹视角，从产业转移承接的市场角度出发，通过分析产业与人口尤其是劳动力人口的作用机制，进而提出相关策略构想的研究也不多见。

其次，在应用实践中，本研究既契合了国家宏观战略政策导向，又切中了京津冀尤其是北京发展的现实而迫切的需求。当前，北京人口发展和人口调控相关的"大城市病"问题亟待解决。而京津冀协同发展尚面临诸多困难和问题。特别是北京，集聚过多的非首都功能，"大城市病"问题突出：人口过度膨胀，交通日益拥堵，大气污染严重，房价持续高涨，社会管理难度加大，引发了一系列经济社会问题，引起全社会广泛关注。同时，京津冀地区水资源严重短缺，地下水严重超采，环境污染问题突出，已成为"我国东部地区人与自然关系最为紧张、资源环境超载矛盾最为严重、生态联防联治要求最为迫切"的区域①；加之区域功能布局不够合理，城镇体系结构失衡，京津两极过于"肥胖"，周边中小城市过于"瘦弱"，区域发展差距悬殊，特别是河北与京津两市发展水平差距较大，公共服务水平落差明显，这些问题亟待国家层面加强统筹，通过有序疏解北京非首都功能，推动京津冀三省市整体协同发展（人民日报，2015）。从宏观层面和既有政策导向角度分析，当前京津冀协同发展战略核心是有序疏解非首都功能。其本质是通过京津冀三地功能重新定位，首先促进三地产业转移承接并实现优势互补和优化升级，并在这一过程中通过劳动力转移疏解来带动更多人口转移疏解，进而促进公共服务和社会保障的区际转移和完善；最终实现三地人口产业的合理均衡分布以及相应的非首都功能在京津冀区域内的疏解转移。这其中，产业转移是根本动力，人口疏解是主要目标，重点是北京产业、人口外迁和河北的承接。简言之，非首都功能疏解核心需要依靠产业带动人口迁移，并在"双转移"的互动及联动过程中遵循城市化、经济发展和人口迁移规律。这意味着应尽量避免依靠行政强制手段疏解产业和人口。因为简单行政命令方式疏解出的所谓低端产业和人口可能恰是为支撑北京核心功能产

---

① 新华网，http://news.xinhuanet.com/politics/2015-08/23/c_1116342156.html.2015-08-23.

业及人口服务的，是首都发展必需的一部分产业和人口。若实施强制行政疏解，可能破坏产业和劳动力本身的有机构成和布局，伤害了产业整体发展，违背了城市化和经济发展的规律。以长远来看，这种疏解并不利于京津冀各自发展与协同发展。

再次，从区域协同发展角度看，具有示范效应和标杆价值。在当前背景下，北京人口相关城市病问题的解决，不仅有利于北京自身人口与经济社会、资源环境的健康发展，而且有利于京津冀区域优势互补和协调发展，并直接助推京津冀协同发展和新城镇化两大国家战略向更纵深方向发展，也为中国特大城市和城市群解决人口发展的相关问题以及区域协同发展提供了可资借鉴的样本和路径参照。从全国层面看，区域发展不协调、不平衡是"老大难"问题。这些问题与要素流动面临显性和隐形壁垒、区域发展的统筹机制欠缺等因素密切相关①。本研究致力于探索京津冀协同发展指向下区域间产业转移带动人口迁移"双转移"的路径和模式。这对于构建开放的区域统一市场、建立区域统筹协调发展新体制乃至其他地区的区域协同发展，都将具有重要的标本意义和示范价值。

综上，本研究对于解决北京人口相关的"大城市病"问题、推动京津冀协同发展乃至全国范围内区域协同发展都有重要意义。其不仅有利于破解首都北京发展长期积累的深层次矛盾和问题，优化和提升首都核心功能，探索中国特色"大城市病"解决的路径；而且有利于京津冀区域有效应对资源环境压力和区域发展不平衡矛盾日益突出等挑战，加快转变区域经济发展方式、培育新的增长动力和增长极，优化区域发展格局；还有利于未来完善京津冀区域城市群形态，优化生产力布局和空间结构，打造具有较强竞争力的世界级城市群。因此，本研究具有重要的理论创新视角、现实意义、示范效应和战略价值。

1.3　章节安排

本论著一共分九章。

第一章为绪论。主要介绍研究背景、目的和意义以及研究内容。

---

① 新华网，http://news.xinhuanet.com/politics/2015-08/23/c_1116342156.html.2015-08-23.

第二章是对已有研究文献的综述。其对人口迁移、产业转移相关理论和以往北京人口调控政策研究、产业转移研究以及产业转移和人口迁移"双转移"的国内外研究做了回顾梳理，并进行了评析，提出了进一步研究的方向。

第三章是研究框架与研究设计。包括理论框架、研究假设、概念界定、数据来源、研究方法；侧重阐述了研究思路和框架。

第四章是北京人口发展问题（城市病）及调控制度分析。通过厘清北京"大城市病"原因和人口调控制度弊端，论证出解决北京人口相关"城市病"问题之关键在于有序疏解非首都功能，而推动非首都功能有序疏解核心思路是以优先推进产业带动人口"双转移"为出发点和突破口。本章之实质是推进产业带动人口"双转移"的价值分析，包括其必要性、重要性和优先级。

第五章是京津冀区域产业发展与人口发展分析。实质是"双转移"各自的基础条件分析，包括区域产业转移基础条件分析和区域人口现状与迁移特征分析。

第六章是"双转移"作用机制与主要障碍分析。对产业带动人口"双转移"的主要障碍和作用机制进行分析，归纳出"双转移"的"六轮"驱动动力系统和影响因素。

第七章是产业转移与人口迁移的模拟分析。通过人口预测和产业及城市功能定位综合分析，进行了"双转移"的情境模拟，对北京产业转移带动人口迁移的路径和方向进行模拟预判。

第八章为雄安新区的标本意义——产业带动人口"双转移"视角分析。本章以最新设立的国家雄安新区为样本，对上述"双转移"分析框架和规律进行应用分析，进一步佐证"双转移"视角的科学合理性。

第九章是结论与讨论。在对全文进行总结和分析的基础上，结合前述"双转移"现状和主要障碍分析，"双转移"动力机制和作用机理以及人口和产业迁移预测的方案，提出在京津冀协同发展和非首都功能疏解导向下促进"双转移"的策略和对策建议，最后总结本研究创新和存在的局限，提出进一步的研究方向和重点。

第二章
文献综述

2.1 国内研究文献分析

2.1.1 北京市人口调控及相关政策研究回顾①

改革开放以来，为了应对常住人口快速增加，尤其是流动人口占比大幅上升的态势，北京市政府相继出台了一系列法规、政策和制度，人口调控管理思路逐步由政府管制转向服务与管理并重。本研究重点以北京市流动人口调控管理政策为研究对象，通过梳理以往相关政策研究，将其所涵盖领域主要归结为：流动人口调控政策变迁、流动人口调控政策理念发展、流动人口调控政策弊病反思、流动人口社会保障和公共服务制度体系以及对未来流动人口调控政策建议五个方面。前四个方面研究或多或少包含对于未来的政策、建议，因此，本研究重点分析前四个方面研究。

一、流动人口调控政策变迁的阶段划分及演进研究

不少学者从理念和制度变迁角度，对北京市流动人口调控政策进行了梳理。

1. 从流动人口调控管理政策演变历程角度分类

侯佳伟等（2009）从北京流动人口证件调控政策发展角度将流动人口调控政策划分为：无证管理阶段（1985 年前）、多证协管阶段（1986 - 2004）和一证统管阶段（2005 年之后）。第二阶段又细分为严管时期（1986 - 1994）和严控

---

① 本节部分内容已发表于《人口与发展》2015 年第 5 期《京津冀协同发展视角下北京流动人口管理政策综述分析》一文，本论著作者为该文的第一作者和通讯作者。

（1995－2004）时期。研究通过对北京流动人口户籍、就业、居住和计划生育有关证件的管理政策法规和实施演变分析，认为北京流动人口证件调控管理政策经历了从无证管理到多证协管，再到一证统管的过程。其中，暂住证贯穿整个有证管理过程并发挥了基础作用。冯晓英（2008）对应北京流动人口调控政策不同历史发展时期，将其分为户籍管理、暂住管理、条例管理、调整转型和主动创新五个阶段。每阶段因管理目标不同而各具特点。第一阶段：户籍管理（1958－1984）。以1958年《中华人民共和国户口登记条例》颁布实施为标志至1984年。第二阶段：暂住管理（1985－1994）。以1985年公安部颁布实施《城镇暂住人口管理的暂行规定》为标志。第三阶段：条例管理（1995－2002）。以1995年中央召开的全国流动人口管理工作会议为标志。这一时期，遵循中央"因势利导，宏观控制，加强管理，兴利除弊"的流动人口管理工作方针，北京市颁布实施《北京市外地来京务工经商人员管理条例》等12项配套严控法规。它标志着对流动人口的管理进入"严格治安管理，强化规模控制阶段"。第四阶段：调整转型阶段（2003－2005）。以2003年取消流动人口管理服务费和收容遣送制度为标志。第五阶段：主动创新阶段（2005年至今）。以2005年底北京市委、市政府联合下发《关于进一步加强流动人口管理与服务工作的若干意见》为标志。

2. 从政策背景和管理方式发展变化视角分类

薛枫（2014）从政策理念演变视角将北京流动人口调控政策分为三阶段。第一阶段（1978－1988）是逐渐开放阶段。1984年，《国务院关于农民进入集镇落户问题的通知》规定，"凡申请到集镇务工、经商、办服务业的农民和家属，在集镇有固定住所，有经营能力，或在乡镇企事业单位长期务工的，公安部门应准予落常住户口……统计为非农业人口"，开启了流动人口落户北京的大门。第二阶段（1989－2000）是整体管制和局部开放阶段。第三阶段（2001年至今）是从"重管理"向"重服务"转型阶段。张真理（2009）综合了历史背景、方针政策、工作手段等不同因素，将改革开放以来北京市流动人口服务调控政策分为四阶段：第一阶段（1978－1984）：户籍管理阶段；第二阶段（1985－1995）：暂住证管理阶段；第三阶段（1995－2001）：系统证件管理阶段；第四阶段（2002年至今）：调整转型阶段。黄匡时和王书慧（2009）引入社会融合理论，基于改革开放以来中央政府和北京市政府出台的流动人口相关政策、法规、文件等研究认为，北京市流动人口调控政策经历了从社会排斥到社会融合的过程，可分为开放（1978－1988）、管制（1989－2002）和融合（2003年至今）三阶段。因流动人口在开放和管制阶段几乎都被排斥在北京市基本公共服务之外，这两个时期属于流动人口社会排斥政策时期。从融合阶段开始，北京逐步健全和完善流动人口的基本公共服务，促进融合成为调控政策的基本趋势。张梅珠（2013）依据暂住证是否起核心作用为标准进行划分，将流动人口调控政策分为三阶段：2005年之前是以暂住证为主的行政管理阶段；2005年进入后暂住证时代（这时期至2010年属于暂住证管理"名存实亡"阶段）；2010年至今，重新思考人口管理服务的新阶段。还有学者对流动人口公共卫生管理服务政策演变进行阶段划分。傅鸿鹏等（2008）回顾北京市流动人口公共卫生调控政策背景和变迁历程，采用文献综述法与对比分析法分析了北京市流动人口公共卫生调控政策的背景，分析了以往政策对现行政策的影响，并预测政策未来走向。他将北京流动人口公共卫生政策分为起步建设、控制调整和管理转向服务三阶段，认为政策总体趋势是对流动人口权益维护逐步加强，"强制性"管理方式逐步转向人性化方式，还呼吁未来流动人口公共卫生政策由管理向服务转变并增强公平性、科学性与针对性。总体而言，研究者对于北京流动人口调控政策发展阶段划分虽各有侧重，但与中央和北京市政府出台的相关管理法规和制度演进历程相对应。

二、流动人口调控政策主导理念变化与反思

1. 对总体主导理念发展转变的研究

改革开放以来，北京市流动人口调控政策主导理念随着经济社会和人口发展而不断变化，学者研究关注点也由初始对流动人口采用限制和控制为主以管理为主、服务为辅，后来发展为管理与服务并重，最后转向服务导向、寓管理于服务之中。唐勇智（2010）认为，随着经济社会发展进入不同阶段，人口与各生产要素之间关系发生相应变化。为适应这种变化，政府采取了不同的流动人口管理模式和政策。包括从二元户籍制到暂住证，从收容遣送制度到社会救助制度，再到近年来试行的"居住证"制度，整体政策理念从"防范"逐步走向"融合"。熊光清（2010）发现，21世纪以来，流动人口管理模式深刻变化的突出表现是由"控制型"向"服务型"模式转变。建议推动户籍制度改革，减少对人口流动的限制、完善流动人口的社保制度以及提高对流动人口公共服务水平等。徐伟

明（2009）指出，流动人口管理模式随着国家与社会关系的重构而相应调整，经历了从"自由宽松"到"严格限制"，再到防范控制，最后到"多元目标整合"的过程；提出了"公民导向服务型"的管理模式。

（1）初期侧重限制与控制。上世纪 80 年代初，北京市开始逐渐感受到流动人口迅速增长带来的问题。一方面经济体制改革促使农村劳动生产率提高，大量剩余劳动力出现在农村；另一方面，国家放松农民进入城镇的户籍严控政策。于是，来京流动人口大幅增长，为城市管理和运行带来诸多挑战，引发一些城市管理者和学者担忧。不少研究者从政策和制度管理视角入手探讨解决流动人口问题，建议严格控制流动人口数量和规模。据北京市政府不完全统计，1983 年全市平均每天暂住和流动人口约 50 万至 60 万人，比 1965 年增加近四倍，比 1977 年增加近两倍。北京市政府曾于 1985 年组织有关部门对市区流动人口进行了详细调查，调查标准时间为 1985 年 4 月 20 日零时至 24 时。结果发现，在调查时点内进出和停宿于市区，但不具有市区常住户口的外来人口为 87 万人。随着北京城市经济发展、对外开放政策落地，流动人口构成发生显著变化：其时来京从事经济活动的人口居首位，共 32.6 万人，占流动人口总量近一半。其中，从事建筑的有 13.8 万人，相当于北京当时建筑工总量的四分之一。有研究者根据上述调查结果，提出对流动人口实施以"限制"和"控制"理念为主导的政策建议，包括建立暂住证和提高居留工作经济成本等强制手段以严控流动人口。杜午禄（1986）认为，应严控来京从事经济活动的机构和人口，建议建立必要的"暂住人口管理制度"和收取"城市设施维护费"："在京居住三天以上应申报登记；凡较长时期在京从事经济活动的除按工商部门规定征收有关税款外，还要交纳一定的城市设施维护费，用以改善和增加服务设施。"这种严格限制流动人口的思维一度延续到市场经济体制建立后。这一时期，有研究者建议从立法角度加强流动人口法律控制，通过完善收费政策和加大处罚力度等举措限制流动人口进京。王举等（1993）建议加强立法工作，补充、修改、完善对流动人口管理的法规体系；改变现行规定处罚无力状况，对违法从事经济活动者进行严惩；加快制定针对流动人口的收费管理和有偿服务政策。还有研究者倾向从行政管理思维出发，要求严控外来人口，轻视对外来人口基本权益和诉求的考虑。甚至有人提出除了实行证照管理之外，还应对外来务工经商人员实行严格的"指标控制"的政策建议。

（2）中期侧重管理，辅以必要服务。上世纪 90 年代初，社会主义市场经济体制确立后不久，北京市计委、市统计局联合市公安局、市计生委进行了一次全市范围流动人口调查。这次调查以 1994 年 11 月 10 日为标准时间。结果显示，外来人口已升至 329.5 万人。彼时流动人口增长态势被学界和业界不约而同地认为"形势非常严峻"，政策和研究中"严控"总量的思想开始显著，也有部分对流动人口基本权益维护的建议。1995 年 7 月，国家层面召开了全国流动人口管理工作会议，提出加强流动人口管理的五大工作重点。随后，北京市政府认为，当时北京流动人口规模过于庞大，"已超过首都容纳限度"，提出"控制总量、优化结构、加强管理、积极服务"16 字方针，开始加大对外地来京人员的管理力度，建立外来人口管理办公室，并相继出台 11 项严格管控制度政策，从劳动用工、工商管理、房屋管理和计划生育等各方面强化对外地流动人口管理和规模控制。这些政策取得了短期效果。有统计显示，1997 年与 1994 年相比，北京流动人口总量下降 13.2%，在京居住的外来人口数量下降 15.7%。此间，不少研究者将视角放在落实 16 字方针和严格管控流动人口政策研究方面，并适当强调保障"已稳定"就业的流动人口基本权益。有研究者建议加快流动人口立法，对流动人口调控实施依法管理。北京市计委课题组（1995）根据上述流动人口调查结果研究提出"加快立法，依法调控"的指导思想，建议"逐步建立外来劳动力动态调控机制，制定和完善一整套政策法规"；并注意保护外来人口的正当权益。研究者还建议加快制定和完善流动人口管理和政策规划，把外来人口纳入经济社会和城市建设规划，以方便实施"差别化"政策。这些政策建议的主体思路是提高外来人口在京的生活就业成本，严控所谓低端人才流入，统一收取"外来人员管理服务费"，优先保证本市户籍劳动力就业等。这种以管控为主的学界理念一定程度在实践层面助推了一些政策对流动人口逐渐形成深层"制度"歧视，并延续至今。直到新世纪以后，仍有研究者强调流动人口管理体系不到位，虽也提及管理与服务并重，但管控思维仍是基础。这一时期里，一些政策研究视角仍延续严控流动人口规模为基点，侧重行政管理和强制手段，欠缺服务意识。北京市人大常委会合理调控城市人口规模专题调研组（2011）曾重点研究并提倡有效控制流动人口过快增长的"顺义模式"。这一模式的特点是，高度重视合理调控人口规模，坚持积极的人口调控政策；通过采取产业调控和促进本区劳动力充分就业等一系列措施，在保持经济高速发展的同时有效控制流动人口过快增长。研究结论是，建议加大政策帮扶力度，促进本市劳动力充分就业；大力推进低端产业和传统服务业改造升级；加快调整产业结构，完善低端和劳动密集型产业的退出机制，淘汰一批低端产业和劳动密集型产业，提高各类市场准入门槛。当然，也有研究者建议加强对流动人口合法权益保护，解决其困难和问题。不过，它主要针对已就业人口和高端人口，即"对那些在京已经拥有合法所有权的住房、具有稳定职业和收入、连续居住并缴纳社会保险金达到一定年限，符合一定条件的流动人口，研究采取新的管理模式"。

（3）中后期强调管理与服务并重。随着经济社会和人口发展以及政府治理理念和运行方式变化，研究者开始建议政策由侧重管理为主向管理和服务并重转变的融合式调控思路。王祥进（2006）认为，未来北京市流动人口管理应坚持管理服务并重的原则。过去侧重清理整顿而忽视服务，不利于流动人口融入城市。收容遣送制度废止后，又过分强调服务而不敢规范管理，也不利于城市的稳定发展。李万钧（2007）建议，推动管理与服务并重的五个转变：一是由社会控制为主的治安管理转向城市统筹规划和综合管理；二是由户籍人口与暂住人口"双轨"管理模式转向常住人口管理模式；三是由重管理轻服务转向管理与服务并重；四是由职能部门管理为主转向社区管理服务体系为主的属地管理模式；五是由政府管理为主向政府依法行政、社区依法自治、基层组织广泛参与的社会化管理服务模式转变。王芳和潘京海（2007）针对北京市流动人口公共卫生服务与管理问题，提出应从区域、宏观、微观等不同视角分析研究，建议多部门协调，建立北京市流动人口信息库以及与不同特征流动人口相适应的社会保障制度，并将流动人口公共卫生服务纳入城市的社区卫生服务管理范畴。

（4）新时期以服务为主，寓管理于服务中。近些年，更多研究者从个案研究到整体调控政策角度提出以服务带动管理、寓管理于服务之中的流动人口调控政策思路。尹德挺（2007）以北京市丰台区流动人口研究为基础，提出较长时期内流动人口管理服务的方向为：以服务总体目标为主线，将流动人口纳入经济发展的总体规划进行统筹安排，确保其享受同等公共服务和发展机会；建立健全流动人口管理和服务的组织机制。刘波（2013）建议强化对外来流动人口的服务意识，坚持管理与服务并举，并以服务为先导，寓管理于服务之中。还有学者提出建立以人口有序管理为导向的政策统筹协调会商制度，减少政府对市场的干预，还原流动人口正常居留成本，降低因政策设计和执行漏洞导致人口流动成本费用不实问题。

2. 流动人口调控管理政策弊病反思

纵观政策研究历史，不同时期研究者对当时北京市流动人口调控政策和制度推行中出现的弊病和局限均有不同程度反思，并提出了建设性意见。一是立法缺失，管理和服务不规范。宋健和侯佳伟（2007）对1984年以来北京市流动人口管理相关政策法规整理分类后，认为北京市流动人口管理理念正在从管理为主转向兼顾服务，制度由繁琐转向简化，管理方式趋向规范。目前北京市流动人口管理相关政策法规面临"废多立少"局面，期待建立新的法规体系。二是制度政策障碍亟待破解。唐勇智（2010）从制度层面分析流动人口调控政策的主要问题：一是户籍制度阻碍人口合理流动；二是流动人口权益保障制度不完善，包括就业与入学的歧视、选举权与被选举权的忽视、流动人口社保关系不能在全国范围转移续接等。他认为，通过对流动人口的"防"和"堵"，将其隔离到主流社会之外的思路已落后于现今社会经济发展要求；其不仅将加剧流动人口与主流社会的隔阂，也无助于解决有关社会问题。

（1）户籍调控制度内容及模式的反思与改革。城乡二元户籍管理制度对北京流动人口管理调控带来的诸多负面影响，引发了研究者重点关注。不少研究者指出，户籍制度调控模式和调控功能存在的缺陷，已成为流动人口融入城市主要制度障碍；建议彻底改革户籍制度，尽快健全和完善流动人口服务的政策体系。首先，户籍制度带来的二元差别化制度性歧视问题日益显著。张真理（2009）认为，以暂住证等证件为主建立的流动人口管理制度仍基于北京户籍人口和流动人口分立管理的二元模式，折射出全能型户籍制度强大的"社会控制"功能，也反映出传统政府行政管理体制的问题。"缺乏服务流动人口的机制，更缺乏引导首都容纳流动人口的正式制度设计"，说明"系统证件管理制度逻辑上的完善并不等于现实上的合理"。宋健和何蕾（2008）指出，北京等大城市管理实践表明，通过户籍管理措施很难实现流动人口规模调控目标，而不彻底的户籍制度改革同样不能有效解决这一问题。以往通过行业、职业和个人特征限制进行流动人口"规模控制"的就业管理模式不符合社会实际发展要求。温春娟（2008）分析了传统户籍制度对社会产生的消极影响，建议对流动人口采取"差异化"的扶持政策；鼓励"存量人口的自由流动"；在户籍制度改革中"应充分发挥社会组织的力量"。其次，从未来影响看，应警惕户籍制度成为制约"新生代"农民工融入城市的制度障碍。徐捷和楚国清（2013）针对国家人口与计划生育委员会2011年和2012年"流动人口动态监测项目"北京地区调查数据和北京市人口与计划生育委员会2012年"北京市流动人口的生存状况与未来预期"项目数据研究发现：目前北京新生代农民工占农民工总体一半以上，受教育程度提升，面临较大婚育压力；户籍制度是"制约新生代农民工城市融入的主要制度因素"。如何在现有户籍制度和人口规模控制思路的前提下，"促进北京农民工尤其是新生代农民工的城市融入是政府需要面对的重大课题"。王文录（2008）认为，户籍制度是流动人口和劳动力进入北京劳动力市场的重要制度障碍。未来推动实现外地进京务工、经商人员与北京市民享受同等福利待遇，是"解决北京劳动力短缺和结构性矛盾的重要途径"。再次，改革户籍制度，完善流动人口公共服务和社会保障体系势在必行。高宇和曾克峰（2011）认为，户籍制度改革向流动人口倾斜具有一定必要性和可能性；建议逐步向河北和天津籍流动人口开放，确保2015年以后北京的劳动力供给。张英洪（2013）建议，新时期北京市应统筹制定户籍制度改革方案，针对北京城乡户籍居民和没有户籍的常住人口采取分类和分步改革政策，从本市所有区域和首都圈等空间层面上进行产业布局和公共资源配置。

（2）行政管控模式的反思与制度政策的创新。不少学者对北京流动人口调控政策中存在的"计划经济"体制烙印的行政管理思维和强制调控思路进行了深入反思，认为以往北京行政手段调控人口的政策思路和模式已不适应城市发展和人口需求，必须摒弃。孙卫（2009）认为，无论从现实还是长远看，以往习惯依靠国家给予特殊政策和主要依靠行政手段控制流动人口进京的思路和做法很难延续，必须结合北京城市发展定位和经济社会发展需要，侧重运用市场化方式和法律手段，通过科学调整产业结构、产业政策和城市功能布局，来调控人口规模、分布和结构，控制城市人口规模过快增长趋势。姚苹等（2009）以北京市东城区为例分析发现，目前城市对流动人口的各类管理制度基本都是防范式。这种计划经济遗留下来的把外来人口当作对立面防范式管理方式，所造成的社会歧视使流动人口很难融入北京。肖周燕（2011）认为，目前北京等大城市出现的类似设置门槛的政策试图以行政手段阻止人口增长或将人口控制在某一预期数量以下，并没有达到预期效果。这正是政府干预无效的表现。这种治理方式非但没能纠正市场失灵，反而可能抑制了市场机制的正常运用。此外，流动人口调控政策中存在理念歧视和偏见以及行政法规内部制度冲突和滞后也是重要问题。周学馨（2010）认为，现有流动人口调控政策法规具有"明显滞后性"；目前尚未形成对公安、计生、工商、劳动等职能部门产生共同法律约束的流动人口调控政策和法规。张梅珠（2013）通过对2005年以来流动人口调控政策梳理和总结发现，以往流动人口调控政策弊病产生的深层原因在于管理层面：管理者尚未充分掌握当前城市社会结构和社会流动变化规律，没有根据当前社会新变化来找到合适有效的社会管理服务机制和体制，依然沿袭计划经济时代管理调控思想和对策。研究者对未来流动人口管理体制改革的方向和思路也提出建议。郭宏斌（2012）认为，流动人口管理体制改革根本在于政府行为模式的改革。改革开放30多年，流动人口服务管理创新实践表明：以"服务"为取向的政府管理和融"教育、服务、维权、管理"为一体的流动人口服务管理模式，将是户籍制度废除前城市社会管理改革的方向。张先兵（2013）总结近年来北京市流动人口调控管理主要措施存在的问题，将原因归于过分依赖行政管理手段和重管理轻服务的模式，提出在城乡一体化和区域一体化基础上转变城市功能和调整产业结构的长远制度设计。罗源昆等（2013）提出经济因素才是区域人口承载力直接影响因素，其他因素作为经济因素的成本要素间接影响区域人口承载力。他认为，主要用行政手段调控人口的方式不合理——中国大城市的"城市病"直接成因不是人满为患而是"人挤为患"情况下的政策失当，正确调控方法应是"以业控人和合理布局"。

（3）流动人口政策与城市规划等相关制度的协调。在不同时期均有研究者注意到北京流动人口规划与政策中存在的制度冲突以及与北京城市功能定位和产业集聚政策间的矛盾。杜午禄（1992）由分析认为：北京城市人口规划与经济政策难以协调，控制计划不易实施；根据经济发展计划需要而制订与之相适应的人口规划方面尚处薄弱环节；要解决人口"控而难制"问题还需研究城市人口规模与城市经济发展的协调关系。因此，他认为，制订城市社会经济发展战略时应配套相应的人口统筹规划，"只有人口总量控制目标，没有人口其他结构状况的计划，有可能使人口规模与经济发展脱节"。唐杰和杨胜慧（2012）由对北京新城规划研究发现，北京新城规划并未真正形成对中心城区的疏解，反而加剧了人口过度集中，为中心城区带来了更大人口压力。

（4）流动人口市民待遇缺失和遭受制度性排斥。伴随对于流动人口调控政策反思，不少研究者开始关注政策中对流动人口本身权益维护的缺失以及流动人口享受市民化待遇方面遭遇的制度性歧视问题。黄匡时和王书慧（2009）引入"社会融合"理论从经济、求职、社会关系和政治四方面分析北京流动人口融合度，发现目前北京市流动人口总体社会融合度不高，属城市中弱势群体，不仅合法权益难以获得有效维护，而且依然遭受户籍等方面的排斥，很难享受到同等市民待遇。张真理（2010）认为，流动人口待遇非市民化在加剧城乡差距的同时将影响本地劳动力就业，不利于流动人口规模调控，"流动人口待遇的非市民化导致农村劳动力无法在城市实现真正的自由流动，形成劳动力市场的二元分割，进而导致流动人口工资收入难以稳定持续和快速增长，会加大城乡差距"，而城乡差距扩大又会进一步促进农村人口向城市流动。同时，保护本地劳动力的制度性安排造成流动人口待遇的非市民化，一定程度造就流动人口低成本就业优势，而流动人口就业优势形成的挤压效应反而影响了本地劳动力就业。因此，"流动人口待遇市民化不会带来流动人口的大规模聚集，反而会在某种程度上有利于流动人口的规模调控"。此外，还有学者对地方政府通过各种制度政策限制流动人口自由流动权提出质疑，并对这种限制可能加剧阶层分化和隔离提出警告。费思兰（1999）研究指出，劳动市场中农村移民的工作在很大程度是被"指定"的，他们对工作的选择更多反映了政府干预结果。尽管迁移到大城市的农村劳动力已成经济和社会发展的重要力量，却要受一定限制，只能从事当地劳动力不愿从事的工作或从事当地政府主管部门指定的工作。这不可避免地制造出一个社会性的歧视。杨菊华（2013）通过使用多次普查和小普查数据，比较分析了近30年来北京市青年流动人口职业地位的纵向变动趋势和影响因素。结果表明：作为外来农村户籍人口，无论年龄大小，都处于6类人群中最底层。在其他条件相同情况下，青年的乡—城流动人口职业地位低于年长的乡—城流动人口。新生代农民工显示出青年人、农村人和外来人的三重弱势。个别研究还对流动人口政治权与经济、社会保障等权利不对等的政策性排斥和歧视提出质疑：区县人大代表换届选举中，在京外来人口只要取得户口所在地选民资格，就可在京拥有选举权甚至被选举权。但他们发现了北京政策中的悖论："外来人口可以在本地拥有选举权、被选举权等崇高的政治性权利，却无缘于具体的社会权利；在政治上外来人和北京人有同等的权利，而在经济等权利上却是典型的外地人。政治上的平等，却不能带来实际的社会经济上的平等。同样拥有选举权的外地人，不能拥有相同的社会经济权利。"

三、流动人口公共服务和社会保障政策体系的建立与完善

关注人口调控政策的调控管理功能的同时，不少学者关注流动人口权益维护，从社会保障和公共服务层面研究北京流动人口政策。

1. 流动人口公共服务和社会保障制度亟需健全

研究者发现，流动人口公共服务和社会保障制度缺失严重，导致流动人口与公共服务资源空间配置不均衡、流动人口调控政策与公共服务脱节等问题突出。首先，流动人口公共服务和社会保障缺失问题明显。姜向群和郝帅（2008）认为，由于中国长期以来城乡二元结构和户籍壁垒作用，流动人口在工作和社会保障等方面并没有享受到和户籍人口相同待遇。尤其是流动人口的社会保障问题，影响因素多且复杂，涉及经济体制、社会保障立法、劳动就业制度、劳动关系等诸多方面。谢欣梅和周乐（2012）研究指出，在改善居住条件的同时，城市生活融入、社会关系融入、积极心理融入是外来务工人员融入北京社会的重要方面，但目前城市除了提供给他们工作机会外并未提供较完善的社会公共服务。由此，建议有关部门加快建立基本公共服务体系，实现基本公共服务均等化；健全公共财政体制，合理调整收入分配结构；加大技能培训和就业服务力度，促进外来务工人员稳定就业；提高外来务工人员社会保障水平。王平（2014）指出，在经济社会转型背景下，北京市现有流动人口社会保障制度体系缺乏弹性、开放度且转移困难，面临社会保障权益缺失或受损等问题。其次，现有政策导致流动人口与公共服务资源空间配置不均衡。刘琳和张宝秀（2009）认为，北京市流动人口分布与公共交通、医疗设施、教育资源等主要公共设施资源的空间配置存在不均衡。流动人口分布较多的城乡接合部，公交站点分布偏少，密度偏低，人均拥有量少；在考虑流动人口的公共医疗卫生服务需求时，北京医疗资源配置的空间不均衡性显著，城乡接合部和远郊区县医疗资源也相对缺乏；从教育资源角度来

看，流动人口的存在使得北京教育资源供给紧张甚至短缺。又次，流动人口调控政策中存在管理与公共服务严重脱节现象。陈丰（2012）认为，现行社会管理体制下，流动人口社会管理与公共服务存在着明显脱节，跨部门、跨地区服务管理体制未能有效理顺。流动人口社会管理与公共服务的一体化有助于解决流动人口服务管理中存在的问题，应建立多层次和多主体的服务管理模式，完善政策、体制、信息和资金等多方面保障并进行制度创新。

此外，流动人口社会救助体系滞后的问题也受到研究者关注。曹洋（2012）认为，北京目前流动人口致贫重要原因是制度歧视和政策排斥。北京现行社会救助体系主要针对户籍贫困人口，这种社会排斥成为流动人口贫困的重要原因。

2. 流动人口公共卫生需求和医疗服务保障期待完善

2005年，北京市下发《关于进一步加强流动人口管理与服务工作的若干意见》。2006年初，北京市政府办公厅转发《关于加强流动人口公共卫生和医疗服务工作的意见》。研究者认为，北京流动人口公共卫生和健康服务正在明显改善，但仍存在一些问题。王芳和潘京海（2007）分析上述文件认为，"北京市流动人口工作逐步实现管理到服务的转变"，流动人口公共卫生服务被纳入"常态管理"；建议建立与不同特征流动人口相适应的社会保障制度，将流动人口公共卫生服务纳入城市社区卫生服务体系；未来应"满足流动人口不断增长的公共卫生服务需求，实现卫生保健和健康的公平性"。叶裕民和陈宇（2012）结合当前流动人口公共卫生服务供求体系存在的问题，指出目前尚未形成有效的多部门管理公共卫生服务机制；建议应强化流动人口健康管理，提高其公共卫生服务的质量，完善流动人口公共卫生服务保障机制。

流动人口医疗保险政策等社会保险体系不健全问题需引起重视。曹洋和宗辉（2014）在2012年7月至2013年4月期间调查了北京16区县的1140位常住非户籍外来务工人员发现：北京市对常住外来人口包括医疗保险等在内的社会保险制度、法规及政策的制定与实施存在一些突出问题，导致大部分常住外来人口很难享受相关社会保险（医疗、养老、失业保险等）保障。研究建议，针对外来人口社会保险项目需求，"建立统一而有差别、分项目的常住外来人口社会保险体系"。

3. 流动人口子女融入城市和接受教育存政策歧视

研究者一方面关注农民工子女受教育政策的社会保障功能是否实现，同时对利用限制子女受教育而间接达到限制流动人口的调控政策提出批评，指出这是流动人口子女受教育权等基本权益缺失的重要表现。韩小雨和赵东辉（2001）以北京天意小商品市场为例调查发现，针对这些外来流动人口子女的学前教育问题，目前国家、地方或社区尚缺少具体的法律法规和政策予以保障。随着流动儿童融入城市日益迫切，政府应在制度、政策上帮助流动儿童融入城市，当地市民也应对流动人口持更包容的态度（唐有财，2009）。

流动人口子女受教育政策方面还存在着流出地政府、流入地政府责任不明确可能引发的"失控"问题。杜文平（2006）认为，从降低借读费到免除借读费的政策带来了流动人口子女数量急速增长，使北京市流动人口子女接受义务教育的需求与平等就学机会的缺乏以及教育经费短缺之间的矛盾日益突出。这一背景下，尽管国家要求实行流入地政府负责和公办学校接收为主的原则，但在如何保障适龄儿童少年不失学，特别在学籍管理上如何衔接等问题并没有明确责任和操作程序。目前，流出地和流入地政府对适龄流动人口子女接受义务教育这一问题处于"失控"状态，普及九年义务教育的任务很难真正落实。这就造成目前流动人口子女在义务教育阶段存在严重超龄上学或失学问题。

此外，农民工子女初中后接受教育问题也在凸显。由于北京本地户籍学生不愿接受职业教育，北京市中职教育正在萎缩。有调查显示，虽然不少农民工子女对参加中职教育有强烈意愿，劳动力市场也对中初级人才有较强的需求，北京市中职教育也有供给能力，但由于政策抑制作用，各方都很难达成需求满足。杨东平和王旗（2009）认为，现有户籍制度安排、城乡分治模式和以教育政策来控制流动人口规模，是"导致农民工子女不能享受城市中职教育的主要原因"，建议通过政策和制度创新，向农民工子女"有序开放中职教育资源"，以促进首都经济社会发展。

既有政策导致流动人口子女长期缺乏平等教育机会和获得低水平教育资源背后，实质是流动人口享受平等受教育权利的缺失。这样具有歧视性的制度政策，可能产生深远的负面影响。罗云等（2012）研究认为，若流动人口被迫并自我放弃与本地人群追求平等教育的权利，并习惯这种从身份到基本权利与城市居民的差异，那么这一群体离真正城市化还很远。没有基本身份认同和均等化服务，很难实现社会融合。研究者建议，流动人口子女教育政策设计应打破差异化和有区别的制度设置，从公民平等权利和义务角度探寻解决之道。只有这样，"流动人口及子女才可能确立最基本的身份自信以融入城市。这也是国家推进新型城镇化、实现社会融合的必然"。

4. 流动人口的住房保障管理政策与理念需要革新

不少研究者指出，北京原有通过住房控制的管理方法已不能适应流动人口迅速增加的变化，需要在城市规划研究中做出相应调整。孙昊（2006）通过研究发现：政策与社会因素作用下低收入流动人口更倾向于聚居，以获得更多的工作机会、社会保障和社会认同，也更易出现对社会发展的负面影响；城市规划没能合理安排流动人口居住，也没有发挥基础设施的服务作用。流动人口特别是低收入流动人口受市场和外部因素影响，逐渐形成与本地人口和高收入人口相互隔离的空间聚居特征，居住地逐渐向城市边缘转移，形成城市边远地区的低收入流动人口聚居区。事实上，城市住房保障政策发展存在缺陷，对保障对象的分类不清并缺乏针对性，对"夹心层、流动人口"等特殊贫困弱势群体的保障不到位。谢欣梅和周乐（2012）调研发现，北京市出台一系列住房相关政策，包括限购政策、清理地下空间政策、规范成套住宅租赁政策、公共租赁住房、拆除隔断房等政策对外来务工人员居住产生一定程度负面影响。"这些政策中对于户籍的区别对待引起他们直观的反感"。外来务工人员对公租房房租优惠程度最为关心。建议有关部门"完善落实住房租赁相关法规条例，维护外来务工人员租房权益"。

流动人口住房保障研究除集中于制度性因素研究外，近来开始关注收入、教育程度、流动时间等社会因素。侯慧丽和李春华（2010）认为，对流动人口应实行体现资产建设型的社会政策，普遍推行住房公积金福利制度。通过对北京市流动人口调查数据分析研究发现，流动人口住房条件受收入和在京居住时间显著影响，收入越高、居住时间越长，居住状况越好。居留稳定性对流动人口住房状况影响显著，但工作稳定性则没有影响。

5. 流动人口聚居区和城乡接合部相关政策存在局限

研究者普遍认同，北京流动人口聚居区和城乡接合部调控政策在形成发展过程中均深受城市人口管理调控政策影响制约，缺乏针对流动人口有效的公共服务和社会保障体系。如千庆兰和陈颖彪（2003）认为，长期以来北京对于流动人口并未采用科学化管理。上世纪90年代以后，虽意识到规范管理重要性，但在日常管理过程中，"管理松散和效率低下等问题仍然存在"，管理方式还主要是"以运动式、扫荡式清理为主"。上述研究者分析了北京在 1990 年亚运会和 1995 年世界妇女大会期间，加大对流动人口管理力度，过后又疏于管理，造成流动人口与政府管理的"拉锯战"，结果导致"此拆彼建，今轰明聚，形成恶性循环"。之后，尽管北京市城乡接合部流动人口社会管理和公共服务各项政策开始注重流动人口个人权利保障，但在流动人口住房保障、就业政策、医疗卫生、子女教育等方面的政策和规划仍存在较大问题；因此，建议将流动人口住房保障统一纳入城市规划。

在上述研究发表近 8 年之后，杨晓东和张喜才（2011）发表新研究认为，城乡接合部流动人口社会管理和公共服务的规划政策仍缺乏对流动人口的充分考虑。由于以廉租房为主的城镇住房保障体系将"户籍"列入享受住房保障必备条件，因此北京先后出台的各类保障性的住房销售和租赁办法中均规定："享受住房保障的人群必须具有北京户口"。结果城乡接合部流动人口不能和城镇居民享受到同等住房保障政策。因此，建议根据城乡接合部实际情况，遵循"控制、疏导、管理和服务原则"，制定较全面的流动人口住房管理办法。与此同时，袁蕾（2011）研究认为，被排斥在城市住房制度之外的流动人口的住房需求与城乡接合部现有政策，共同催生流动人口聚居区的各种问题；而规划建设新型流动人口居住区则不仅利于解决流动人口住房困难，也可促进城市长远发展；建议政府实施统筹规划与调控，改革现有农村土地政策，在集体土地上规划建设流动人口居住区。

2.1.2 区域产业转移研究综述

相比国外而言，国内对产业转移问题的研究起步较晚，虽然不少学者都对该问题进行了研究，但整体来看仍处于理论研究的初级阶段。

国内研究者牛丸元（1999）较早利用国际贸易理论中的要素价格均等化模型（H—O—S 模型）来解释雁行模式理论和产品生命周期理论，认为这两种理论描述的产业发展形态可以形象地描述一国或地区的产业进化过程，其本质反映的是比较优势的转移。同年，张洪增（1999）提出"移植型产业成长模式"的概念，通过比较发达资本主义国家存在的自发型产业结构所对应的自由竞争市场成长模式与移植型产业结构所对应的垄断市场成长模式指出，由于受到垄断力量影响，移植型产业成长模式发展很快，特别是受到政府政策倾斜和垄断财团保护的产业，发展更为迅速。汪斌（2002）站在全球化角度，研究国际区域产业结构的形成、演变及对中国的影响；通过分析东亚区域内的产业转移指出，产业转移呈现一种动态"连锁型转换"形态，具体表现为发达国家为实现产业结构调整，通常以直接投资或技术转移方式把国内相对落后的产业或工序转移给发展中国家；发展中国家为了促进本国产业结构升级，会利用自身的比较优势，比如低廉劳动力成本或丰富的自然资源，从发达国家引进并发展这些产业。在这一过程中，新兴工业化国家则起到了过渡作用，并利用这种过渡作用实现了自身产业结构升级和优化。中国国内地区间差距和地区结构不合理，可借鉴国际产业转移和技术转移的思路来研究解决。

一、产业转移动因

卢根鑫（1994）较早对产业转移问题进行了系统综合研究，认为国际产业转移的基础条件是国际产业贸易与国际产业投资两者形成的重合产业。任何产品均应具有价值构成和技术构成，产业转移经济动因就在于重合产业的产品技术构成相似而价值构成相异，发达国家重合产业产品生产的绝对成本又高于发展中国家的成本，这就导致产业将从高成本国家和地区向低成本国家地区转移。张可云（1997）在国内较早提出区际产业转移概念，并提出区际产业转移的两个重要基础：一是经济与技术发展的区域梯度差异的客观存在，二是产业与技术存在着由高梯度地区向低梯度地区扩散和转移的趋势。王先庆等（1999）认为，不同经济地理空间存在着"成长差"，不同区域产业主体之间存在相关"利益差"，二者共同构成"产业差"，这成为产业转移的基础。其中，"成长差"的存在导致不同区域间进行持续的产业升级运动，"利益差"使各类产业总是向着能获得最大利益的区域转移。陈建军（2002）分析认为，中国现阶段出现的产业区域转移现象在很大程度上是源于市场扩张、产业结构调整、追求经营资源的边际效益最大化及企业成长的需要。李国平、杨开忠（2004）分析了外商对华直接投资的资料与数据，结合企业调查，指出外商进行产业区位选择主要受劳动力等生产要素成本的影响，要素成本在不同区域之间的相对变化成为决定外来企业在华空间转移的关键因素。同时投资国和地区的产业结构调整转移以及中国国内地区间的产业与地域政策的变化也是产业和空间实施转移的重要因素。石奇（2004）认为，产业转移是企业实现市场集成的重要手段。所谓集成经济是指企业通过市场重组和集成的方式对产业链中不同价值环节的实现最优利用的经济。余慧倩（2007）提出，国际产业转移的重要条件是其产业势差的变化，科技进步是产业势能变化的物质基础。科技水平和生产力转化能力使不同国家拥有不同的产业势能，企业逐利性则是推动产业由高势能向低势能转移的最直接动力。

二、产业转移模式

卢根鑫（1994）从重合产业角度提出，产业转移基本形式是产业贸易和产业投资，通过产业贸易为重合产业寻找新市场，通过产业投资将生产要素转移到后发展国家，成为发达国家所需产品的加工厂。曹荣庆（2001）总结出产业转移六种模式：整体迁移型、商品输出型、市场拓展型、资本输出型、产业关联型和人才联合型。赵张耀和汪斌（2005）根据产业价值链转移是否完整，将产业转移分为完整价值链转移和工序型产业转移两种模式。完整价值链转移模式是指转移企业把某产业从上游到下游完整产业链投资转移到承接地的模式。工序性转移模式是指企业把产业链条中某一环节生产制造或服务地点转移到承接地的投资模式。胡俊文（2004）认为发达国家或地区实现产业转移的主要方式是：利用"头脑"与"躯干"的价值差异，实现"价值链拆分"和"产业空间分割"，促进"头脑产业"和"躯干产业"的国际分工；或将品牌经营和加工制造分离，采用"外包"方式将产业和产品生产向欠发达国家地区转移。韩文民、王婷（2005）根据迁出地和承接地所在的产业梯度，分别提出垂直型转移模式和水平型转移模式。垂直型转移模式为由高梯度区域向低梯度区域产业转移模式；平行型产业转移模式为有相同产业梯度区域间的产业转移模式。陈刚和刘姗姗（2006）根据产业转移具体途径区分为：区际直接投资转移模式、收购兼并转移模式、直接设厂转移模式、委托生产或生产外包转移模式、代工生产（OEM）转移模式、对外建立销售网点等。

三、产业转移价值和效应

卢根鑫（1994）从国际产业转移角度入手分析认为，产业转移具有双重效应，既可成为发展中国家经济发展的动力，在生产要素转移、生产结构成长、就业结构变迁、社会平均资本有机构成的提高、加速国民生产总值提高等五方面起到正面效应；又可能表现出不同程度的负面效应，反而阻碍发展中国家的发展。张可云（1997）认为，除区际商品和要素流动之外，区际产业转移是另一种区域经济联系的重要方式。区际产业转移不仅可替代区际商品贸易与要素流动，还能促进区域间资本、劳动力和技术等要素流动。总之，区际产业转移是区际关系协调和区域经济布局优化的双重需要。王兴化和王小敏（2001）通过对香港产业转移现状分析发现，香港产业结构调整目标不仅应确立新型主导产业优势，还要延续传统产业优势。香港大规模内地投资是实现产业转移目标的主要方式。内地不仅为香港产业结构调整提供要素，还提供广阔的市场。香港和内地两种产业结构可实现优势互补。陈红儿（2002）通过分析区际产业转移的内涵和机制，着重探讨产业转移对欠发达区域发展的积极作用，包括要素注入、关联带动、技术溢出、优势升级、结构优化、竞争引致和观念更新等七大效应。余慧倩（2007）对产业转移可能造成移出国产业的"空心化"问题进行了分析，指出产业转移为移出国产业结构调整提供了契机，也可能产生负面效应。移出国由产业迁出带来的失业问题短期不可避免，也可能削弱移出国技术优势，造成其产业"空心化"。产业转移对承接国也具有积极和消极的"双重效应"，既可为承接国带来投资转移效应、结构成长效应和就业扩大效应等积极影响，为发展中国家提供参与国际市场机会；也会强化转移国与承接国之间技术水平的差距，限制承接国承接产业的发展速度，维持并扩大承接国与转移国间的产业势差；还可能出现对承接国造成环境污染、生态恶化等后果，降低其福利水平和社会利益。魏后凯（2003）从企业和区域两个层面考察了产业区域转移的效应问题。虽然企业迁移或产业转移最终有利于提高企业整体竞争力，对转出区和转入区竞争力影响却不同。这种转移将会导致转出地产业竞争力下降，就业机会减少，而转入地产业竞争力提升，就业机会增加。另外一些学者从产业结构优化和资源配置角度分析了产业转移对于转移承接双方的积极影响和效应。吴少平和王先庆（1999）认为，产业转移既是产业淘汰的方式，也是产业重组，改造和提升原有产业的较理想的方式。产业转移可减少产业升级过程中的损失和成本，使产业淘汰成本降到最低。任何产业总是生存在一定时空下，一种产业在本地属淘汰产业，并不意味着在其他地区也被淘汰。因此，将那些处于淘汰地位的产业转移到能继续生存的地区，既可为本地新兴产业发展腾出空间资源，也可减少产业升级成本。从整体看，通过产业转移可使社会资源配置趋于优化，经济运行更为良性，可减少产业变迁导致的经济运行波动。贺炎林和袁敏华（2010）从产业结构调整和优化方面分析了地区间产业转移对发达地区和欠发达地区各自的影响。发达地区也会面临产业结构升级转型等问题，原先的优势产业可能面临升级或淘汰。欠发达地区迁入产业能提高当地技术水平和劳动生产率，有利于带动当地经济发展，还能解决一部分当地就业。黄利春（2011）从资源优化配置角度分析了产业转移的作用，指出经济发展根本上要求升级产业结构，产业转移、产业集聚和产业结构优化之间需要良好互动，只有这样才能提高资源利用效率，优化区域资源配置并使产业结构趋向合理。

四、产业转移政策导向和依据

张可云（1997）认为，对区际产业转移来说，政府干预和协调不可或缺，不能单靠市场调节。只有具备一定政策条件，区域产业的适时合理转移才能优化区域经济格局。而张毅（2001）建议，承接产业应有所选择，根据本区域实际情况选择重点产业，选择依据为：是否符合需求结构变化，是否符合产业高级化趋势，是否符合国际产业结构演变一般规律，是否有利于区域经济优势，是否符合产业发展阶段。陈刚（2001）等认为，欠发达地区接受产业转移的政策重点应是：营造良好的产业转移环境，对引进产业层次有所选择；对引进产业数量有所把握；产业转移来源地可多元化。魏后凯（2003）认为，政府部门应突破地方主义和"盲目转移承接"观念，尽可能创造条件鼓励企业在全国甚至全球范围内配置资源，增强企业的核心竞争力。转出区要及时调整产业结构，促进产业升级，培育适合本地发展的新兴产业，防止传统产业大量转出造成地区经济衰退。转入区要注重承接环境特别是软环境建设，有选择地承接国内外产业转移，充分利用外部资源促进本地经济发展。吴伟萍（2003）针对广东产业转移现状，建议政府应营造适宜产业发展的环境、创新利用引资渠道、发挥产业集群效应、培育技术创新体系和重构经贸合作体。

五、京津冀区域产业转移

阮加等（2011）分析认为，京津冀区域内产业同构现象以及人才"虹吸"效应导致区域一体化发展滞后。通过从产业转移与人才转移互动机制的角度分析区域产业发展与人才结构优化的演变过程，指出产业转移和人才转移是实现京津冀区域产业结构升级和人才结构优化以及区域一体化的必由之路。孟祥林（2011）则认为，京津冀地区之间合作不是简单的经济问题。行政区划以及京津与冀之间地位不对称导致河北发展始终处于依附于京津状态。为了促进京津冀地区产业结构优化，应打破行政划界限形成一体化发展格局，核心城市与次级核心城市相互呼应。戴宏伟（2003）在归纳产业梯度转移规律并研究大北京经济圈发展基础上提出，具有产业梯度差异是京津冀地区进行产业转移的关键，京津处于高梯度地带，而河北处于较低梯度，同时河北也有梯度高于京津的行业，这些行业也可向京津转移。王昆山（2006）从梯度理论方面分析了京津冀地区产业发展方向。认为京津冀地区产业侧重不同：北京市第三产业占有明显优势，天津市第二、三产业发展均衡，河北则在第一产业上有明显优势，这说明，京津冀地区产业结构，特别是京津和河北产业结构具有明显的互补性。王玉海（2011）用区位商对京津冀地区三次产业结构进行计算，指出三地产业优势不同，北京、天津和河北分别处于工业化进程的高、中、低三个阶段，在产业转移方面已形成京津是转移方，河北为接收方的格局。康红俊和赵文英（2004）用对比法分析了京津冀区域产业转移问题。通过对京津冀和长三角、珠三角地区的区域协作比较认为，京津冀地区缺乏带动产业转移的龙头企业，地区之间缺乏较深层面产业分工和合作，这应是京津冀地区今后需要改进的方向。杨连云和石亚碧（2006）认为必须打破京津冀地区在产业合作上的思想障碍和体制障碍，建议京津冀区域发展应协调好政策和市场等方面，提升整体竞争力；积极推进民营经济发展；冲破行政区域划分限制。郝志功和赵彪（2010）分析了"十一五"规划对京津冀各地产业发展要求，认为北京的目标是发展第三产业，应转移出劳动密集型和资源密集型的产业，而天津应在加快发展第二产业的同时，大力发展第三产业；河北省资源丰富，劳动力充足且成本低廉，适合承接京津转出产业。此外，王建峰等（2013）对河北省承接产业转移能力进行了分析，认为河北省对第二产业的承接能力正逐年上升，第二产业在生产规模和自主创新方面均有改善；通过对京津冀地区交通、信息便利性和产业距离进行分析，认为河北和京津之间交通和信息便利性呈逐年上升趋势。整体看，京津冀自 2000 年至今，三地互补性成上升趋势。

2.1.3 产业带动人口"双转移"研究概述

当前，有关产业转移和人口转移的"双转移"理论尚处在发展之中（张力方，2013）。

一、珠三角"用工荒"与广东"双转移"战略

国内现有对于"双转移"的研究主要针对珠三角的"用工荒"和广东省较早提出的产业和人口"双转移"战略。比如张捷（2008）分析了2003年至2008年珠三角出现的"用工荒"问题，认为"刘易斯拐点"在珠三角提前20年到来，应考虑产业转型升级，向自主品牌和高附加值方向发展。在二元经济结构下，外向型工业化模式将产生失衡效应和加速效应，这将导致刘易斯转折点的提前到来。马颖、刘建钢（2008）认为"双转移"战略中的产业转移战略将引导劳动力密集型产业从珠三角地区向欠发达地区转移。欠发达地区剩余劳动力数量庞大，一方面便于招工和企业发展；另一方面也可安排劳动力就业，促进当地经济发展。珠三角发达地区则可腾出发展空间，引导高新技术企业发展和转移，进而带动相关高素质劳动力转移。盖晓敏、邵常永（2008）则认为劳动力要素为产业转移提供了基本劳动力保障。随着企业招工日益困难，劳动力将成为产业转移的主要影响因素。吴敬琏（2010）总结了"双转移"战略实施的效果，指出广东省产业转型升级进展比较顺利，在应对国际金融危机冲击过程中，已意识到调整产业结构、转变发展方式的必要性。未来，广东需要向产业链高端提升，积极开创战略性新兴产业。

二、产业调整与人才结构相互作用

新古典增长理论认为，资本流动对缩小区域间经济差距具有重要意义，经济增长主要决定于资本和劳动力要素的投入。资本与劳动力在空间上存在双向流动态势，最终出现经济增长趋同现象。古典二元经济理论并不认同这一观点，否定了新古典理论关于要素使用对称性和要素完全流动性假设，认为还有第三种土地要素。这些要素在两种产业部门间使用并不对称：农业部门不使用资本，工业部门则不使用土地，但这两个部门都会使用劳动力。因此古典理论认为，新古典增长理论只适用于发达工业化国家，并不适用于存在人口过剩并处于工业化初期的发展中国家。因此，劳动力要素对缩小经济差异具有重要意义。罗文标和黄照升（2004）分析认为，人才结构高级化过程伴随产业结构高级化，不同产业发展阶段对应不同人才发展阶段，人才结构高级化与产业结构调整升级相互影响并制约，产业结构高级化会促进人才结构高级化。赵光辉（2008）认为，从产业结构

调整与人才结构调整的一般规律看，两者间的互动符合人才流动中的"推力—拉力"规律，即产业结构调整会拉动人才结构调整，而人才结构调整又会进一步推动产业结构调整，两种力量处于相互依存，趋于动态平衡。

三、"双转移"承接的实证分析

陈雪梅等（2005）以制造业为例，对比广东省梯度系数下降行业和湖南省梯度系数上升行业，发现重合行业有 10 个，据此认为两地在产业转移与承接方面具有广泛基础。刘建平等（2006）等也做过类似研究。梁琦（2005）和陈冬梅（2007）分析了长三角不同城市制造业和人力资源转移状况。张莉琴（2008）对西北五省区 36 个工业门类的产业空间集聚程度进行测定，在此基础上提出西北地区转移承接产业的定位和相关对策。李小建（1996）对 55 家在大陆投资的香港纺织服装和电子工业企业进行了问卷调查，结果发现这些企业在大陆新建工厂考虑因素中，"廉价劳动力"和"有技术劳动力"是排在前两位优先考虑的因素。在企业初始投资区位考虑因素中，"廉价劳动力"排在第二，仅次于"接近香港"的地缘因素。陈建军（2002）对浙江省以制造业为主的 12 个行业 105 家规模以上企业进行的问卷调查显示，以对外设立生产加工点为产业转移行为方式的企业，更倾向于选择劳动力成本较低的地区。邱振国（2006）则从反面说明，广东省劳动密集型产业一度缺乏向内地山区进行产业转移的动力，其原因在于当地劳动力成本增长缓慢，企业长期获得来自本地山区和外地持续的廉价劳动力，享受到较高投资收益。这种劳动力成本优势造成企业没有动力推动产业转移。

四、"双转移"承接的策略分析

在制定"双转移"和承接政策时，迁出地和迁入地两方面均应考虑。广东省具有工业结构差异度较大、政策及区域合作、地缘、人缘优势以及文化背景相似等优势；同时也存在承接地产业整体水平较低、基础设施落后、劳动力转移成效受制约、转出地产业发展水平差异等不利因素。对此，建议创新产业转移的微观模式，以产业集群为抓手，变单一产业转移为产业链整体转移，提高珠三角产业转型升级能力，加强迁入地环境建设，完善劳动力培训、就业和宣传等综合转移机制（多淑杰，2010）。

五、"双转移"的价值效应分析

辜胜阻等（2013）认为，以产业转移和劳动力回流为主要特征的"双转移"

是当前中国经济进入中速增长背景下新的发展趋势；是培育中西部地区经济增长的内生动力、促进东部地区经济转型升级，实现区域协调发展的有效途径；有利于在全国范围形成合理区域产业分工体系，降低农民工大规模异地迁移带来的过高成本、构建大中小城市协调发展的多层次体系。从这个意义看，"双转移"是市场机制下产业和劳动力的理性选择，政府应在尊重市场规律的基础上，将产业转移和劳动力"回流"相结合，以产业转移带动劳动力迁移，以劳动力"回流"促进产业发展。

六、京津冀产业和劳动力变化相关研究

京津冀区域产业与劳动力相互关系研究方面，安锦（2015）等通过定量分析发现，劳动力市场和产业结构转型的匹配程度影响京津冀都市圈人口有序转移。产业和劳动力的聚集和分散效应都将带来产业结构变迁和相匹配的劳动力人口的转移。因此提升居民就业能力、协调城镇化发展、促进劳动力市场完善与产业结构转型以及调整产业分工格局，有利于更好地促进京津冀区域人口的有序转移。在这一过程中，人力资本和产业越匹配，产业结构越合理，越能更好地实现京津冀都市圈的人口有序转移（杨爽、范秀荣，2008）。阮加、李欣等（2011）从产业转移与人才转移互动角度分析京津冀区域产业发展与人才结构优化的演变过程，指出产业和人才"双转移"是最终实现京津冀区域产业结构升级、人才结构优化以及区域一体化的必由之路。

2.2　国外研究文献回顾

2.2.1　产业转移理论和研究回顾

产业转移，是指以自由的市场经济环境为假设前提，经济发达国家或地区市场主体根据所在区域具备的比较优势情况，实施区域间直接投资或间接投资，将失去竞争优势的产业转移到具备生产优势的区域进行生产运营，形成产业从高产业层级区域向低产业层级区域移动的经济现象（张贵等，2014）。简言之，产业转移是指市场经济条件下，发达国家或地区产业根据竞争的比较优势变化，通过

对其他区域直接或间接投资，把失去比较优势的产业全部或部分转移到具备生产优势的欠发达国家或地区的空间移动现象。依据陈雪梅和余俊波的研究，国际产业转移相关理论主要如下（表2.1）。

表 2.1 国际产业转移理论梳理

产业转移相关理论	提出者及提出时间	基本内容
雁行模式理论	Akamatsu，1935	日本产业发展四阶段：进口商品——国内市场形成阶段、引进技术——进口替代产业阶段、国内市场转向后进国际市场阶段、向发达国出口增加，协调国际分工阶段。
中心—外围理论	Prebisch，1949	"中心"和"外围"国家在国际分工中处于不平等地位，"中心"国家享受技术进步益处，生产和出口工业品；"外围"国家承担生产和出口初级产品任务。
产品生命周期理论	Vernon，1966	产品周期三阶段：创新产品、成熟产品、标准化产品。
区域生命周期阶段	Thompson，1966	成熟期，区域竞争日趋剧烈，现有产业区为了应付其他区域竞争，区域企业将多区域化布局，呈现"分厂转移"
国际生产折衷理论	Dumning，1977	决定企业对外直接投资的三大主因：产业组织决定的所有权优势、交易成本决定的内部化优势和区域要素禀赋结构决定的区位优势。
边际产业扩张理论	Kojima，1978	根据比较原则，迁出产业是在当地失去比较优势的产业，而迁入产业则是在迁入地具有比较优势的产业。
全球商品链理论	Gerffi，1994	经济全球化背景下，商品生产形成的跨国生产体系将分布在世界各地的企业关联并组织在一体化网络中。
全球价值链理论	Gerffi，2001	全球价值链分为技术环节、生产环节和营销环节，各环节创造不同的附加值。

资料来源：陈雪梅，余俊波. 政策推动国际产业转移研究——以中—越产业转移为例［J］. 经济与管理，2011，25（11）：6-10。

这些产业转移相关理论对于京津冀区域中河北的产业承接和转型升级具有参考价值，下面分述其中主要理论的相关内容。

一、雁行模式理论

"雁行模式"理论也称"雁形产业发展形态说"，是由日本经济学家赤松要（AKamatus Kanam）于20世纪30年代提出的。他是较早研究产业转移的学者。这一理论最初是以日本棉纺织工业发展为例，分析产业跨国梯度转移的经济现象。通过研究日本棉纺工业发展史，赤松要发现某一行业所生产的产品演进过程可总结为："进口—国内生产—出口"三阶段，并按这三个阶段周期循环，即首先是产品国内无法生产而依赖进口阶段；其次是进入产品可以国内生产阶段；第三是进入产品的国内生产利润降低，转向生产出口阶段。将这三阶段的时间、市场需求曲线描述到同一坐标体系，可发现这三阶段显示为依次排列的三条折线，形状类似三只列队飞翔的大雁（如图2.1）。

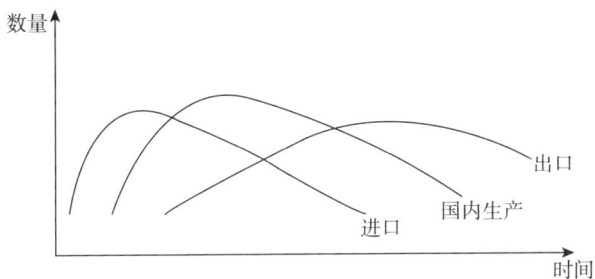

图2.1　"雁行模式"示意图

日本学者山泽逸平之后将这一理论扩展成为五个阶段："引进—进口替代—出口成长—成熟—逆进口"。这一过程更为详尽地阐明了后进国家如何通过进口先进国家的产品和技术，进而建立本国企业的生产链条以满足国内外需求的过程。雁行模式常用于描述落后国家和地区通过向发达国家和地区开放市场，从而实现产业转移和转型升级的过程。"雁行模式"理论与后来以比较优势理论为基础的产业转移理论具有相似的基础，其所勾勒的产业转移的"雁行"形态也是基于发达国家和地区与发展中国家及欠发达地区相互间比较优势的差异而产生的。

二、中心—外围理论

这是由阿根廷经济学家劳尔·普雷维什（Raul Prebisch，1949）提出的一种理论模式。该理论将资本主义世界划分成为"中心"和"外围"两部分。"中心"的生产结构呈现同质性和多样化特点；"外围"的生产结构呈现异质性和专业化特点。前者主要由西方发达国家构成，后者则包括广大的发展中国家。普雷维什的"中心—外围"理论得以成立的基本条件是：整体性、差异性和不平等性。整体性指"中心—外围"体系是一个统一动态体系；差异性指"中心—外围"间在生产结构上存在着很大差异。不平等性指"中心—外围"之间的关系并不平等。这是该理论的关键。普雷维什认为，从资本主义"中心—外围"体系的起源、运转和发展趋势看，"中心"与"外围"间的关系并不对称也不平等。由于发展中国家在国际分工中以生产原材料和初级产品为主，需求弹性较低；发达国家生产的工业制成品需求弹性则相对较高，这导致发展中国家在国际贸易中经常出现巨额贸易逆差，被迫实施"进口替代战略"，通过实现国内工业化来替代进口工业品以减小贸易逆差或获得贸易顺差。而实现这一目的最有效便捷的方式就是引进跨国公司。因此跨国公司获得大量涌入发展中国家的机会。这些跨国公司为发展中国家带来先进技术的同时，还主导着发展中国家的生产，从中获取巨额利润，不利于发展中国家资本积累。因此产业转移发生的根源在于进口替代战略。这一理论的缺陷在于忽视了区域间产业转移本身对加快欠发达地区经济发展的积极作用（王佳佳，2010）。

三、产品生命周期理论

产品生命周期理论是由美国经济学家雷蒙德·弗农（R. Vernon）于1966年提出。他将产品分为三阶段：新产品阶段、成熟阶段和标准化阶段，该理论被认为是产业演化发展的空间表现形式。随着产品生命周期发生变化，产品从最初的技术密集型转向资本密集型，再转向劳动密集型。由于各国技术水平存在差异，同一产品在不同国家的市场地位不同，这样产品将在生产要素具有不同比较优势的国家（地区）生产。弗农的产品生命周期理论为产品生产的产业转移路径提供了理论依据。从相对微观层面分析了某种产品的生产在具备何种条件时会从发达国家转移到发展中国家。该理论认为，产品生命周期性的变化规律是推动产业转移的根本原因，发达国家的企业会将在本地已不具备比较优势的产品，通过向国外投资转移而使得该产品重新获得在迁入国家和地区的比较优势。

四、梯度转移理论

梯度转移理论源于雷蒙德·弗农的产品生命周期理论。弗农认为，不同区域社会发展状况受到该区域的政治、经济、人文等多方面影响，而这种不均衡具体呈现为产业结构和产业发展水平的差异，即区域之间存在产业梯度，正是由于产业梯度的客观存在，才使得产业转移成为可能；否则同一产业层级地区，产业转移很难实现。该理论认为，每个国家（地区）都处在不同经济发展梯度上，梯度有高低之分，处在高梯度地区的经济较发达。这些地区主导产业拥有创新优势，潜力很大，与低梯度地区相比，高梯度地区在新产业、新产品、新技术等方面拥有比较优势。随着新产业和新产品在高梯度地区的推广，部分产业将逐渐失去比较优势，而向低梯度地区转移。该理论经过多年发展，形成内容丰富的理论体系，根据区域间不同差异，先后发展出产业梯度理论、要素禀赋梯度理论和技术梯度理论等多个分支理论。

五、劳动密集型产业转移理论

劳动密集型产业转移理论由诺贝尔经济学奖得主、发展经济学领军人物、经济学家阿瑟·刘易斯（W. Arthur Lewis）提出。刘易斯1984年在其《国际经济秩序的演变》一书中，从发展经济学角度分析了发达国家与发展中国家劳动力密集型产业的跨国转移现象，提出促进产业转移的主要动因是发达国家人口自然增长率下降，导致非熟练劳动力供给出现短缺，劳动力成本呈现显著攀升态势，在降低成本的推动下，这些产业被转移到劳动力要素更充裕的发展中国家。

刘易斯认为，发展中国家丰富的劳动力资源使得劳动力供大于求，从而造成薪资水平维持在较低水平，这种优势会吸引劳动密集型产业大量聚集。当这种聚集达到劳动力供给临界点时，劳动力资源优势将会消失，该地区产业聚集能力将会下降，产业转移也将会停止，直到企业寻找到下一个劳动力资源更加充足的区域，产业向外转移的活动才会再次开始。

克鲁格曼（Paul. Krugman，2007）认为，当前随着交通体系的不断完善，人口流动量日益增加，技术革新迭代速度加快，劳动力的数量优势逐渐衰退，劳动力质量对产业转移的影响日益增强。这种以技术水平、劳动者素质为优势体现的区域从工业经济到服务经济再到知识经济的过渡进程中会显得越来越重要。

六、国际生产折衷理论

产业转移具备转移基础条件后，并不意味着一定具有可行性。只有当企业具备一些特定条件时，才能实现产业向外转移。否则，产业转移即使具有现实迫切性，也不一定能获得有效推进。邓宁（Dunning，1977）提出的国际生产折衷理论则是对发达国家和地区企业推进产业转移可行性的一种分析。他认为企业在对外转移中存在所有权、内部化（internalization）和区位三方面特定优势。产业组织决定了所有权优势、交易成本决定了内部化优势、要素禀赋结构决定了区位优势。这其中，任何一方面优势缺乏都可能影响企业转移和扩张。严格讲，该理论并非专门的产业转移理论，而是属于跨区域直接投资理论，只因其对此前该领域有关理论进行了综合，因此被称为"折衷理论"。

七、边际产业扩张理论

边际产业扩张理论由日本经济学家小岛清 1978 年提出。该理论认为，对外直接投资或转移的产业应从那些已处于或即将处于失去市场潜力和处于比较劣势的产业，即边际产业开始，而非从本国具有比较优势的产业开始。实际上，也可把边际产业扩张理论观点解释为需要转移的产业须是本国范围内不再具比较优势和相对竞争优势的产业，且与承接地技术相差很少的产业。该理论也可用产业梯度转移理论来解释，将失去市场潜力的产业看作失去比较优势的产业，若能迁出成功，必然是因为该产业对于承接地而言还存在着比较优势。因此，这也可看作高产业梯度区域向低产业梯度区域实施产业转移的经济行为。所以该理论实质上也解释了两地技术水平差距较大的比较优势产业可以实现转移的经济现象（齐子翔，2014）。

2.2.2 人口迁移理论和研究

人口迁移是指人们由于经济或社会因素离开居住地转移到其他地区，通过跨地域移动的行为改变总体人口的规模和结构。可以说，人口迁移实质是动态的人口分布。国外对人口迁移研究较早，形成了较为系统的人口迁移理论思想体系；其经典人口迁移理论主要从宏观（国家或地区）和微观（家庭或个人）两个层面来展开研究。

一、宏观视角人口迁移理论

1. 莱文斯坦迁移法则

被称为人口迁移理论鼻祖的英国统计学家莱文斯坦（Ravenstein，1889）发表《迁移法则》，从人口学视角分析了人口迁移原因，提出人口迁移的七项法则：①迁移人口与空间距离呈反向变动关系，离商业中心距离越远的地区，迁移人口数越少；②人口迁移流向呈阶梯递进模式，距离城市较近地区人口迁移带来的人口空缺会由更远地区人口填补，这样人口迁入城市的吸引力可以波及最偏远地区；③迁移流的方向是双向的；④迁移倾向的区别，即不同类别和性别居民的迁移倾向存在差异，城镇居民相对农村居民迁移倾向较小，女性更倾向短距离迁移；⑤交通运输工具的便利与城镇工商业发展均能促使人口迁移；⑥经济原因是促使人口迁移的主要因素。这一理论被认为是人口"推—拉"理论的渊源。

2. "推—拉"理论

"推—拉"理论是人口迁移理论中被应用最广泛的理论。早在 20 世纪 30 年代，美国学者赫伯尔（R. Herberle，1938）发表《乡村—城市迁移的原因》一文，提出人口迁移的"推力"和"拉力"概念。后来，唐纳德·丁·博格（D. J. Bogue）等人对这一理论进一步完善，主要从迁出地和迁入地的自然环境、就业机会、社会经济发展差异等方面形成的推力和拉力来解释人口迁移的原因。1966 年，美国学者李（E. S. Lee）在前人基础上发展了迁移理论，提出影响人口迁移的因素，从迁入地、迁出地的影响因素、迁移过程的阻碍因素以及个人因素四方面讨论其对人口迁移的影响。他虽然对"推—拉"理论进行了完善，但是因缺乏科学推断和前提假设检验，在应用上具有一定局限性。

古典"推—拉"理论认为，人口迁移的主导因素是迁入地和迁出地的工资收入差异导致，人口迁出将降低迁出地的劳动力供给，导致迁出地工资水平上升；人口迁入地会因劳动力供给增加使得工资水平呈下降趋势。最后，当迁入地与迁出地的工资水平达到均衡时，劳动力将停止流动。

3. 刘易斯二元经济模型

二战以后，伴随经济社会发展和科技进步，学者们开始将科学模型引入人口迁移研究。其中最负盛名的是刘易斯的二元经济模型。由著名经济学家威廉·阿瑟·刘易斯（W. A. Lewis，1954）在其论文《劳动力无限供给条件下的经济发展》中提出。刘易斯在其中构建了经典二元经济及劳动力转移模型，率先从宏观层面解释了劳动力迁移的动因及过程。刘易斯认为，发展中国家的经济是典型的二元经济，经济结构可分为传统（以传统农业部门为代表）和现代（以现代工业部门为代表）两大部门。在这个二元经济社会中，传统农业部门的劳动力丰富，农业劳动力的转移几乎不会影响农业产量，农业劳动边际生产力为零。而资本主义工业部门的工资水平远高于传统农业部门，两大部门工资差别导致传统农业部门劳动力持续向现代工业部门转移，同时资本家追求将利润转化为资本，这进一步增强了现代工业部门吸收农业劳动力的动力和能力。综上所述，刘易斯建立的二元经济模型的核心是在劳动力无限供给条件下，农业部门剩余的劳动力将完全被工业部门吸收。此时的临界点被称为"刘易斯拐点"。这一过程中伴随着农业部门的萎缩和工业部门的扩张，最终二元经济发展成为工业一元主导的经济。

在实践中，这一理论存在一定缺陷。因为工业部门并不能无限吸纳农业部门的剩余劳动力，资本积累的扩大和就业水平提高也不一定能同比上升，农业剩余劳动力向城市迁移后，也不一定能立即找到工作。

4. 拉尼斯—费景汉模型：二元修正模型

针对刘易斯二元模型存在的缺陷，美国经济学家古斯塔夫·拉尼斯（Gustav Rains）和费景汉（John C. H. Fei）于 1961 年对其进行了修正，提出两个"拐点"的理论，即将劳动力转移的过程分为三阶段：第一阶段是劳动力无限供给阶段，此时劳动力边际生产力为零；第二阶段是农业劳动力边际生产率开始升为正，农业部门的工资呈上升态势，此为"第一拐点"；第三阶段是农业劳动力边际生产力与工资率水平实现平衡，农业部门和工业部门开始互相争夺劳动力，此时为"第二拐点"。

5. 托达罗模型："预期收入理论"

20 世纪 60 – 70 年代，发展中国家开始出现不符合刘易斯二元经济理论的现象，即城市的严重失业与持续上升的人口迁入现象同时存在。美国纽约大学经济学教授托达罗（Michael. P. Todaro，1970）对其进行修正。他认为，人口迁移的方向不仅取决于城乡实际收入差距大小，还取决于失业率。当然农民在选择是否迁移时也会权衡在城市承受的失业风险与可能获得的较高收入之间利弊多少，以此为基础提出"预期收入理论"。因此，失业状况与持续上升的人口迁入并存的原因在于农民对迁移后的预期收入估计较高，预计未来的收入可以弥补现在短期失业的损失，所以甘愿忍受暂时的失业，也要迁入城市。

实际上，托达罗模型解释的主要是迁移人口如何权衡迁移的成本和收益，该模型提出：①劳动力迁移的动力是预期收入，而非当期绝对收入；②迁移决策是多个因素综合权衡的结果，包括迁移者个体素质、迁移后找到工作的可能性和收入水平、迁移的实际成本与机会成本衡量等；③迁移者在做出迁移决策之前，不仅会考虑短期内预期收入和成本，还会考虑长期预期收入与成本，若长期收入能弥补短期损失，则选择迁移；反之，不会选择迁移；④由于迁移者个体特征和素养存在差别，导致同一时间、同一地点，人们的迁移倾向不同。

6. "迁移率转变"理论

美国学者泽林斯坦（Wilbur Zelinsky，1971）在其发表的《人口流动转变假说》中，总结西方国家人口发展的历史经验，将人口转变理论、城市化和工业化发展过程相结合，提出人口的"迁移率转变"理论，将人类迁移活动分为五个阶段：①出生率和死亡率均较高的传统社会。这一时期只存在少量人口迁移。②工业革命早期。人口死亡率有所下降，自然增长率出现上升，人口规模不断扩大，农村人口开始向城市和未开发地区集聚。③工业革命晚期。人口转变后期阶段。因出生率和死亡率均出现大幅下降，人口自然增长率开始下降，因为在第二阶段，多数农村劳动力已迁入城市，人口迁移增长率开始放慢，但迁移数量仍呈上升态势。④发达经济社会时期。人口转变已完成，人口自然增长率更低，此时城市之间和城市内部迁移取代了农村向城市的迁移。⑤未来发达社会。人口迁移模式主要是城市之间和城市内部的流动，人口迁移的数量可能会下降。

7. 二元制劳动力市场分割理论

上世纪 70 年代，美国新结构主义社会学家皮奥里（Michael J. Piore）提出一个新的迁移动机，即城市劳动力市场存在的二元结构及内生的劳动力需求，吸引农村劳动力向城市迁移。由于现代资本主义的发展模式促使劳动力市场结构趋于二元化，本地居民一般愿待在主流高收入部门工作，而工资收入、工作环境和社会地位较差的次要部门对本地居民缺乏吸引力，劳动力供给不足，因此产生了对外地劳动力的需求，这就成为促使农村劳动力向城市迁移的动机。

这一理论认为，劳动力市场中存在主要和次要两种劳动力市场的分割。主要劳动力市场收入高、条件好、工作稳定且培训机会多并具有良好晋升机制；次要劳动力市场则相反，收入低、工作条件差且不稳定、培训机会少且晋升机制缺乏。对主要劳动力市场的劳动者而言，教育和培训能提高其收入，而对次要的劳动力市场劳动者，接受教育和培训无助于其提高收入；而且劳动力在主要劳动力市场和次要劳动力市场之间进行的流动较少。（Thurow，1968；Piore，1971；Dickens，1985）

二、微观视角人口迁移理论

1. 舒尔茨人力资本理论：投资—收益理论

1960 年，美国芝加哥大学教授西奥多·舒尔茨（T. W. Schultz）在其《人力资本投资》一文中，将"个人和家庭迁移以适应不断变化的就业机会"看作人力资本投资的核心因素。人口迁移可看作人力投资前提下的迁移，可用来解释人口迁移的原因，人口迁移时的现金和非现金花费均可看做投资，迁移后所得收入属于投资的收益；是否迁移的行为决策则取决于迁入地可能获得的平均收益能否超过迁出地获得的收入和迁出过程中付出的成本之和。为此，舒尔茨也被誉为人力资本理论的创立者。达万·佐（Da Vanzo，1975）对迁移成本与迁移收益进行了系统总结，认为迁移成本主要包括：交通成本、心理成本、信息成本、寻找工作和待业过程中的收入损失、迁出地资产损失等；迁移获得的收益包括工资水平上升、更完善的福利待遇和公共服务以及更宜人的气候环境等。这一理论也可用来解释不少地区迁移群体多为年轻人的原因，因为年轻人的迁移成本相对较低，而且迁移后拥有较长时间来提高收入水平，因此其迁移的预期收入较高。总之，越年轻的人迁移的动机越大。

2. 新经济迁移理论

新经济迁移理论又称新迁移经济学理论或新劳动迁移理论，由斯塔克（Stark）和布鲁姆（Bloom）于1985年提出。该理论从微观家庭和个人角度来分析劳动力迁移的动机，认为迁移者更看重家庭因素，会考虑迁移能否使家庭承担的风险最小化且预期收入最大化。因此，这说明劳动力的迁移决策和行为并不仅仅由地区收入差距来决定。

新经济迁移理论中包含三个核心概念："风险转移""经济约束"和"相对剥夺"。首先，"风险转移"是一种分散风险的方式。因本地传统经济发展和收入不稳定，家庭单位会做出决定让部分家庭成员外出务工，以分散收入风险，减小对当地单一收入的依赖程度。其次，"经济约束"是指劳动力转移源于资本市场的不完全性这一概念。因为在原住地，许多人缺少社会保险和资金支持，这些制度和资金约束会导致家庭决定让部分成员外出务工，从而能获得一定数量的资金支持和福利保障。最后，新迁移理论对传统理论中绝对收入差距对迁移的影响提出质疑，认为家庭在做出迁移决策时，不仅会考虑绝对预期收入水平，还会与社区内或其他家庭单位或参照人群的收入水平相比较，从而减轻"相对剥夺"的压力。这样看来，即使预期收入水平很高，但若低于比较参照的对象，也不一定产生迁移的决策。

3. 移民网络理论

移民网络理论由美国社会学学会主席道格拉斯·梅西（Douglas S. Massey）

等人 1987 年以"社会资本"理论和"累积因果关系"理论为基础提出。所谓移民网络是指已迁移的人口与原来居住地的家庭、亲朋之间所建立起的一种社会网络联系。现实中，人口迁移并不是盲目迁移，人们会更倾向于相信通过类似传播学中提及的"口碑传播"方式建立的移民网络来获得迁移信息并作出决策。因此，移民网络在很大程度上决定着个人和家庭的迁移决策。这一因素不仅有助于降低人们的迁移成本，还有利于提高迁移的收益，同时建立在亲朋好友信誉基础上的信息也会降低迁移的风险。

2.3　文献分析小结

总体来看，尽管《京津冀协同发展纲要》等国家战略中已明确提出，通过非首都功能有序疏解以解决北京大城市病，并初步提出产业、交通和生态先行协同的转移思路；但是无论实践还是研究层面，目前尚缺乏针对产业带动人口双转移之于非首都功能疏解与首都人口调控的核心价值及深层作用的深入探讨，对京津冀协同发展下的产业转移和人口迁移之间的相互作用以及联动作用研究亦不足；同时对于产业带动人口双转移的路径和方向也缺少定性和定量的研究。

换言之，已有研究在研究框架与视角、研究内容和方法层面尚存在一定局限。

首先，在研究框架和研究视角方面，因京津冀区域协同和全国统筹下解决人口发展和调控问题是国家战略视野下的新研究和新命题，目前尚缺乏足够研究参考依据。

以往北京人口调控及相关研究中，单纯从人口调控政策本身和北京自身视角研究较多。很少有从京津冀区域统筹视野下产业转移和人口迁移的互动及联动视角出发，探讨通过优先推动产业带动人口双转移及其带来的关联效应，以达到间接调控北京人口，有序疏解非首都功能，解决北京人口相关大城市病以及促进京津冀协同发展的研究框架。

梳理以往研究分析框架存在三方面不足：一是产业带动人口双转移与非首都功能疏解及分解北京大城市病相结合方面；二是从城市化发展和城市规划源头深

入分析方面；三是宏观和微观相结合方面。

其次，在研究内容和研究方法方面，以往人口调控研究中，国内外学者对于京津冀协同发展的产业转移研究较多，对于单独三地人力资源和人口调控的研究也不少，但是从产业带动人口"双转移"视角所做的探索性研究和分析尚不充分；尤其是以非首都功能疏解和解决北京大城市病为出发点和落脚点的研究更少。

而以往研究中，目前亦尚未发现基于缓解北京人口压力和大城市病问题，以京津冀协同发展和非首都功能疏解政策为导向，从产业转移和人口迁移内部相互作用机制和联动效应切入，来系统阐述双转移动力机制、核心价值和策略的研究。尚缺乏将人口学预测方法和产业发展调控相结合的研究，亦罕有对产业人口外迁疏解的规模、路径和方向等方面定量与定性相结合的分析和研究。

第三章
理论框架和研究设计

3.1 主要概念界定

3.1.1 常住人口与流动人口

为了研究方便，本研究中主要用"流动人口"表述来替代常住外来人口。因此有必要对于本研究中常住人口和流动人口的内涵和外延以及关系进行界定。

常住人口是指实际经常居住在一定区域一定时间（半年以上）的人口。不管是否拥有本地户籍，只要经常居住在本地，包括常住本地而临时外出不满半年的人口，都属于本地常住人口的范畴。目前，大多数国家都把居住半年以上作为判别常住人口的时间标准。本研究涉及的北京人口调控的对象主要针对外来非户籍常住人口，简称常住外来人口。

从时空维度考量，中国流动人口及其相关政策具有本国特色，与中国的经济社会发展以及历史和现实国情紧密相关。何为流动人口？其含义界定和范围涵盖内容其实是随着经济社会和时代的发展不断扩大和变化的。梳理北京官方不同时期政策和法规文件，曾在不同政策环境下使用"流动人口""外来人口""暂住人口""农民工""外地人口""外省人口"等概念，这些概念大体指同一群体，即流动人口。依据中国国家卫生和计划生育委员会流动人口司发布的《中国流动人口发展报告》对"流动人口"的定义，将流动人口范围圈定为离开户口所在地，跨乡（镇、街道）居住半年以上的人口，包括农村户籍流动人口和城镇户籍流动人口。就北京流动人口而言，即指在京居住半年以上的北京非户籍常住人口，即北京常住外来人口。

3.1.2 劳动力人口与就业人口

根据人口经济学相关理论，劳动力通常是指具有劳动能力的劳动年龄人口，也就是说作为生产者的人口统计。在人口学中，劳动力人口是指 16 岁到 64 岁之间适合参加劳动的人口。所谓劳动年龄人口，一般指法律规定的成年人口减去法定退休年龄的人员以后的人口总数。国际上一般将 15－64 岁列为劳动年龄人口，目前我国法定劳动年龄为男子 16－60 周岁，女子 16－55 周岁（李仲生，2013）。

从劳动力人口和就业人口关系来看，劳动力人口是劳动适龄人口中已就业和具有就业潜力的全部人口，其实包括就业人口和失业人口之和。全球来看，有些国家将劳动力人口称为经济活动人口，有些国家则称为工作人口。

就业人口则是指达到一定年龄从事社会劳动并取得劳动报酬或经营收入的人口。国际上各国对达到一定年龄的起点和参加多少劳动日数可视为就业人口的具体规定不尽相同。不同时期就业人口数之比可反映就业人口增减变动程度。

3.1.3 人口调控

人口调控的定义在学界有诸多表述，但对人口调控的基本内涵和思路有一些基本共识。如特大城市的人口调控应定位于城市功能分区、人口产业结构布局和人口服务管理体制三方面的优化（陆杰华、李月，2014），或者以"调"代"控"，重在调整人口结构，使之适应新一轮服务型经济发展需求（王春兰、杨上广，2014）；同时对应于人口调控目标为规模合理、结构优化、分布均衡的人口科学发展态势等（王培安，2014）。王俊祥，吕红平（1999）认为，人口宏观调控政策是指政府"从人口发展的特点以及与社会经济发展的关系出发所采用的宏观控制方式和调节手段的总称"。肖周燕（2014）认为，人口调控本质上是种政府行为，即政府依据外部环境变化采取经济或行政手段对人口数量、结构、素质以及结构等方面的调节决策，使人口发展与外部环境保持相对平衡。

综合已有研究对人口调控的含义阐述，本研究涉及的人口调控，是指将人口作为主要政策、制度的调控对象，其调控目的是通过政策直接或者间接作用于人口，以实现人口与产业乃至经济社会和资源环境的协调，更好地促进经济社会和城市运行的发展。无论是调控人口的内部结构，包括人口数量（机械增长和自然增长）和人口素质，还是调控外部结构，即人口分布与产业结构及资源环境相协调匹配。其主要出发点和落脚点都是政策调整和改革创新。本研究中涉及的长期以来北京人口调控政策思路，简言之，是以调控北京常住外来人口为主要切入点，旨在解决北京遇到的"大城市病"等问题。

3.1.4 产业和人口"双转移"

当前有关产业转移和人口转移的"双转移"战略实施理论是尚处在发展中的管理理论（张力方，2013）。本研究中的"双转移"是指京津冀区域产业转移带动人口迁移的双向互动和整体联动的转移促进机制和过程。这里不是指单独的产业迁移或是人口迁移，也不是简单的产业转移带动人口迁移，而是在产业转移与人口迁移之间相互促进，互为动力基础上实现的系统性转移疏解和承接的过程以及连带的综合效应。

3.1.5 非首都功能

2014年2月16日，习近平总书记在北京市考察工作时提出，要明确城市战略定位，坚持和强化首都全国"政治中心、文化中心、国际交往中心、科技创新中心"的首都核心功能。所谓非首都功能是指与四个中心不相符的城市功能。

2015年2月10日，习近平总书记在中央财经领导小组第9次会议上指出，疏解北京非首都功能、推进京津冀协同发展，是一个巨大的系统工程。目标要明确，通过疏解北京非首都功能，调整经济结构和空间结构，走出一条内涵集约发展的新路子，探索出一种人口经济密集地区优化开发的模式，促进区域协调发展，形成新增长极。思路要明确，坚持改革先行，有序配套推出改革举措。方法要明确，放眼长远、从长计议，稳扎稳打、步步为营，锲而不舍、久久为功①。

按照中央和《纲要》精神，北京非首都功能疏解对象的重点是：疏解一般性产业特别是高消耗产业，区域性物流基地、区域性专业市场等部分第三产业，部分教育、医疗、培训机构等社会公共服务功能，部分行政性、事业性服务机构和企业总部等四大类非首都功能。疏解原则是：坚持政府引导与市场机制相结

---

① 人民网，http://politics.people.com.cn/n/2015/0211/c70731-26543272.html. 2015-02-11.

合，既充分发挥政府规划、政策的引导作用，又发挥市场的主体作用；坚持集中疏解与分散疏解相结合，考虑疏解功能的不同性质和特点，灵活采取集中疏解或分散疏解方式；坚持严控增量与疏解存量相结合，既把住增量关，明确总量控制目标，也积极推进存量调整，引导不符合首都功能定位的功能向周边地区疏解；坚持统筹谋划与分类施策相结合，结合北京城六区不同发展重点要求和资源环境承载能力统筹谋划，建立健全倒逼机制和激励机制，有序推出改革举措和配套政策，因企施策、因单位施策。

北京市 2015 年政府工作报告指出：按照严格控制增量，有序疏解存量，对不符合首都城市战略定位的功能和产业，逐一列出清单，拿出具体方案，尽快组织实施，确保取得实质性进展。未来 5 年，北京市将通过"禁、关、控、转、调"五种方式完成疏解非首都功能目标，包括严格按照新增产业的禁止和限制目录，就地关停高污染、高耗能、高耗水企业；对不符合首都城市战略定位的劳动密集型、资源依赖型一般制造业实施整体转移，对高端产业中不具备比较优势的制造环节实施调整，主动在京津冀进行全产业链布局等。

3.2 研究框架和内容

本研究着重研究在京津冀协同发展的非首都功能疏解导向下，如何通过优先推进产业转移带动人口迁移的"双转移"策略，推动老龄化背景下北京非首都功能有序疏解，有效缓解北京人口压力，进而分解北京"大城市病"问题，促进京津冀三地产业转型优化和优势互补，人口有序迁移与合理分布，区域人口与资源环境以及经济社会绿色协调可持续发展。换言之，本研究以京津冀协同发展战略下的非首都功能有序疏解为导向，重点研究优先推进产业带动人口"双转移"对于促进北京人口有效调控和京津冀协同发展的先导作用和驱动力价值，并提出可供参考的路径和策略。

首先，阐述优先实施产业带动人口"双转移"的必要性和重要性。通过分析北京人口核心问题（城市病）主因及人口调控制度弊病，得出解决北京"大城市病"思路在于有序疏解非首都功能，而疏解非首都功能的主要着力点即在于优先推进产业带动人口"双转移"。

其次，通过分析京津冀区域产业结构和转移承接基础条件、区域人口状况及其迁移特征和空间布局，梳理、分析产业和人口"双转移"各自面临的条件和联合推动中的主要障碍。

再次，通过分析产业转移和人口迁移的相互作用、影响因素和联动效应，阐明"双转移"系统动力机制和作用机理。

又次，在前述对"双转移"现状、条件和作用机理分析基础上，对京津冀范围内"双转移"和承接规模、方向进行了三种情境下定量和定性相结合的预测分析。

还次，以最新的国家雄安新区设立为样本，将前述总结出的产业带动人口"双转移"分析框架和规律进行应用分析，进一步佐证"双转移"视角的科学合理性。

最后，在定量预测和定性分析的基础上，总结出"双转移"应遵循的战略方向和基本原则，据此提出对策建议（研究思路框架见图3.1）。

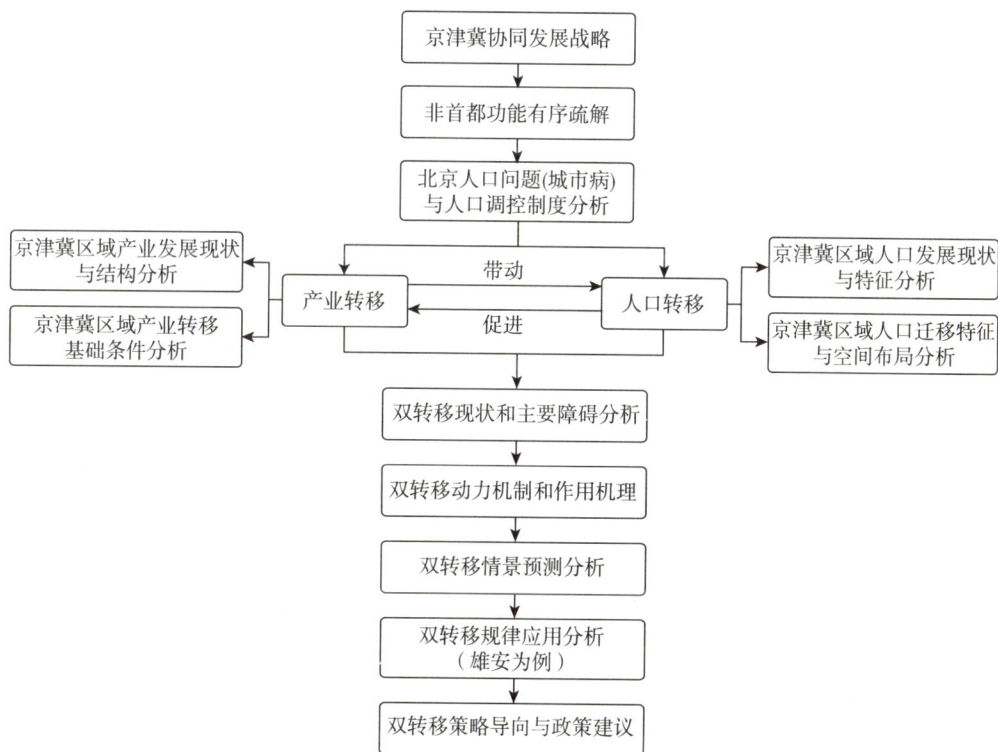

图3.1 研究思路框架图

3.3 数据来源和研究方法

3.3.1 数据来源

本研究数据主要来源于中国统计年鉴（2015）、中国城市年鉴（2015）、中国人口与就业统计年鉴（2014）等，1982－2010 年六次全国人口普查公报，京津冀三地第六次人口普查公报，2000－2015 年北京统计年鉴、天津统计年鉴和河北经济年鉴，2002－2015 年京津冀三省统计公报，京津冀三地三次经济普查数据公报、三地（13 市）政府官方网站和各级统计局官方网站定期公布的相关数据。个别涉及其他数据资料，均通过引文和脚注加以标识。

3.3.2 主要研究方法

本研究采用定性分析与定量分析相结合的研究方法。首先通过分析北京人口核心问题（城市病）主因及调控制度弊病，得出解决北京"大城市病"思路在于有序疏解非首都功能。而通过产业转移带动人口迁移应是推动非首都功能疏解的主要抓手，进而阐述实施产业带动人口"双转移"的必要性和重要性。其次，通过分析京津冀区域产业结构和转移承接基础条件、区域人口状况和迁移特征，梳理产业和人口"双转移"面临的现状和主要障碍。再次，通过分析产业转移和人口迁移相互作用机制和影响因素，阐明"双转移"系统动力机制和作用机理；在此基础上对"双转移"的规模和方向进行了三种情境下预测模拟分析。最后，在综合全文结论和实证分析的基础上，总结出"双转移"应遵循的战略方向和基本原则，据此提出对策建议。

具体研究过程中，以定性分析法为主对研究对象进行深入分析；辅之以必要的文献研究、描述性分析与经验总结、比较研究和案例分析、实地调研和定性访谈、量化数据分析等多种分析方法。

首先，文献研究。详细梳理了政策文件：包括《京津冀协同发展规划纲要》、京津冀三地"十二五"和"十三五"规划纲要、三地政府工作报告、北京历次城市规划、北京市与人口调控相关的主要政策和制度；已有国内外有关产业转移和人口迁移的相关理论文献，北京人口调控及政策研究的相关文献；以及统计报表资料：包括相关的中国统计年鉴、中国人口和就业统计年鉴、国家和京津冀三地人口普查公报、京津冀三省统计公报以及京津冀三地统计局公布的相关数据等。

其次，描述性分析与经验总结。通过对于以往京津冀产业结构和发展趋势、京津冀产业转移基础条件和区域人口结构及迁移分布特征的描述、北京人口发展特点和北京人口调控政策的演变以及北京城市规划发展、产业带动人口"双转移"的现状和进展等方面运用了描述性研究方法；对已有三地产业和人口的发展以及转移承接方面的经验总结梳理，同时对国外首都圈和国内长三角、珠三角（尤其是广东）等特大城市群人口发展相关经验，采用了经验总结法，总结出一些可资借鉴的区域协同发展和"双转移"的共性经验和解决思路。

再次，比较研究和案例分析。在经验梳理时运用了比较分析法，通过横向、纵向以及纵横交叉的多种比较方法，对京津冀三地经济、产业和人口发展进行了纵向和横向的比较分析，对不同时期北京人口调控理念、规划和制度的发展变化以及不同地区（国内外大城市）人口调控思路和理念等进行了不同程度的比较分析。在对已有产业转移效果和产业转移的障碍进行分析反思时运用了案例分析法，其中包括对国家级雄安新区建立的价值思考、早期产业人口转移承接先行者——河北曹妃甸与首钢的合作发展反思、对于北京外迁产业比如"动批""大红门"等产业转移状况一度遭遇水土不服的分析等方面。

又次，实地调研和定性访谈。为了对已有宏观数据和政策所体现的效果进行深入分析，笔者还利用参加相关项目的机会和自身工作便利，对京津冀三地发改委、其他相关政府部门、部分产业转移企业以及三地一些流动人口生存状况进行了实地调研；对京津冀三地政府部门相关负责人、部分产业转移企业负责人和随迁人员及部分北京流动人口进行了定性访谈。这些调研的事实和案例都充实到相关章节中，作为宏观数据、政策和实践的有效补充。

此外，本论著还通过量化数据分析方法进行因素分析和数据模拟。包括多状态人口预测方法（PDE）、交叉列表分析法等。

本论著采用的 PDE 多状态人口预测模型是对多状态生命表和队列构成预测方法的一个类型。其优点在于不仅充分考虑了生育、死亡和迁移等因素对未来人口变动的影响，而且考虑了教育水平和城市化对生育、死亡和迁移的影响，使预测结果更加科学。研究结合死亡率参数、迁移规模和教育转换率的变化预测，对京津冀区域人口规模和年龄结构进行了高中低三种情境下的预测模拟。

在对京津冀三地经济、产业和人口发展等方面进行深入分析时，本研究运用交叉列表分析法等对相关不同因素之间进行了关联分析，作为定性分析必要的补充和印证。

第四章
北京人口问题与调控制度
——"双转移"价值分析

本研究主要着眼于解决北京当前与人口发展直接相关的"大城市病"问题，因此有必要首先厘清北京当前"大城市病"问题产生原因以及以往人口调控制度政策体系的利弊；在此基础上提出解决思路。本章通过分析当前北京"大城市病"产生的主要原因和以往人口调控政策存在的利弊，阐述北京在京津冀范围内实施非首都功能疏解和优先推进北京产业带动人口"双转移"的核心原因。本章实质是推进产业带动人口"双转移"的价值分析，包括其必要性、重要性和优先级。

4.1 北京人口发展的主要特点和 "大城市病" 问题分析

建国初的 1950 年，北京市人口总量为 429.9 万人。改革开放以来，北京常住人口增长开始呈现明显增长态势。1986 年突破 1000 万人，2009 年为 1860 万，突破《北京城市总体规划（2004 – 2020 年）》中对北京 2020 年总人口规模控制在 1800 万人的目标要求。2014 年末，北京市常住人口 2151.6 万人，比上年末增加 36.8 万人。常住人口密度为每平方公里 1311 人，比上年末增加 22 人。常住人口中，城镇人口 1859 万人，占常住人口的比重为 86.4%。

截至 2015 年年末，北京全市常住人口 2170.5 万人，比上年末增加 18.9 万人。其中，常住外来人口 822.6 万人，占常住人口比重为 37.9%。常住人口中，城镇人口 1877.7 万人，占常住人口的比重为 86.5%。常住人口出生率 7.96‰，死亡率 4.95‰，自然增长率 3.01‰。常住人口密度为每平方公里 1323 人，比上年末增加 12 人。年末全市户籍人口 1345.2 万人，比上年末增加 11.8 万人（表4.1）。

表 4.1　北京常住人口及构成（2015）

指标		人数（万人）	比重（%）
常住人口		2170.5	100.0
按城乡分	城镇	1877.7	86.5
	乡村	292.8	13.5
按性别分	男性	1113.4	51.3
	女性	1057.1	48.7
按年龄组分	0－14 岁	219.1	10.1
	15－59 岁	1610.9	74.2
	60 岁及以上	340.5	15.7
	65 岁及以上	222.8	10.3
按功能区分	首都功能核心区	220.3	10.1
	城市功能拓展区	1062.5	49.0
	城市发展新区	696.9	32.1
	生态涵养发展区	190.8	8.8

数据来源：《北京市 2015 年国民经济和社会发展统计公报》

4.1.1　北京人口发展的主要特点

一、常住人口总量持续增长，增速呈逐渐下降趋势

依据现有行政区划面积，梳理北京自新中国成立以来的人口增长状况可以发现，总体呈现总量增长、增速较快特点，最近 5 年呈现增速趋缓态势（图4.1）。

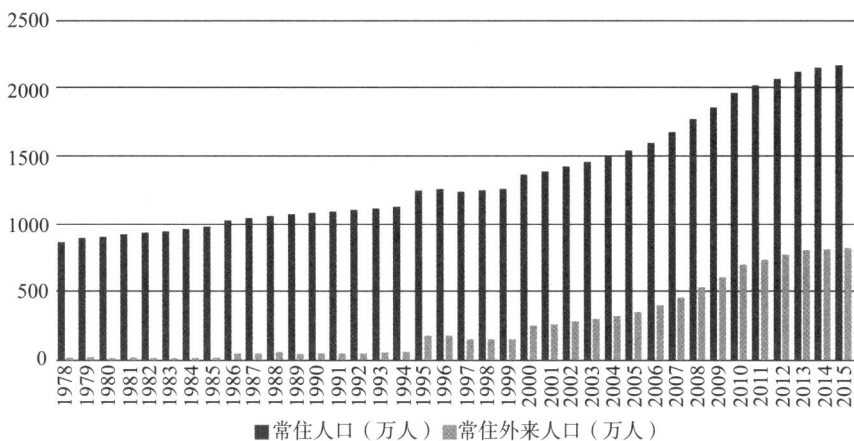

图 4.1　北京市常住人口变化图（1978－2015）

数据来源：《北京统计年鉴2015》和《北京市2015年暨"十二五"时期国民经济和社会发展统计公报》

2011 年至 2015 年，北京市常住人口增量和增速逐步放缓。其中常住人口增量从 2011 年的 56.7 万人降至 2014 年的 36.8 万人，增速 2011 年为 2.9%，2012年为 2.5%，2013 年下降到 2.2%，2014 年降至 1.7%，2015 年低于 1%，为0.9%，增速和增量均创"十二五"以来最低水平（图4.2）。

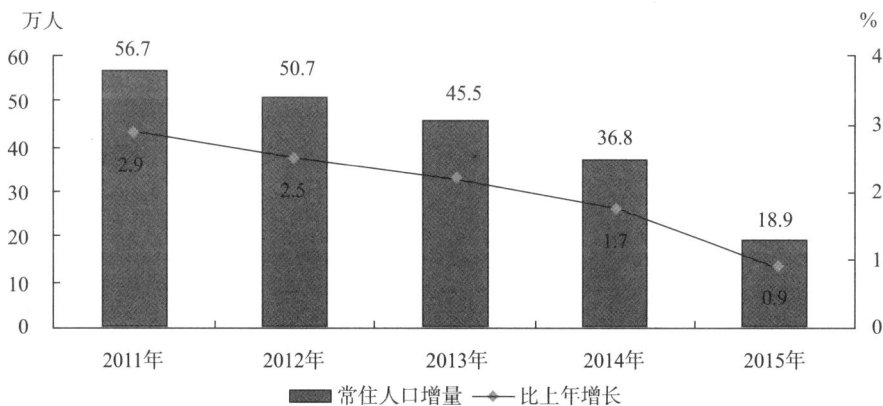

图 4.2　北京常住人口增量及增长速度（2011－2015）

数据来源：《北京市 2015 年暨"十二五"时期国民经济和社会发展统计公报》

二、流动人口为常住人口增长主因，增量增速趋缓

自改革开放以来，北京常住人口和常住外来人口整体规模呈现上升趋势。尤

其是 2000 年以来，北京常住人口增长明显，其中增长人口主要以外来迁入人口为主，人口自然增长占比很小（图4.1）。从图4.3可看到，进入上世纪90年代，北京常住人口自然增长率开始大幅下降，并且长期保持较低水平。自1991年到 2010 年的 20 年间，北京常住人口自然增长率不足 4‰，2011 年至 2014 年有小幅回升，也只是在4‰至5‰之间徘徊。2015 年重新跌回 4‰以下，自然增长率为 3.01‰，其中出生率 7.96‰，死亡率 4.95‰（详见附录 B 之附表 B.1）。这主要由于总和生育率长期处于较低水平所致。

2010 年"六普"数据表明，北京总和生育率为 0.71，大大低于更替水平。如此低生育水平下，总和生育率将来进一步下降空间微乎其微。考虑 20 世纪 70年代末期后出生的独生子女目前已陆续进入生育期，之前根据计划生育有关政策，夫妻双方均为独生子女，可由夫妻双方申请，经区县以上计划生育委员会批准，生育第二胎。2011 年 11 月，中国各地开始实施双独二孩政策。2013 年 11月，《中共中央关于全面深化改革若干重大问题的决定》提出"启动实施一方是独生子女的夫妇可生育两个孩子的政策"。即所谓的单独二孩政策。2015 年 10月，中国共产党第十八届中央委员会第五次全体会议公报明确指出：坚持计划生育基本国策，积极开展应对人口老龄化行动，实施"全面二孩"政策。预计到2020 年，生育二孩的独生子女夫妇将会增多，生育水平有所回升，但幅度不会太大。生育水平小幅回升对北京人口整体规模影响不大。

从图 4.1 可以观察到，2000 年以来，北京常住外来非户籍人口（以下以"流动人口"代替）成为北京常住人口增长的主要来源，增量和增速一度呈现迅猛增长态势。2010 年之后连续 5 年时间，流动人口增速和增量开始呈下降态势。

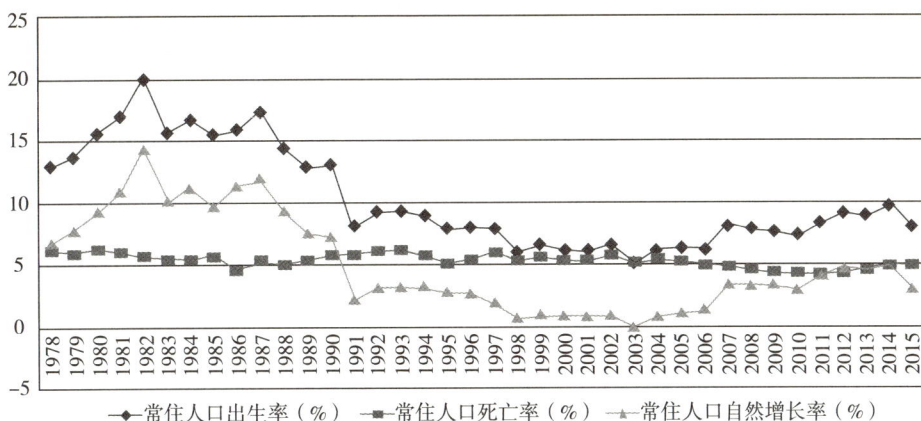

图 4.3　北京常住人口出生率死亡率和自然增长率（1978 - 2015）

数据来源：《北京市 2015 年暨"十二五"时期国民经济和社会发展统计公报》

　　从规模来看，2000 年至 2010 年，北京市流动人口总量呈加速膨胀态势：2000 年为 256.1 万，2010 年突破 700 万，当年增量 90.5 万人，之后增速和增量均开始快速下降。最近 5 年，北京流动人口增量增速呈明显放缓态势。2011 年为742.2 万，增量为 37.5 万人，2012 年为 773.8 万，增量为 31.6 万人。2013 年突破 800 万，为 802.7 万人，增量 28.9 万人。2014 年为 818.7 万人，增量 16 万人。到 2015 年为 822.6 万人，增量仅 3.9 万人，不到 4 万人。人口增量从 2010年的 90.5 万人降至 2015 年的 3.9 万人，增速从 2010 年 14.7% 降至 2014 年的2%，最后降至 2015 年的 0.47%（详见附录 B 之附表 B.1）。

　　综合来看，2000 年至 2015 年的 15 年间，常住外来人口迁入增长成为北京常住人口增长的主因。2000 年北京常住外来人口 256.1 万，2015 年为 822.6 万，15 年间增加了 566.5 万人，年均增加约 37.77 万人。从比例来看，外来人口占常住人口比例由 2000 年的 18.8% 升至 2015 年的 37.9%，接近常住人口 4 成。也就是说，2000 年北京常住人口中约平均每 5 个人中有 1 个非本地户籍常住居民。到2015 年，常住人口每 3 个人中至少 1 人是非北京户籍，或者说常住人口每 10 人中约 4 人是非本地户籍人口。

三、流动人口来京以务工经商为主，河北占比最多

　　按照我国统计分类，人口迁移原因主要为经济型和社会型。经济型原因涵盖务工经商、工作调动和学习培训等；社会型原因包括随迁家属、投亲靠友、婚姻

嫁娶、拆迁搬家等。2000 年以来，北京流动人口迁入原因以务工经商为主，其次是家属随迁。第三产业吸纳了主要流动人口，其职业构成以"商业、服务业人员"为主。2010 年第六次人口普查数据显示，2000 年，来京流动人口"务工经商"比例为 67.6%，2010 年上升至 73.9%，且男性明显高于女性。2013 年，流动人口务工经商占比为 66.8%，随迁家属和学习培训比例分别为 11.2% 和 7.1%，其他原因如投亲靠友、婚姻嫁娶等比例均不足 5%[①]。尽管相比 2010 年，迁移务工比例有所下降，甚至低于 2000 年，但是其在总体来京流动人口中占比仍然是绝对优势。"六普"数据显示，2010 年在第一、第二和第三产业就业的流动人口比例分别为 1.5%、27.5% 和 71.0%。两次普查数据对比显示，流动人口职业构成以"商业、服务业人员"为主，从业比例由 2000 年 43.16% 升至 2010 年 48.1%。

从流动人口来源地来看，来自首都周边地区人口流入占比最大。北京"六普"数据还显示（表 4.2），北京常住外来人口中，河北占比最多，超过五分之一。其次是河南和山东。前三省来京流动人口分别达 22.13%、13.91% 和 8.49%，而后为安徽、黑龙江。可大体推断，原户籍流出省份人口规模总量、劳动力资源状况以及来京距离影响其各地流入北京市人口数量。

表 4.2　北京常住外来人口主要来源地占比情况（2010）

流出地	流动人口数量（万人）	占外来流动人口总数比重（%）
河北	155.9	22.1
河南	98	13.9
山东	59.8	8.5
安徽	43	6.1
黑龙江	40.3	5.7

数据来源：北京市第六次人口普查办公室. http://www.bjstats.gov.cn/rkpc_6/pcsj/201107/t20110704_205615.html.

---

① 北京市统计局官网，http://www.bjstats.gov.cn/sjfb/bssj/ndsj/ndsjfpfb/2013n/201406/t20140618_274951.html. 2014 – 06 – 18.

四、就业人口主要集中于第三产业，占比持续上升

北京自2000年以来，第三产业发展迅猛，比重持续上升（图4.4）。

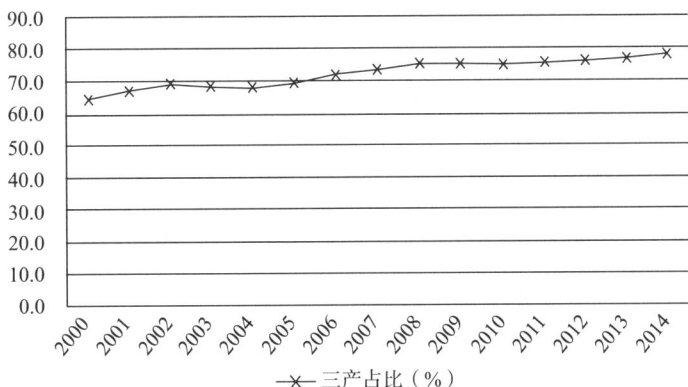

图4.4　北京市第三产业比重变化（2000 – 2014）

数据来源：2000 – 2015年的北京统计年鉴

从北京的"五普"和"六普"数据比较可知，北京常住就业人口产业构成中，第三产业吸纳的就业人口占绝对多数，且一直呈现上升趋势。从2000年第三产业就业人口占比为56.1%上升到2010年占比为70.9%。与此同时，第一产业就业人口占比从13%下降至5.5%，第二产业就业人口占比从30.9%下降至23.6%（如图4.5）。

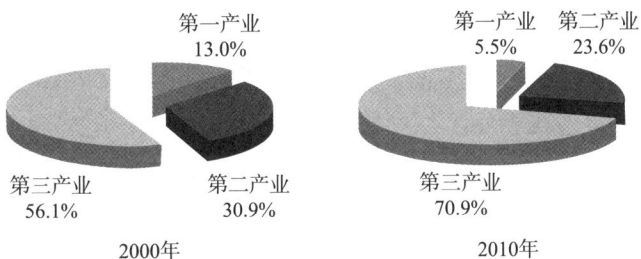

图4.5　北京市常住就业人口产业构成比较（2000，2010）

数据来源：北京"五普"和"六普"数据

整体来看，北京三次产业吸纳就业人口的变化趋势如图4.6。从中可以很清晰地看出，北京第三产业吸纳就业人员比重持续上升，从1993年至1994年起超过第一产业和第二产业，之后一直占绝对多数。

从上述数据可知，北京的三次产业中，第三产业是吸纳和集聚就业人口的主要渠道，结合之前来京外来人口的主要就业趋势也可看出，第三产业正是吸引和吸纳流动人口来京就业的主要源头。

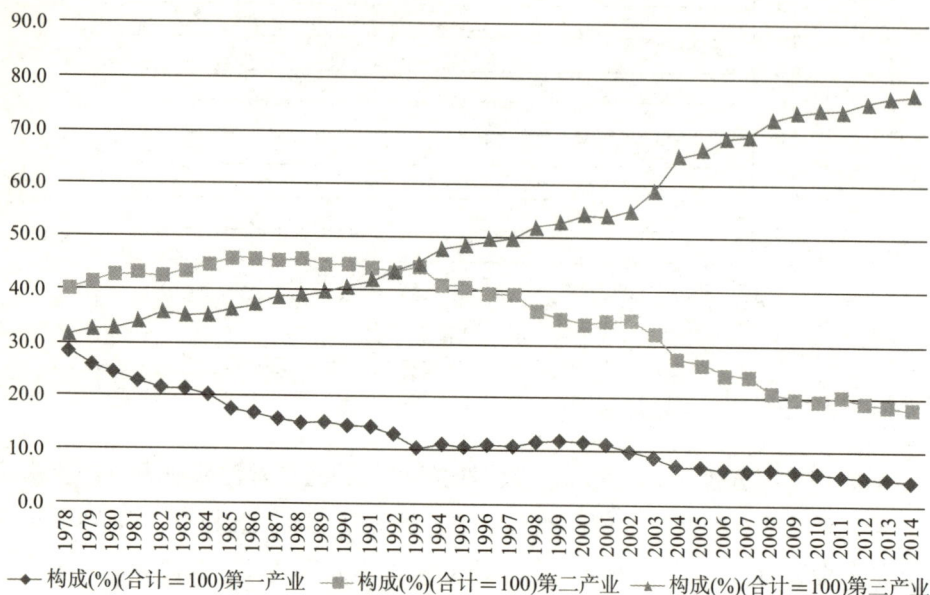

图4.6 北京三次产业从业人员构成变化（1978－2014）

数据来源：《北京统计年鉴2015》

五、人口城镇化水平较高，城乡差距近年略有扩大

人口城镇化水平是一个国家或地区经济发展水平的重要标志，也是衡量一个国家或地区社会组织程度和管理水平的重要标志。城镇化水平通常用某一时点某地区城镇人口占该地区常住人口的比例来表示，用来反映人口向城市聚集的过程和聚集程度。目前的"城镇人口"是根据国家统计局关于《统计上划分城乡的规定》进行划分[①]。

早在2013年，北京市统计局、国家统计局北京调查总队发布首都城镇化发展分析报告显示，2012年年底北京市城镇人口为1783.7万人，北京城镇化率已达86.2%，接近高收入国家城镇化水平，产业结构也与高收入国家基本一致。从

[①] 北京市统计局，http://www.bjstats.gov.cn/rkjd/zbjs/201310/t20131025_259861.htm，2013－10－25

当年全国层面来看，北京城镇化水平仅比上海低 3.6 个百分点，居全国第二位。2000 年北京城镇人口比例为 77.54%，2005 年突破 80%，为 83.62%，2012 年升至 86.20%，12 年间增加 8.66 个百分点。

北京人均收入水平也在增加。以 2010 年至 2014 年这 5 年为例，北京居民包括城镇人口和农村人口在内，收入与增速均呈现大幅上升趋势（图 4.7）。2014 年，北京全年城镇居民人均可支配收入达到 43910 元，比上年增长 8.9%；扣除价格因素后，实际增长 7.2%。农村居民人均纯收入达到 20226 元，比上年增长 10.3%；扣除价格因素后，实际增长 8.6%。城镇居民人均消费性支出达到 28009 元，增长 6.6%，其中服务性消费支出 9197 元，增长 10.7%；恩格尔系数为 30.8%，比上年下降 0.3 个百分点。农村居民人均消费性支出达到 14529 元，增长 7.2%；恩格尔系数为 34.7%，比上年提高 0.1 个百分点。

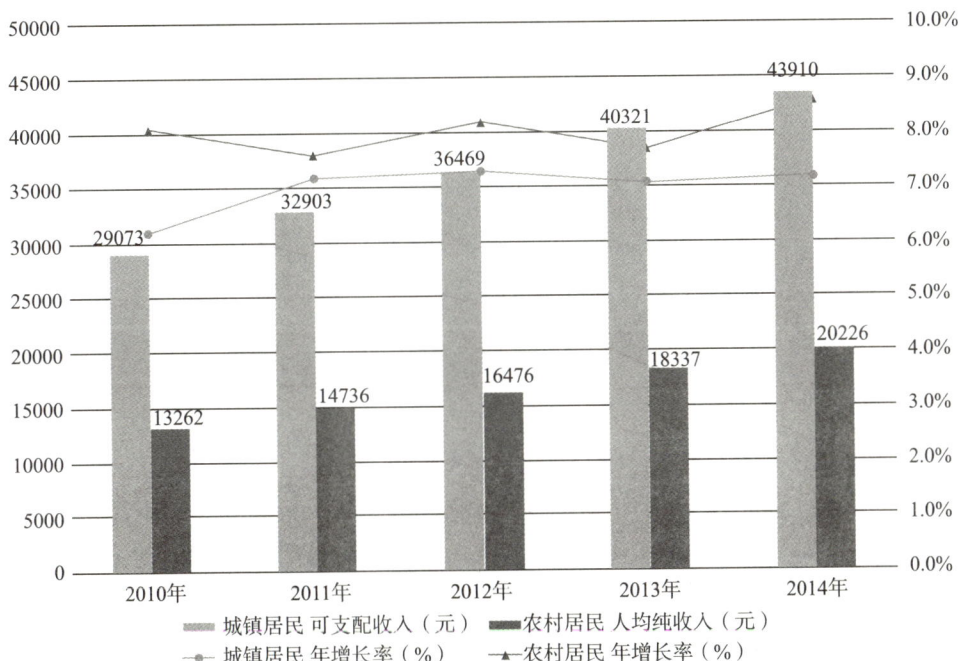

图 4.7 城镇居民与农村居民人均收入及实际增速（2010－2014）

数据来源：《北京市 2014 年国民经济和社会发展统计公报》

4.1.2 北京人口发展的突出问题

一、人口分布呈空间不均衡，职住分离现象严重

首先，北京人口空间布局呈现过密与过疏并存状态。

分功能区看，人口分布由城市功能拓展区向城市发展新区、首都功能核心区以及生态涵养区梯次递减。从2012年至2014年人口分布数据看，人口分布呈现向城市功能拓展区和城市发展新区集聚趋向，其中城市发展新区集聚能力在快速上升，城市功能拓展区，2012年占48.72%（1008.2万人）；2013年占比48.8%（1032.2万人），2014年达49.0%（1055.0万人）；城市发展新区，由2005年的26.76%上升到2012年的31.56%（653.0万人），2013年为31.7%（671.5万人），2014年达到占31.8%（684.9万人）。首都功能核心区和生态涵养区人口比例均持续下降，从2012年的10.61%（219.5万人）和9.11%，降到2013年10.5%（221.2万人）和9%（189.9万人），2014年分别为10.3%（221.3万人）和8.9%（190.4万人）。2014年常住人口具体地区分布可从图4.8中看出。

图4.8 北京常住人口密度区县分布图（2014）

数据来源：北京市统计局官网，http://www.bjstats.gov.cn.

2015 年北京常住人口密度为每平方公里 1323 人，比上年末增加 12 人。从常住人口地区分布看，北京核心城六区中，东西城区人口集中度比上一年稍有缓解，朝阳、海淀、丰台、石景山四城区人口比上一年均有小幅增加（图 4.9）。

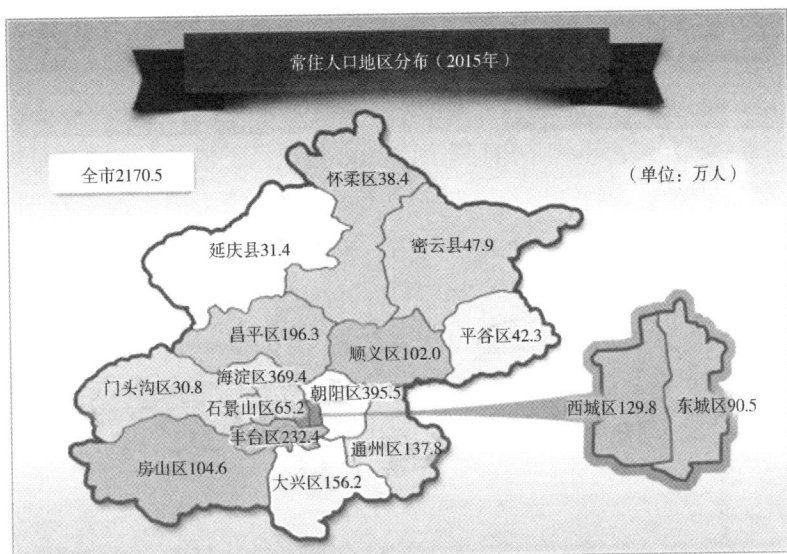

图 4.9　北京常住人口密度区县分布图（2015）

数据来源：北京市统计局官网，http：//www.bjstats.gov.cn.

从北京城六区来看，2013 年时城六区人口密度已达 9160 人/每平方公里，是城市发展新区和生态涵养发展区人口密度的 9 倍和 42 倍。其时面积大致相当的东京都人口密度是 6029 人/平方公里，相比之下，北京城六区人口密度明显偏高。

其次，职住空间分离现象显著，居住和就业空间错位严重。

北京人口居住——就业存在较为明显的空间错位问题。总体表现为，产业活动主要集中于首都功能核心区和城市功能拓展区，人口居住则呈现向城市功能拓展区和城市发展新区集聚的"郊区化"态势。整体观察，北京产业布局初步呈现"多中心"空间结构趋势，围绕通州、昌平、顺义、房山、平谷、怀柔等新城，开始形成新的城市产业集聚地，不过中心城区仍然具有较强大的产业和人口集聚力，人口就业向城市中心集中趋势仍比较明显（见图 4.10）。然而人口居住区域由首都功能核心区向郊区转移趋势显著。这造成人口职住分离问题严重。2013 年，城市功能拓展区与城市发展新区总常住人口超过全市常住人口 8 成，成为北京人口的主要集聚区域。尽管城市功能拓展区的人口居住与就业相对平衡，但首都功能核心区仍过度集中产业和人口活动，城市发展新区产业集聚能力则相对不足，这导致北京整体人口居住——就业呈现不平衡特点（李国平，2015）。

人口职住的空间失衡与错位，造成北京中心城区吸纳了主要的交通流量。约 80% 的机动车和 70% 的小客车出行集中在六环路以内，带来交通拥堵和环境恶化加剧等问题。此外，教育、文化、医疗卫生等优质公共服务资源分布不均衡，9 成的优质医疗和教育资源集中在中心城内。相比之下，北京郊区的公共服务资源配置和产业配套建设则不足，严重削弱了郊区产业和人口的集聚能力。这样，中心城区功能过度集中而郊区功能不足造成当前北京人口密度过大，对资源环境和城市运行产生很大压力，同时也抑制了郊区发展（李国平，2015）。最近两年有一些明显改善，但是迁出的教育医疗等公共资源仍显得比较分散，缺乏统一的规划和迁出原则。

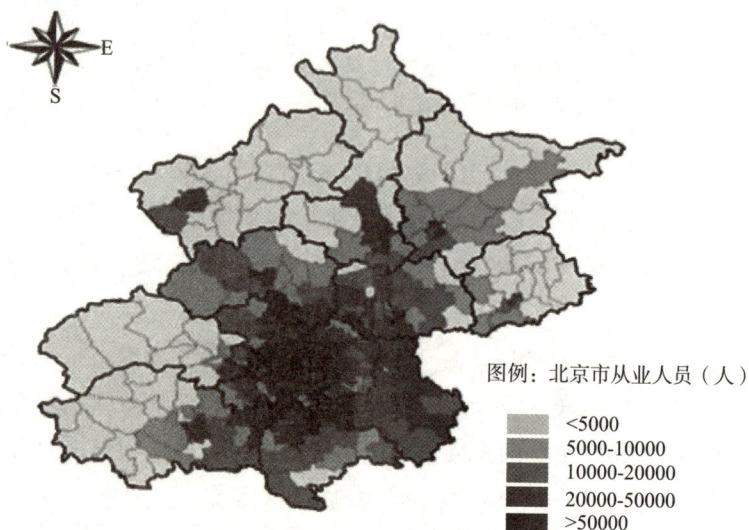

图例：北京市从业人员（人）

- <5000
- 5000-10000
- 10000-20000
- 20000-50000
- >50000

图 4.10　北京市就业人口分布（2013）

数据来源：北京第三次经济普查数据

二、总抚养比呈上升趋势，老龄化程度加剧明显

从人口自然增长角度看，北京自 2000 年以来一直处于"超少子化"状态，且整体有加剧倾向。流动人口的进入对老龄化程度虽有一定缓解，但并未改变北京人口红利总体下降趋势。从人口尤其是劳动力人口的成长规律和相关国家法律（至少成长到 16 周岁）可知，即使国家先后出台"单独二孩"① 和"全面二孩"政策，也很难在短期内扭转北京人口红利减少的趋势。从图 4.11 的北京常住人口年龄性别金字塔变化也可看出，2000 年至 2010 年，北京市整体老龄化程度呈加剧态势。

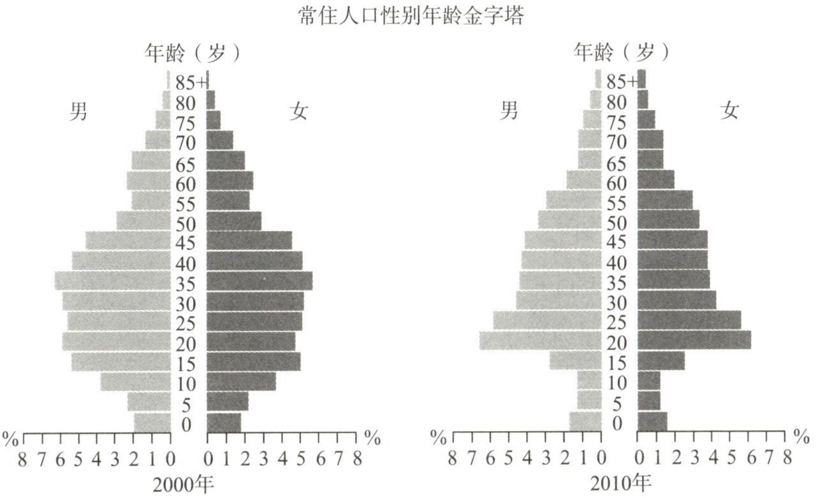

常住人口性别年龄金字塔

图 4.11　北京常住人口年龄性别金字塔比较（2000，2010）单位（%）（2013）

数据来源：北京市统计局 – 国家统计局北京调查总队官网，http://www.bjstats.gov.cn.

从少儿占比看，按国际惯例，0 - 14 岁人口占总人口比在 15% 以下被称为"超少子化"状态。北京自 2000 年以来，0 - 14 岁人口比例在波动中呈总体下降趋势，2000 年为 13.6%，2010 年降为 8.6%，之后略有回升，2011 年升至 9%，2012 年为 9.4%，2013 年为 9.5%，2015 年为 10.1%，但与 2000 年相比，仍下降了 3.5 个百分点。这种"超少子化"状况是北京市长期低生育水平造成的结

---

①　根据《中华人民共和国劳动法》《中华人民共和国劳动合同法》《中华人民共和国就业促进法》以及相关法律规定：法定劳动年龄指年满 16 周岁至退休年龄，有劳动能力的中国公民。退休年龄目前一般指男 60 周岁，女干部身份 55 周岁，女工 50 周岁。

果，即使最近两年逐渐放开"二孩"政策，其政策效应发挥作用还需要较长时间。因此，短期内北京常住人口尤其是劳动力人口减少的趋势很难改变。这一趋势对北京市未来经济社会发展的影响重大。

北京人口老龄化程度长期高于全国平均水平且呈明显加剧态势。常住老年人口占比变化显示，北京2000年以前就进入老龄化社会，且呈现老年人口规模大，增长速度快的特点。2000年北京市65岁及以上老年人为114.29万人，占总人口比重的8.4%，2005-2009年在10%-11%左右，2010年降为8.7%，2011年为9%，2012年65岁及以上老年人190.4万人，占比升至9.1%。2013年65岁及以上人口进一步增长为194.5万人，占比上升至9.2%，比2000年上升0.8个百分点。随后三年老龄化程度进一步加剧。在此，选取2013年和2015年这两年的片段数据简单比较如下：

2013年常住人口中，0-14岁人口200.1万人，占9.5%；15-64岁人口1720.2万人，占81.3%；65岁及以上人口194.5万人，占9.2%。60岁及以上老年人口292.9万人，占13.9%。全市总抚养比为22.9%，即每100名劳动年龄人口要负担近23名非劳动年龄人口；其中少儿抚养比为11.6%，老年抚养比为11.3%。

2015年常住人口的相应数字如表4.3。

表4.3　北京常住人口构成比较（2013，2015）

		2013年		2015年	
		人数（万人）	比例（%）	人数（万人）	比例（%）
按年龄组分	0-14岁	200.1	9.5	219.1	10.1
	15-59岁	1621.8	76.6	1610.9	74.2
	60岁及以上	292.9	13.9	340.5	15.7
	65岁及以上	194.5	9.2	222.8	10.3
抚养人数和总抚养比		493.0	23.4	559.6	25.8

数据来源：2013年与2015年北京市国民经济和社会发展统计公报

从表4.3可以清晰看到，北京劳动力人口的比重最近几年迅速下降，少儿抚养比和老人抚养比均在上升，而且老人抚养比的上升速度很快。整体看，北京总抚养比从2013年的23.4%上升到2015年的25.8%，增加了1.4个百分点，增长人数为66.6万人。其中老龄化程度加剧较快，60岁及以上老人占比增加了

1.8%，人数增加了47.6万人。

这其中户籍人口老龄化形势尤其严峻。依国际惯例，65岁及以上人口占总人口比例超过14%，说明已进入"深度老龄化社会"；超过20%则属"超级老龄化社会"。事实上，2011年北京户籍人口中65岁及以上人口占比已达14.1%，2012年进一步上升至14.6%，人数达187.9万人。

三、流动人口劳动力素质普遍不高，就业层次偏低

梳理首都北京2000年以来发展可以看到，经济社会快速发展集聚大量劳动密集型产业，类似家政服务、商贸流通、建筑、餐饮等这些行业创造大量就业岗位，吸引了大批外来农村低端劳动力进入。外来农村劳动力人口成为北京市流动人口的主要组成部分。"六普"数据显示，2010年，北京市有704.4万流动人口，其中476.8万人来自农村，占比流动人口总量的67.7%。农村劳动力人口受教育程度整体偏低，影响到北京流动人口整体教育素质水平。2010年北京市流动人口中，大专以上学历人口仅占25.3%；高中及以下人口占比高达75.7%，其中以初中人口居多，占比47.4%。

四、劳动适龄人口占比下降，流动人口红利呈显著减少趋势

总体来看，北京人口老龄化程度2009年后略微缓解，这在很大程度上归功于来京流动人口年龄结构趋于年轻化的特点。2010年"六普"数据显示，60岁以上流动人口占流动人口总数比例仅为3.39%。可以说，在相当长的时间内，北京其实一直在享受流动人口带来的人口红利（详见附录B的表B.4）。

上述数据分析进一步表明，最近几年北京常住人口中劳动适龄人口下降幅度明显，从8成降到7成出头。总抚养比尤其是老年人口抚养比上升速度显著。已有研究显示，未来流入北京的5大主要人口来源大省劳动年龄人口均将可能出现不同程度缩减趋势，这使得流动人口带来的人口红利很可能加速减少。因此，未来北京不排除遭遇"用工荒"的可能（尹德挺等，2014）。

4.1.3 北京人口城市化发展核心矛盾——"大城市病"原因分析

北京为什么要进行人口调控？从经济社会发展的现实状况来看，主要是基于北京的"大城市病"问题。所谓"大城市病"，是指随着城市发展，一些特大城市出现人口过多引发的交通拥堵、房价高涨、环境恶化等症状。北京"大城市

病"则主要表现为地铁拥挤，交通拥堵，教育和医疗等公共资源和服务明显紧张，水资源等自然资源相对短缺以及大气环境污染等问题呈加剧趋势。其背后反映出北京城市现有公共资源、公共服务以及社会保障无法满足日益增长的人口需求。目前北京等特大城市人口调控措施主要是基于上述与人口规模增长或膨胀相关的"大城市病"展开。肖周燕（2011）研究认为，当前北京和上海等大城市采取的人口调控措施实际上是对大城市人口规模的调控。

北京市之所以主要针对流动人口规模调控或者说对来京外来常住人口进行限制，正是基于以下判断：即认为当前"大城市病"问题正严重困扰着北京的城市管理和运行，而其产生的原因很大程度是由于近年来人口大规模快速增长和集聚带来的。因此，对人口规模甚至流动迁移进行严格调控成为诉求。而北京改革开放尤其是2000年以来，人口增量的主要部分是流动人口，于是必须针对流动人口增长进行以规模和迁移为主的全方位严格调控。这一思路在京津冀协同发展战略思路提出之前相当长的一段时间里，各区县政府执行机构在实际操作中更多倾向于选择简单限制流动人口数量规模。

一、基于经济学与社会学视角原因分析

从经济学角度分析，北京"大城市病"是日益增长的人口所产生的日益增长的需求得不到满足的表现，其实质是人口增长带来的需求增加与基础设施、公共资源、公共服务和社会保障滞后之间的矛盾。为此，需要从人口需求增长和城市公共服务水平及社会保障能力两方面考察。从社会学视角分析，北京以首都特有的权威核心地位和强大影响力，布局了全国最优质的教育、医疗、科技、金融、传媒、文化以及其他领域资源，对全国乃至全球区域人口都形成强大吸引力，无论是求学求医还是居住生活，北京都拥有全国其他城市不可比拟的优势。虽然近几年由于雾霾对于长期居住人群的选择有些影响，但对于具有求医求学以及文化等刚需人群的影响不大。

1. 人口、产业和公共资源过度集聚源于首都功能过大过多过散

首先，从经济和产业发展需求角度上，北京人口需求增加主因是流动人口规模持续增长。北京人口需求增长的直接原因是人口高速增长，而人口高速增长主要源于人口迁移规模持续增加。前述分析北京常住人口特点已知，北京常住人口自然增长率长年特别小，远低于更替水平。因此，近年来北京常住人口的增长主

要源于机械增长，即外来人口的迁移进入。也就是说北京人口需求增长的原因很大一部分源于流动人口增长带来的需求①。前述对北京流动人口迁入原因分析可知，流动人口来京目的以务工经商为主。也就是说是经济发展高水平和预期高收入吸引流动人口（劳动力及相关人口为主）进京务工或经商。而经济发展主要由产业发展支撑，也就是说北京经济发展尤其是产业发展的需求是吸引流动人口来京的主要原因（这本身符合经济发展规律和城市化发展规律，也符合新城镇化战略）。进一步分析，北京流动人口高速增长说明北京产业需求旺盛，进而说明北京产业呈蓬勃发展态势，反映出北京经济发展的高水平和高速度。这从北京2000年以来GDP持续高速增长可印证（此为流动人口增长带来的正效应）。

产业发展或者说发展什么样的产业（即产业的选择和布局）实际是由城市功能需求来决定。比如北京若定位为事实上的经济中心，那么与经济中心相关的发展政策和产业布局就会配套实施，与产业需求匹配的劳动力人口就会被吸引过来。北京被定位为技术创新中心，那么围绕技术创新中心将会建立产业发展政策，进行产业发展布局，之后形成产业发展需求，吸引相关高新技术产业人口进入。因此北京各类产业蓬勃发展背后与事实上的首都功能不断扩张和持续深化相伴随：①所谓扩张是城市功能内涵和范围在不断扩大，指城市不断突破原有规划和定位，形成诸多新的中心功能。比如在以往发展中，北京一度成为事实上的经济中心、金融中心、高新技术中心和商业中心等多中心。②所谓深化是指随着经济发展水平提高，支撑某项城市功能的相关产业集聚能力进一步扩大，吸引人口和创造产值能力进一步提升，该项城市功能的作用和影响力进一步得到加深、强化甚至"固化"。

城市功能扩张和深化的结果是：进一步加剧产业聚集能力和发展能力，吸引人口和提升产值，进一步促进了经济的发展并且使得原有城市功能得到强化和固化。这样看来，核心症结是源于北京城市功能的不断扩张和深化。从社会学角度分析，北京之所以能集聚全国最优质公共资源则主要源于首都的权威地位和高端人才的高端需求。北京拥有的医疗、教育、文化、传媒等高端资源，其原因一方面在于长期以来首都在政治、经济、社会、文化等诸多方面拥有的权威核心地

---

① 笔者以为，流动人口的概念与暂住人口和临时人口等称谓类似，也带有某种歧视性，因为既然是常住外来人口那么与流动性这一概念本身就存在矛盾。

位，使其有实力有能力，必要时甚至可举全国之力布局和配套最优质公共资源（比如举办奥运会）。另一方面，前述北京布局的诸多高端产业所吸引的高端人口本身对于子女教育和医疗文化信息等方面的高端专业需求，也刺激了北京优质公共资源的集中。

上述两方面原因均与之前首都功能过大、过全、过多和过散的状况直接相关。

2. "大而全"发展思路成首都城市功能不断突破规划定位主因

要厘清首都功能过大过全过多的原因，首先应明确北京城市功能初始定位由谁决定。这显然是城市总体规划。梳理自新中国成立以来北京历次城市规划中对北京的城市定位曾做了明确限定。比如历来主要是以政治文化中心为主，《京津冀协同发展规划纲要》新增了技术创新中心和国际交流中心。虽然北京历史上曾被短暂定位为经济中心，但并没有延续，尤其是改革开放之后，始终没有规定经济中心功能，更没有金融中心、商业中心等功能。然而在长期实际发展过程中，北京不仅发展成为事实上的经济中心，更成为包括金融中心、商业中心、信息中心、旅游中心、交通中心等超多中心功能的"全能"城市。换言之，北京城市功能在实际发展中大大突破了原有城市规划中的定位，带来超出原有城市规划设想的新的产业需求和人口需求。与此同时，其单项城市功能纵深发展带来的实际产业需求和人口需求也大大超出了原有城市规划中对基础设施、公共资源、公共服务和社会保障体系的预期设计水平和承载能力。

城市功能不断扩张的原因在于以下方面。一方面源于固有的对首都功能"全能和高精尖"的历史优越性及盲目贪大求全的惯性认识思维；另一方面源于经济不断发展和产业不断积聚，衍生出新的产业中心和城市功能，不断突破原有城市中心功能和产业布局。比如随着北京事实上作为经济中心的不断发展，导致相关金融产业不断聚集。在经济整体发展支撑下，金融产业开始向专业化发展，并逐渐演变为新的金融中心。再比如在经济中心导向下，大量人口的涌入，导致人流量大幅上升，于是满足人口增长需求的商业中心、信息中心和交通中心等功能也日渐形成，并形成相互依托和支撑发展的联动态势。而新衍生中心的发展反过来又会进一步促进原有中心的发展，形成新的经济发展循环。整体联动效应促进了北京经济的总体发展。

因此，北京在实际发展过程中，不断突破原有城市规划中的城市功能定位，造成北京事实上的城市功能持续扩张和深化，带来一些新产业的需求。这部分新产业的需求与原有产业超出规划的新增需求相叠加，加速吸引为满足新旧产业需求发展的流动人口大量进京。这些新增人口本身对于衣食住行和医疗教育等服务方面的基本需求，大大超出北京基础设施、公共服务和社会保障的规划和实际供给能力，更超出了原有城市规划对基本公共资源、基础设施和社会保障体系的预先规划和设计水平。于是，交通等基础设施、住房、医疗、教育等公共服务层面均不同程度出现大量与人口需求和发展不适应的矛盾和问题，具体表现即典型的"大城市病"。

3. 北京"大城市病"之根源在于非首都功能过度集中

事实上，北京"大城市病"根源在于其集中了过多的功能，解决的主导策略是疏解城市的功能，只保留"政治中心、文化中心、国际交往中心和科技创新中心"四个核心功能（杨龙、胡世文，2015）。综上所述，北京"大城市病"的出现主要原因是在经济高速发展下，北京城市功能不断突破原有城市规划定位，吸引人口、产业和公共资源过度集聚而产生的需求，超出了北京城市现有公共服务与社会保障供给能力以及资源环境的承载力，进而呈现的病态反映。

二、基于北京城市发展模式框架图分析

根据上述分析，本研究将"城市病"的出现、北京人口调控问题与北京城市功能、产业、人口、公共资源等相关环节放到北京整体城市化进程中去思考，置于北京城市发展的基本框架和利益链条中去统筹协调：通过构建北京城市经济社会发展的基本运行模式框架图（图4.12），分析还原"城市病"产生原因及其与经济发展、产业集聚、城市功能、公共资源、流动人口及其相关人口调控等的作用机理，最终厘清北京"大城市病"的解决思路。

首先，从图中可以清晰地看到：北京城市规划圈定城市原有中心功能定位，围绕城市中心功能定位确定了相关产业布局，制定和实施相关产业政策，大力发展相关产业；产业集聚发展的需求，不断吸引劳动力人口（尤其是流动人口）进入，其结果创造了产值，促进了产业深化和衍生发展，进而促进经济的快速发展、公共财政和人均收入的增加。其次，经济发展反过来又为产业发展提供了基础和支撑，进一步增强了产业集聚和发展能力，扩大了对劳动力资源的需求，吸

北京城市发展模式框架图

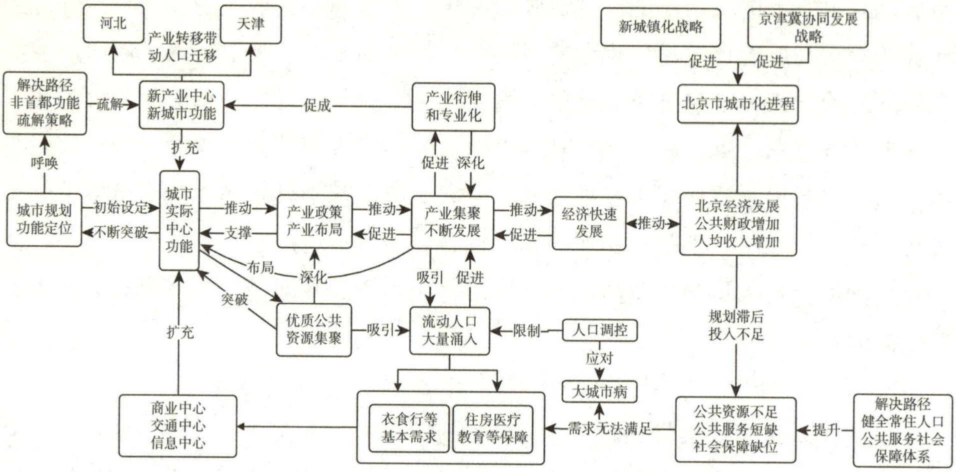

图 4.12 北京城市发展模式框架图

引更多人口加入。同时产业的发展又可能进一步扩充和强化城市中心功能，不仅深化和固化原有城市中心功能，还可能在经济高速发展支撑下，通过衍生产业的集聚和专业化，形成新的城市产业中心和城市中心功能。新衍生的中心功能和产业中心的发展反过来又会进一步促进原有中心产业和中心功能的发展，形成新的经济发展循环。第三，在整个发展过程中，随着经济发展水平持续提升，产业集聚发展水平也在提升，对于流动人口的需求大幅增加，北京流动人口开始呈现大规模快速进入态势，新增流动人口的基本需求（如衣食住行）和基本权益（医疗、教育、养老等）保障亟待满足。然而，北京在经济发展同时，城市公共资源供给能力、公共服务和社会保障体系的建设水平却没能与经济发展相匹配，而是严重滞后于产业发展和人口发展的需求。其结果是，大规模快速新增人口（流动人口为主）的基本需求日益与城市供给能力和服务水平相对滞后产生各种矛盾冲突，表现为交通拥堵、教育和医疗等公共资源短缺、环境污染加剧等问题，于是"大城市病"问题开始加剧并影响到城市健康运行发展。

4.2 北京人口调控政策体系特征、演变与利弊分析

针对"大城市病"的出现和加剧，北京在不同时期均出台了人口调控的政策，甚至几次将人口调控目标写进城市规划。然而结果并不理想，还一度出现"越调越多""越调越不均"的现象。那么，长期以来北京人口调控的理念和政策规划是怎样发展演变的？以往人口调控政策有哪些特点，存在哪些利弊？

为此，本节将对以往北京主要人口调控政策演变、效果及利弊进行梳理分析，探寻人口调控规划制度和政策背后存在的主要问题及核心原因。

4.2.1 北京人口调控政策演变与效果分析

一、北京人口调控体系特征和调控对象分析

通过梳理北京历来主要城市规划、政策和制度可以发现，北京人口调控制度体系总体可分为以下三大类：一是以北京城市规划为核心的宏观人口调控制度。包括从宏观上对人口调控作出目标设定和思路设定的北京总体城市规划、五年规划和年度政府工作报告等。二是户籍制度和以户籍制度为基础建立的直接限制人口迁入的行政管控制度政策。三是其他通过间接调控方式对人口迁移和数量产生影响的单项制度和短期行政政策。包括相对孤立的一些非首都功能疏解政策、产业转移政策以及通过限制提供教育医疗等公共服务和社会保障以间接控制流动人口的政策等。

通过上述分析北京人口增长的特点并梳理以往政策和研究可以发现，改革开放以来，北京人口增长主因源于外来人口迁入，因此，北京人口调控对象主要是外来人口，即流动人口。其调控思路注重对流动人口规模和数量的严格控制。具体而言，针对流动人口大规模快速集聚引发的"大城市病"等状况，北京长期以来推行从宏观到微观、从直接到间接，从长期到短期的多层面人口调控体系。这些管控制度不少思路都是以户籍管理制度为基础，以行政干预方式为主体，对流动人口多采取限制性政策和行政管控举措。

二、北京人口调控政策思路演变与效果分析

1. 政策管控思路演变

梳理文献和政策演变历史可以发现,北京人口控制的理念在新中国成立后的历次城市规划中一直有延续,只是不同时期调控对象和目标有差异。当前北京人口调控思路主要是在改革开放以后逐渐成。2000 年以后,随着北京城市化加速带来的"大城市病"问题日益严重,这种人口调控思想和政策呈增强态势。回顾改革开放至今 40 年的人口调控历史演变和政策研究可以发现,北京在发展过程中持续面临流动人口增长与同期资源及环境矛盾,因此在政策调控中对流动人口的管控思路一直延续。尤其是 2000 年以后的十多年间,伴随经济社会高速发展,北京产业集聚和发展呈上升趋势,流动人口现持续快速增长态势。人口的加速集聚使得"城市病"问题加剧,交通拥堵,公共资源紧张,环境恶化,城市公共服务和社会保障能力滞后等成为持续困扰着北京城市运行和城市管理的问题。

面对与流动人口增长相关的公共服务滞后和资源环境恶化等问题,北京市政府进一步明确了流动人口大规模快速增长是北京"大城市病"问题产生的主要原因。由此,长期以来北京市形成的针对人口规模尤其是流动人口的惯性管控思路持续强化,不断出台人口规模总量限制的规划和政策。尽管不同时期的政策(包括政府工作报告和具体政策)对于人口调控思路的表述略有不同,但是对人口规模严控的思路始终没有停止。

2008 年奥运会前后,北京曾提出通过"健全房屋租赁和居住证管理体系"来管控人口。2009 年北京开始"探索建立人口调控目标责任制",2010 年"探索建立综合调控机制,通过城市功能疏解、产业结构升级和布局调整,促进人口有序迁移与合理分布";再到 2011 年的"探索区域人口调控综合协调机制"。在这期间,北京人口调控理念和机制不断得到强化。尽管"人口调控"这四个字在 2012 年政府工作报告中曾短暂消失,代之以"人口服务管理"并提出"实有人口服务管理全覆盖"。这是"实有人口"表述自 2008 年后首次出现在政府工作报告中。然而这一理念并没有深入落实。之后次年初,北京市委常委会在讨论确定 2013 年重点推进的 26 项改革任务时,再次提出"调控人口规模",除了建立健全区县责任制外,北京"还将启动实施居住证制度,同步研究制定医疗、教育等相关公共服务配套政策措施,并探索开展重大规划、重大政策、重大项目的

人口评估试点"。

2014 年初，与人口调控直接相关的"城市病"治理首次进入北京市政府工作报告中。报告指出，进入新时期新阶段，北京已成为现代化国际大都市，经济社会发展活力、综合竞争力、国际影响力持续增强。但在长期快速发展中，也积累形成了比较明显的"城市病"，解决体制性结构性矛盾，缓解发展不平衡、不协调、不可持续问题更为迫切。为此，报告要求"着力破解城市发展难题"，指出"城市病"这一"人口资源环境矛盾是现阶段躲不开、绕不过的发展难题"，并提出首要解决思路就是"加强人口规模调控。"这实质上是指出了当前推进北京人口规模调控的主要背景和思路。2014 年北京市政府工作报告中，对于人口调控主要方式明确要求：抓好"产业调控"和强化"以房管人"，并加强统筹协调。"对重大规划、重大政策、重大项目进行人口评估和交通评价、水资源评价，研究建立与人口调控挂钩的政府投资、公共资源分配机制，明确区县调控责任，实行重点督查考核"。报告要求，未来要"严格控制人口规模。全面实施人口规模调控方案，落实区县调控责任，强化依法管理，实现常住人口增速明显下降。出台居住证制度，研究制定积分落户政策。推动制定房屋租赁管理条例，开展新一轮地下空间三年整治，依法治理群租房，加强人口数据信息动态监测，做好流动人口的服务与管理"。

2015 年政府工作报告中再次提出，为了全力破解城市发展难题，必须坚决打好治理"城市病"的攻坚战。在谈到新阶段首都发展面临的"新形势、新任务、新要求"时称，全市经济社会发展中还存在着不少矛盾和问题，政府工作存在不足和差距。报告将"人口规模调控难度大"放在主要问题和不足的首位，指出"资源环境约束趋紧，大气污染、交通拥堵治理需要付出长期艰苦的努力；城乡接合部建设亟待加强，遏制违法建设、非法经营等行为仍需加大力度，提高城市管理的法治化、精细化水平需要下更大的功夫；转方式、调结构、稳增长任务仍然十分艰巨，改革创新有待深化和突破；教育、医疗、文化等公共服务保障能力不足与资源配置不均衡并存"。在这次政府工作报告中再次强调"严格控制人口规模"的理念和思路，要求"全面实施人口规模调控方案，落实区县调控责任"，强化依法管理，实现常住人口增速明显下降。出台居住证制度，研究制定积分落户政策。推动制定房屋租赁管理条例，开展新一轮地下空间三年整治，依法治理群租房，加强人口数据信息动态监测，做好流动人口的服务与管理。报告还对 2014 年北京人口调控工作表示肯定，指出"城市服务管理水平稳步提升。制定实施人口规模调控工作方案，以功能、产业疏解带动人口疏解，全市常住人口增速进一步放缓，完成了人口调控年度任务"。

综上，北京人口控制理念长期都在延续，2000 年以来为了应对"大城市病"问题，这一理念日益加强，并逐渐将人口调控目标和责任层层落实到区县一级。2013 年以来的北京市政府工作报告中陆续对于北京人口调控依据和解决思路做了阐述：即为了解决北京的"大城市病"难题，必须"严格控制人口规模"，解决主要思路就是要严格控制主要影响人口规模扩大的流动人口规模的增长。

2. 政策效果评价分析

尽管长期以来北京采用了多种针对外来人口尤其是常住非户籍人口的调控政策，然而多数情况下效果并不显著。比如北京常住人口规模曾多次突破北京市规划的限制标准，而且带来一些负面影响。童玉芬等（2016）利用多元自回归移动平均模型分析北京不同滞后期条件下外来人口调控政策的实施效果。结果显示，虽然外来人口调控政策一定程度缓解了北京城市人口快速增长压力，但成效有限。研究发现，1985－2014 年，北京由于各类人口调控政策出台总体减少的流动人口规模约在 31.6 万人到 120.5 万人之间，占实际常住外来人口总增长量的 3.9% 到 15.1%。

事实上，仅仅依靠北京自身已很难解决首都的"大城市病"问题。多年来，北京坚持严格控制城市人口增长的户籍制度和相关调控政策，但常住人口仍以几何级速度增加。在京津冀协同发展战略背景下，为了避免人口调控政策走进恶性循环，北京需要更多借助引导性和激励性举措，结合市场和产业转移的规律，引导产业、人口、物流向京外转移。考虑到迁移的物质成本和机会成本，就近向周边地区迁移是现实选择。因此，北京与天津和河北，特别是北京周边与河北的城市间合作很必要（杨龙等，2015）。

4.2.2 户籍为基础的行政管控制度梳理与利弊分析

以制度变迁的视角梳理北京以往人口调控制度可以发现，北京的人口调控规划、制度和政策主要以强制性制度变迁为主。上述研究已说明北京调控对象主要是北京非户籍常住人口，即外来常住人口，以流动人口为主。其人口调控主要目标是以户籍为门槛，严格限制非户籍人口迁入。历史上来看，曾采取的措施包括严格的迁入审批制度、将交纳城市增容费等作为获得北京城市户口的先决条件，在某些时候甚至鼓励户籍人口的迁出。

一、户籍等行政管控政策规划演变及特点分析

1. 新中国成立初期：国家统一户籍管理制度下严格限制人口迁移

20世纪50—70年代，中国计划经济体制下人口流动受到严格限制。北京严格执行国家统一的户籍管理制度，严格限制人口迁入。

1956年全国首次户口工作会议明确了户口管理的三大基本功能：证明公民身份，方便公民行使权利和履行义务；统计人口数字，为国家经济、文化、国防建设提供人口资料；发现和防止反革命和犯罪活动，密切配合斗争。1956年至1957年不到两年时间，国家连续颁发4个限制和控制农民盲目流入城市的文件。

1958年1月9日，新中国第一部城乡统一户籍制度《中华人民共和国户口登记条例》颁布。该条例以法律形式规范了全国的户口登记制度，首次以法律形式限制农村居民自由进城，规定："公民由农村迁往城市，必须持有城市劳动部门的录用证明，学校的录用证明，或者城市户口登记机关的准予迁入证明，向常住人口登记机关申请办理迁出手续"。此后，国家对城乡之间及城市之间人口流动长期采取严格控制政策。

1964年8月，国务院批转《公安部关于处理户口迁移的规定（草案）》，该文件较集中体现了处理户口迁移的基本精神，明确规定："从农村迁往城市、集镇，从镇迁往城市的，要严加限制，从小城市迁往大城市，从其他城市迁往北京、上海两市的，要适当限制。"此政策基本堵住了农村人口迁往城镇的大门，标志着新中国户口迁移制度的确立。

1977年11月，国务院批转《公安部关于处理户口迁移的规定》，确立了处理户口迁移的主要原则，第一次正式提出严格控制"农转非"。《规定》提出："从农村迁往市、镇（含矿区、林区等，下同），由农业人口转为非农业人口，从其他市迁往北京、上海、天津三市的，要严加控制。从镇迁往市，从小市迁往大市，从一般农村迁往市郊、镇郊农村或国营农场、蔬菜队、经济作物区的，应适当控制。"规定要求几年内把市镇无户口人员基本动员回农村，强调"严格控制市、镇人口，是党在社会主义时期的一项重要政策"。该文件成为限制人口自由流动的重要文件。这一严格的控制人口流动政策思路延续至改革开放初期。即在国家严格的户籍管理制度下，上世纪整个六七十年代自动流动的人口几乎没有，城市日常生活所需均凭户口和票证供应，没有票证，意味着无法生存①。

2. 改革开放初计划经济时期：从严格限制转向相对开放

改革开放初的计划经济时期，北京人口调控政策按照国家统一要求，从严格限制转向相对开放（见附表）。第一阶段（1978年至1983年）：严格限制外地人口流入。这一时期，北京对于外地人口政策主要执行原有《中华人民共和国户口登记条例》《城市流浪乞讨人员收容遣送办法》以及进京介绍信制度。第二阶段，（1984年至1988年）：流动人口政策相对开放阶段。这一时期，北京主要执行《国务院关于农民进入集镇落户问题的通知》和公安部《关于城镇暂住人口户口管理的规定》，对农民进城执行相对宽松政策。

1984年，国家开始调整"农转非"政策，农民可"自带口粮落户"。国务院颁发的《国务院关于农民进入集镇落户问题的通知》规定，允许务工、经商、办服务业的农民自带口粮在城镇落户。这是"文革"后对户籍制度程度较大的改革，意味着在集镇务工、经商、办服务业的农民和家属，在集镇有固定住所，有经营能力或在乡镇企事业单位长期务工，即可落常住户口，自理口粮②。

1985年7月，公安部颁布《关于城镇暂住人口管理的暂行规定》，决定对流动人口实行《暂住证》和《寄住证》制度，允许暂住人口在城镇居留。这些规定对《中华人民共和国户口登记》中关于超过三个月以上的暂住人口要办理迁移手续或动员其返回常住地的条款，做了实质性变动。公民开始拥有在非户籍地长期居住的合法性③。

3. 市场经济初期："以证管人""以业控人"模式初成

20世纪90年代，外来迁移人口日益增多，北京的就业资源和水资源呈紧张态势。为此，北京市政府先后出台《北京市外地来京人员务工管理规定》、《北京市外地来京人员经商管理规定》、《北京市外地来京人员从事家庭服务工作管

---

① 光明网，http：//www.gmw.cn/xueshu/2015－01/06/content_14414239_3.html.2015－01－06.

② 中国经济导报，http：//www.ceh.com.cn/ceh/llpd/2010/3/6/60331.shtml.2010－3－6.

③ 新华网，http：//news.xinhuanet.com/ziliao/2009－12/29/content_12721147.html.2009－12－29.

理规定》、《北京市外地来京人员卫生防疫管理规定》和《北京市外地来京务工经商人员管理条例》等。尤其是 1995 年 6 月，北京市集中密集出台 11 项针对流动人口的限制政策，对非户籍人口办理多种证件并限定其行业和工种，对雇用非户籍人口企业实行用工审批。如此形势下，北京开始形成"以证管人"和"以业控人"政策管理模式初步形成。

不过，这种管制并非全局性。北京同期为推动郊区和房地产市场发展，还出台了《北京市郊区小城镇建设试点城镇户籍管理试行办法》、《关于外地来京投资开办私营企业人员办理北京市常住户口试行办法》等办法，鼓励非户籍常住人口通过购买试点镇商品房或投资经商等方式获得北京户籍。事实上，不少学者对北京市这种对非户籍常住人口同一时期并不统一的政策以及收取城市增容费等调控举措提出质疑。薛枫（2014）认为，针对非户籍常住人口的增长，北京市并没有及时作出制度安排以增强对这部分人口的吸纳能力，而是采用了实用主义的政策思路——当劳动力需求增大时，就放松对外来劳动力限制；当就业形势紧张，市民反对意见增大时，政府就采取限制性政策限制非户籍人口进入。政策的盲目性造成北京非户籍常住人口调控政策"先天不足"，存在固有缺陷。

4. 新世纪经济高速发展：严控人口规模与转变发展方式

2000 年以来，北京市政府对人口调控愈加重视。连续三个五年规划纲要中多次强调。如北京市"十五"规划纲要提出，要严格控制人口总量；加强外来人口管理；调控人口分布。"十一五"规划纲要提出，调控人口规模，分阶段控制人口规模过快增长；优化人口布局，促进人口向郊区转移。"十二五"规划纲要强调，"转变经济发展方式是人口规模调控的根本途径；把控制人口无序过快增长作为经济发展的重要原则"。

这期间的 2005 年北京市制定《北京城市总体规划（2004－2020）》，明确提出到 2020 年将北京市总人口规模规划控制在 1800 万人左右的目标。而 2010 年"六普"数据表明，北京市当时常住人口已达 1961.2 万人。

5. 协同发展的初级阶段：严控人口规模与区域内优化布局

2014 年初的北京市政府工作报告首次将加强人口规模调控列入年度主要任务之一，强调"研究建立与人口调控挂钩的政府投资、公共资源分配机制，明确区县调控责任，实行重点督查考核"。"强化以房管人，支持制定房屋租赁条例，推广组织化管理模式，依法管理出租房屋，继续治理群租房问题"。"做好流动人口基础登记办证工作，建设实有人口服务管理全覆盖体系，推行居住证制度"。报告同时提出，落实国家区域发展战略，积极配合编制首都经济圈发展规划，抓紧编制空间布局、基础设施、产业发展和生态保护专项规划，建立健全区域合作发展协调机制，主动融入京津冀城市群发展。

2014年5月以来，北京采取了被称为"史上最严"限制随迁子女"幼升小"的举措，以间接调控外来非户籍常住人口。有文章指出，用调控随迁子女入学资格的手段来控制外来人口，在北京人口控制史上还是"第一次"（冯禹丁，2014）。2014年7月23日，北京市发改委负责人受市政府委托，在北京市十四届人大常委会第十二次会议上做"关于北京市2014年市国民经济和社会发展计划上半年执行情况报告"时表示，北京将落实国家区域协同发展重大战略，在优化首都人口布局时，将着力推动中心人口疏解，并考虑在京津冀范围内引导人口布局。

2015年的北京市政府工作报告明确提出，将出台居住证制度，研究制定积分落户政策。国家发改委此前也发布北京市通州区将试点积分落户政策。北京的居住证、积分落户政策将如何设计、制定和推进，成为关注热点。据当年3月10日发布的北京市政府工作报告重点工作分工方案显示，北京居住证制度及积分落户政策的研究制定，由常务副市长牵头，市发改委、市公安局、市政府法制办3个部门主要负责。超过20个市级部门以及16个区县当年承担落实京津冀协同发展的任务。与研究制定积分落户政策同步，报告同时提出，北京将全面实施人口规模调控方案，落实区县调控责任，强化依法管理，实现常住人口增速明显下降。北京市发改委和市公安局以及16区县均承担人口规模调控任务。[①]

梳理北京流动人口调控政策可发现，调控政策侧重通过行政管理的方式进行。按照侯佳伟等（2007）分类，北京人口调控政策主要从户口管理、居住管理、计生管理和就业管理四方面对流动人口的迁入实施了严格管控限制。从中分析可发现，这些所谓调控管理政策多是沿袭自上而下的"管控"理念，以行政性限制调控为主，其核心和基础仍然是户籍管理制度。

---

① 北京出台居住证制度明确3主责部门完成时限12月底－房产频道－新华网　http：//news. xinhuanet. com/house/fz/2015－03－11/c_ 1114593907. html.

6. 协同发展的纵深阶段：推行居住证制度，严控人口与城市规模

最近两年，北京发展进入京津冀协同发展的纵深阶段，开始在严控人口规模增量基础上，注重加强对现有常住人口的公共服务和社会保障。

自 2016 年 10 月 1 日起，北京正式实行居住证制度，取消暂住证制度。按照国务院公布的《居住证暂行条例》统一规定，居住证持有人在居住地依法享受劳动就业，参加社会保险，缴存、提取和使用住房公积金的权利。同时，居住证持有人有权享受 6 大基本公共服务和 7 项便利。6 大服务包括：义务教育；基本公共就业服务；基本公共卫生服务和计划生育服务；公共文化体育服务；法律援助和其他法律服务；国家规定的其他基本公共服务。7 项便利是指：按照国家有关规定办理出入境证件；按照国家有关规定换领、补领居民身份证；机动车登记；申领机动车驾驶证；报名参加职业资格考试、申请授予职业资格；办理生育服务登记和其他计划生育证明材料；国家规定的其他便利[①]。

2017 年 9 月 27 日，中共中央、国务院向社会公开对《北京城市总体规划（2016 年 – 2035 年）》批复同意的意见。其中明确强调要"严格控制城市规模。以资源环境承载能力为硬约束，切实减重、减负、减量发展，实施人口规模、建设规模双控，倒逼发展方式转变、产业结构转型升级、城市功能优化调整。到 2020 年，常住人口规模控制在 2300 万人以内，2020 年以后长期稳定在这一水平"。这表明了中央和北京对于人口规模的控制进入了更为系统和科学调控的纵深推进阶段。

二、户籍等行政管控制度延续原因及利弊分析

回顾新中国成立以来北京户籍制度的建立、发展和延续至今的历程，并梳理北京改革开放以来人口调控主要政策和制度可发现，这些制度在建立初期和相当长一段时间内对于人口迁移是严格限制的。从改革开放初期到市场经济初期一段时间内，人口限制有所放开。之后，严控人口规模的思路一直延续。此间，北京市人口调控相关的行政管理政策制度主要建立在户籍制度基础之上，以对外来流动人口和迁移人口实行严格控制为主要目标。这从对户口管理、居住管理、计生管理和就业管理这四类主要行政管控政策的内容分析可作出判断。

---

① 居住证暂行条例（国务院令第 663 号）_行政法规_中国政府网　http：//www.gov.cn/zhengce/2015 – 12/14/content_ 5023611. html.

1. 过于强调行政管控的理念和政策并不适应当前发展

上述过度依赖行政性管控进行人口调控的政策，从核心理念上与城市化进程、经济社会发展、人口的基本需求以及权益保障要求并不相适应。首先，中国目前正处于工业化和城市化发展的关键阶段，国家新型城镇化战略已经启动，人口城市化是其基本指向。而若将限制人口迁入作为政府事实上的考核标准和目标，这多少与城镇化战略和城市化发展方向存在矛盾。其次，主要通过强制性的直接限制和管控措施来减少外来流动人口进入，其结果可能遏制了城市经济和社会正常健康发展所需要的重要劳动力资源供给，进而可能影响甚至扭曲了通过市场配置资源的经济规律和作用机制。因此，这样的人口调控思路和制度体系并不太适应经济社会发展和北京城市化发展规律。现实发展也印证了这一点。上述不少以户籍管理制度为基础的人口调控的行政管理政策在发展过程中逐渐被淘汰。

2. 以户籍为筛选基础的差别化福利分配制度仍在"惯性"延续

还应看到，当前北京在推行居住证制度，核心户籍管理制度虽日渐式微，但仍在延续，尤其以户籍为筛选基础的社会福利分配制度（公共服务和社会保障体系）仍在沿着既有制度惯性发挥作用，且尚未发生彻底改观，至今仍不同程度加剧着户籍人口与非户籍人口享有公共服务和社会保障方面的差距。深入分析可以发现，这一制度在人口调控方面体现的行政管控思路是：首先通过户籍制度为基础对常住人口进行筛选，在此基础上针对不同户籍人口实施差别化的公共服务和福利待遇。这正是造成当前北京常住人口中，户籍人口与非户籍人口公共服务不均等的重要原因。显然，这背后有统筹改革推进与维护社会稳定的谨慎态度，但不可否认还存在着巨大的制度惯性和利益掣肘。尤其是面对日益增长的流动人口对城市公共资源、公共服务和社会保障的需求与现实城市供给能力滞后之间的矛盾，北京一些居于管理地位的各相关利益主体仍顾虑重重，无论是基于政府政绩实效考虑，担心公共财政转移支付和发展成果的分享对经济发展成绩和发展速度可能带来短期影响；还是从稳定既有户籍人口利益格局出发，或是顾忌制度改革的成本和代价过大等，从而选择延续既有户籍制度差别化福利分配机制。

3. 控制人口总量思路下，一些管理者缺乏改革创新的动力

当然应该看到一些积极的变化，比如近些年北京在中央统一部署下，也推出

了居住证制度，但其公共服务仍然滞后于现实常住人口尤其是非户籍常住人口的需求。比如尽管北京市最近几年放开了公共租赁住房申请条件，规定"外省市来京连续稳定工作一定年限，具有完全民事行为能力，家庭收入符合上款规定标准，能够提供同期暂住证明、缴纳住房公积金证明或社会保险证明，本人及家庭成员在本市均无住房的人员"可以申请公租房，但是"僧多粥少"，与庞大的外来人口规模相比，每年平均10万套左右的公租房可谓杯水车薪，何况其中还有相当大的比例是给北京本地户籍贫困人口准备的。加之最近几年，北京市政府工作报告中将控制人口规模的思路和举措进一步强化。在这一思路影响下，流动人口急需的住房、子女教育等公共服务和社会保障建设改善都不同程度受到一定影响。

因此，在严控人口总量的大思路和现阶段很难大幅提升流动人口公共服务能力和社会保障水平的前提下，加之旧有户籍管理制度配置相对短缺的公共资源和公共服务仍能发挥一定作用，部分管理者很难有改革创新的动力，更倾向于选择维持"成本较低风险较小"的方式，即以既有户籍制度为基础，对常住户籍和非户籍人口，继续实施福利待遇和社会保障的差别化的政策。

4.2.3 城市规划与城市功能、人口及产业发展关系分析

2017年9月27日，《北京城市总体规划（2016年－2035年）》通过中共中央、国务院批复同意并正式对外公开。其中明确强调，"北京是中华人民共和国的首都，是全国政治中心、文化中心、国际交往中心、科技创新中心"。北京城市的规划发展建设，要深刻把握好"都"与"城"、"舍"与"得"、疏解与提升、"一核"与"两翼"的关系，履行为中央党政军领导机关工作服务，为国家国际交往服务，为科技和教育发展服务，为改善人民群众生活服务的基本职责。

新的城市规划明确提出，为落实城市战略定位、疏解非首都功能、促进京津冀协同发展，充分考虑延续古都历史格局、治理"大城市病"的现实需要和面向未来的可持续发展，着眼打造以首都为核心的世界级城市群，完善城市体系，在北京市域范围内形成"一核一主一副、两轴多点一区"的城市空间结构，着力改变单中心集聚的发展模式，构建北京新的城市发展格局。一核，是指首都功

能核心区。首都功能核心区总面积约 92.5 平方公里。一主，是指中心城区即城六区，包括东城区、西城区、朝阳区、海淀区、丰台区、石景山区，总面积约 1378 平方公里。一副，是指北京城市副中心，规划范围为原通州新城规划建设区，总面积约 155 平方公里。两轴，即为中轴线及其延长线、长安街及其延长线。多点，是指包括顺义、大兴、亦庄、昌平、房山新城 5 个位于平原地区的新城，是承接中心城区适宜功能和人口疏解的重点地区，是推进京津冀协同发展的重要区域。一区，是指生态涵养区，包括门头沟区、平谷区、怀柔区、密云区、延庆区，以及昌平区和房山区的山区，是京津冀协同发展格局中西北部生态涵养区的重要组成部分，是北京的大氧吧，是保障首都可持续发展的关键区域。

如此清晰聚焦和具有战略视野的界定，标志着北京城市总体规划设计与实施进入更为科学高效和务实协同的全新阶段。然而以往的实践和研究表明，之前很长一段时间里，北京城市规划与城市功能、人口及产业等发展的实践并不相适应，对于城市定位与功能的界定、人口调控的理念及城市化发展的规律等方面存在诸多值得深入反思之处，客观对于"大城市病"的产生甚至加剧也负有一定责任。

一、城市规划一度与经济社会和人口发展规律不协调

梳理北京从建国至 2004 年的主要城市规划可以看出（表 4.4），北京对于人口总量规模限制的理念有延续的传统。尽管对于人口规划限制目标屡设屡破，但仍然屡破屡设，延续至今。事实上，随着城市化和工业化进程加快，北京在城市规划中提出的人口控制的总量目标和规模限制要求，日益与北京城市化进程以及经济社会发展和人口的基本需求及权益保障要求呈现不协调。这成为北京市人口规划目标一度屡设屡破的重要原因。比如，2004 年制定的《北京城市总体规划（2004 年至 2020 年）》要求，北京 2020 年总人口规模控制在 1800 万人，其中户籍人口 1350 万人，居住半年以上外来人口 450 万，中心城区人口规模则控制在 850 万以内。

表 4.4　北京市城市规划中的人口规模调控（1954－2004）

北京市城市规划	人口规模调控目标	实际人口规模状况
《改建扩建北京市规划草案要点》（1954）	规划年限 20 年，规划城市总人口 450 万人	1974 年北京市总人口 836.8 万人
《北京城市建设总体规划初步方案》（1958）	城市规模上与 1953 年的规划草案基本一致	1974 年北京市总人口 836.6 万人
《关于北京城市建设总体规划中几个问题的请示》（1973）	1980 年市区城市人口控制在 370－380 万人	1979 年北京市区城市人口突破 400 万人
《北京城市建设总体规划方案》（1982）	2000 年常住户籍人口控制在 1000 万人，市区城市人口规模控制在 400 万人	1988 年北京市户籍人口 1001.2 万人
《北京城市总体规划（1991 年至 2010 年）》（1993）	2000 年常住人口控制在 1160 万人，流动人口 200 万人；2010 年常住人口控制在 1250 万人，流动人口 250 万人	2000 年北京市常住人口 1356.9 万人，流动人口 256.8 万人
《北京城市总体规划（2004 年至 2020 年）》（2004）	2020 年总人口规模控制在 1800 万人，其中户籍人口 1350 万人，居住半年以上外来人口 450 万	2010 年北京市总人口 1961.2 万人，流动人口 704.5 万人

数据来源：北京城市规划设计研究院

　　实际情况是，北京市 2010 年总人口就超过了这一规划目标，达 1961.2 万人，流动人口 704.5 万人。总人口提前 10 年就超过了规划中的 2020 年目标。流动人口更是比计划要求控制的 450 万多了整整 250 万。2000 年至 2013 年，北京总人口增长 50% 以上，达 2114.8 万，流动人口增长到 798.8 万人。中心城区人口超过 1300 万，也远高于 2020 年 850 万的目标。

　　细究之下可以发现，北京 2004 年城市规划中提出的总人口 1800 万和中心城区人口 850 万的控制目标，在一定程度上忽视了城市发展和人口、产业发展的基本规律。而这正是人口调控规划屡设屡破的重要原因。这种与经济社会实际发展规律和趋势相脱节的政策规划带来的后续问题和负面效应不容忽视，正在通过"大城市病"的集中爆发而显现。可以说，北京市人口控制目标的误判导致城市规划设计在整体上的偏差与失误，造成北京在交通、住房、文化、商业等基础设施、产业规划等方面屡屡出现总量性、结构性失衡与偏误（石红溶，2012）。而北京过度追求经济发展、忽视社会建设亦成为城市病产生的重要根源。各种公共资源紧张，交通拥挤、教育、医疗资源不足、住房困难等。这些问题当然与人口快速膨胀有最直接的关系，其根源却是政府过度追求经济增长，忽视社会建设的结果。长期以来，各级政府都非常重视经济建设，社会建设严重不足，学校、医院以及其他各种公共服务都欠账太多。而且，城市政府在发展经济时，一直试图排斥人口流入、在城市发展规划上较少考虑外来人口的需求（赵卫华，2014）。

综合来看，在以往相当长时间发展过程中，北京一方面要求严控人口规模和数量，另一方面却在高举经济发展的旗帜，形成事实上的经济中心、金融中心等多中心。这样的结果实质是一方面经济发展鼓励和吸引更多人口向北京汇聚，另一方面人口调控政策却在限制人口进京。同时按照缺乏前瞻性和脱离实际经济社会和人口发展规律的人口规划目标而建设的城市公共服务资源、基础设施和社会保障体系，开始严重滞后于实际常住人口的需求，最终表现为日益显著的"大城市病"。这样看来，"大城市病"的出现并非偶然。总结历史经验教训，只有承认北京人口不断增长的趋势，尊重人口流动的基本规律，探索北京人口高度集聚的根源，才有可能做出科学合理、富有前瞻性的规划（石红溶，2012）。

二、中心功能和产业发展突破以往规划加剧人口膨胀

北京城市规划缺乏前瞻性的同时，原有城市中心功能和产业发展在事实上不断突破。中心功能的扩张扩充了相关产业需求，并进一步吸引更多人口流入。这使得北京成为事实上经济中心、金融中心以及商业中心和信息中心。当前，中央和北京相继提出非首都功能疏解的思路，也正是因为之前北京实际的城市中心功能和产业不断扩充和深化。

1. 北京发展为事实上的经济中心

首先简要回顾一下历次北京城市规划及相关政策中对于北京城市性质、功能和发展目标的基本定位，即可发现其中不相一致甚至相互存在矛盾的政策指向。

1958 年《关于改建与扩建北京市规划草案》规定了首都的建设总方针：为生产服务，为中央服务，为劳动人民服务。其中指出：北京是我们伟大祖国的首都，必须以全市的中心地区作为中央首脑机关的所在地，使它不但是全市中心，而且成为全国人民向往的中心。在城市性质上，首都应该成为我国政治、经济、文化的中心，特别要把它建设成为我国强大的工业基地和技术科学的中心。

1980 年 4 月，中央明确指出：首都是全国政治中心，是神经中枢和维系党心民心的中心，不一定要成为经济中心。首都是中国对外的窗口，世界通过北京看中国。

1982 年 12 月 22 日，北京市城市规划委员会制定新的《北京城市建设总体规划方案（草案）》正式上报国务院。新方案与以往规划相比，主要变化有两点：一是北京城市性质确定为全国政治中心和文化中心，不再提经济中心和现代化工业基地。二是提出实施规划的措施：健全法制，加强领导，改革体制，分期实施，落实到基层。1983 年 7 月 14 日，中共中央、国务院原则批准《北京城市建设总体规划方案》，并作出 10 条重要批复。同时，中共中央、国务院决定成立首都规划建设委员会，负责审定实施北京城市建设总体规划的近期和年度计划，组织制定法规，协调解决各方面的关系。

10 年后的 1993 年 10 月 6 日，国务院批复《北京城市总体规划（1991 年 - 2010 年)》。北京市政府于 1994 年 2 月 27 日发布。其中对北京城市性质定位为"伟大社会主义中国的首都，是全国的政治中心和文化中心，是世界著名的古都和现代国际城市"。同时强调，"北京作为首都，要积极为全国的经济建设服务，同时要大力发展适合首都特点的经济，并对经济发展提出更高的质的要求"。北京城市发展的基本目标是：进一步加强和完善全国政治中心和文化中心的功能，建设全方位对外开放的国际城市，成为文化教育和科学技术最发达、道德风尚和民主法制建设最好的城市；建立以高新技术为先导，第三产业发达，产业结构合理，高效益、高素质的适合首都特点的经济。到 2010 年，北京的社会发展和经济、科技的综合实力，达到并在某些方面超过中等发达国家首都城市水平，人口、产业和城镇体系布局基本得到合理调整，城市设施现代化水平有很大提高，城市环境清洁优美，历史传统风貌得到进一步的保护和发扬，为在 21 世纪中叶把北京建设成为具有第一流水平的现代化国际城市奠定基础。

2005 年 1 月 12 日，国务院常务会议原则通过《北京城市总体规划（2004 年 - 2020 年)》。这次的规划中对于北京的城市性质和定位是这样规定的：北京是"中华人民共和国的首都，是全国的政治中心、文化中心，是世界著名古都和现代国际城市"。其城市定位为"国家首都、国际城市、历史名城和宜居城市"。针对宜居城市，特别提出"创造充分的就业和创业机会，建设空气清新、环境优美、生态良好的宜居城市"。在城市发展目标中特别强调，按照中央对北京的工作要求，强化首都职能；以建设世界城市为努力目标，不断提高北京在世界城市体系中的地位和作用，充分发挥首都在"国家经济管理、科技创新、信息、交通、旅游等方面的优势，进一步发展首都经济，不断增强城市的综合辐射带动能力"。特别在《城市空间布局与城乡协调发展》一章中，提出在北京市域范围内构建"两轴—两带—多中心"的城市空间结构。其中"多中心"指在市域范围内建设"多个服务全国、面向世界的城市职能中心"，提高城市的核心功能和综合竞争力，包括中关村高科技园区核心区、奥林匹克中心区、中央商务区、海淀山后地区科技创新中心、顺义现代制造业基地、通州综合服务中心、亦庄高新技术产业发展中心和石景山综合服务中心等。显然新规划虽然也未提经济中心功能，但在城市发展目标和"城市空间布局与城乡协调发展"等次级规划都是围绕大力促进北京的经济发展和产业发展，吸纳更多劳动力就业的指向制定和设计的。

通过综合梳理可以发现，尽管北京在最近几次城市规划中并没有明确提到全国经济中心和金融中心的城市功能，但在规划城市发展目标和其他配套政策体系时，已经将大力发展经济以及构建"多中心"的指向包含在内，并且通过规划中的城市发展目标和其他政策进行了强化。事实上，北京在多年发展过程中，利用首都特殊的政治影响力和强大的资源集聚力，不断突破原有规划功能定位，已发展成集经济中心、金融中心以及教育中心、信息中心等诸多中心于一体的"全能型首都"。2014 年 12 月公布的北京市第三次全国经济普查主要数据第 4 号公报显示，北京 2013 年拥有世界 500 强企业总部 48 家。这意味着，北京"500 强"总部数量首次超越东京，位居全球城市首位。而在中国 500 强企业中，有 97 家总部在北京。调查数据显示，2013 年，总部企业及在京下属分支机构 3937 家，拥有资产 82.7 万亿元，占北京市第二、第三产业法人单位资产总量的 67.7%；实现利润 1.8 万亿元，占北京市第二、第三产业法人单位利润总额的 89%；吸纳从业人员 309.8 万人，占北京市第二、第三产业法人单位从业人员的 27.9%。从地区分布看，驻扎在北京的总部企业主要集中在北京中心城区。7 成以上聚集在城四区——海淀区、朝阳区、西城区和东城区。从类型看，金融总部 366 家，研发总部 339 家，管理型总部 563 家，营销总部 750 家。① 因此，可以初步判断北

① 中新网，http://finance.chinanews.com/cj/2014/12-30/6924993.shtml.2014-12-30.

京城市功能中已成为事实上的经济中心。

2. 北京成为事实上的"金融中心"

北京不仅拥有央行、三大金融监督委员会（银监会、证监会、保监会）这些全国最高金融监管部门，还有国有四大银行总部（中国银行、中国工商银行、中国建设银行和中国农业银行）以及 500 多家金融机构。北京控制着 60% 的全国金融资产，另外还控制着全国约 90% 的信贷资金和 65% 的保费资金，每天在这里流动的资金超过 100 亿元，成为全国主要核心金融资产集中地。尽管北京没有在城市规划中明确打造金融中心的功能，但却是实际的金融管理中心，而北京市政府也一度全力推动北京成为"国际金融中心"。

2013 年第二届金融街论坛上，时任北京市副市长李士祥明确提出，北京要加快建设"具有国际影响力的金融中心城市"。他表示，纵观所有世界城市，无一不是重要的国际金融中心。北京市"十二五"规划要求，北京应向中国特色世界城市迈出坚实步伐。"北京是国家首都，是国家经营决策和监管的中心，同时聚集了国内最主要的金融机构和大量外资金融机构，是金融资产高度集中的城市。建设具有国际影响力的金融中心城市具有良好的条件。目前北京已有注册交易场所 36 家，涉及 21 个交易种类，年交易额超过万亿元。"

2015 年 1 月，北京石景山区宣布将投资 106 亿元建"世界级金融中心"。由于紧邻"长安街"、坐拥地铁 1 号线、距离西五环 2 公里，该地区是目前北京石景山区可被开发利用土地中最具价值的一块。[①]

3. 北京长期是教育中心、商业中心、文化和传媒中心

已有公开数据显示，一半以上中国两院院士集中在北京，教育部批准的在京普通高校有 83 所，其中教育部直属重点及中央部委系统重点高校就有 34 所。[②]北京还集中了约 1000 家科研院所和主要中央媒体以及全国核心商业媒体和出版机构。因此，从实际情况来看，由于政治中心衍生效应，北京城市功能具有超强综合性和集聚性，使得北京不仅是中国的政治中心和文化中心，还成为事实上的经济中心、金融中心、技术创新中心、商业中心、旅游中心和国际交往中心等诸

---

① 新华网，http://news.xinhuanet.com/city/2015-01/06/c_ 127362857.html.2015-01-06.

② 教育部，http://www.moe.gov.cn/publicfiles/business/htmlfiles/moe/moe_ 229/201205/135137.html.2012-04-24.

多中心。目前北京具有事实上的 8 大核心城市中心功能（胡兆量，2011）：1 政治中心；2 文化中心；3 经济和金融管理中心；4 信息中心；5 交通中心；6 国际交往中心；7 旅游中心；8 高新技术制造业中心。

4. 小结

北京这些事实上的中心功能，每一项功能都需要诸多产业支撑，而产业之下则需要大量劳动力。于是，北京形成事实上超出城市规划功能定位的多中心"超级"发展模式，其结果是吸引和集聚了全国乃至全球范围更广层面和更多数量的人口。简言之，实际城市中心功能超出以往城市规划的这种"突破性"扩张，正是导致首都人口规模迅速膨胀的重要客观原因。尤其是北京事实上的经济中心功能，更是汇聚外来人口的主要原因。

三、调控滞后原因——理念滞后、利益博弈和路径依赖

对上述北京市以往城市规划中的人口调控思路和制度梳理可以发现，一方面，北京市自新中国成立以来，历次城市总体规划当中都涉及人口总量控制，然而几乎每次规划的总量控制总是随着经济社会发展被突破。另一方面，近三年来提出的非首都功能疏解的政策导向与既有规划中一些事实上鼓励城市功能扩充和产业集聚的制度仍存在一定程度冲突。

这说明以往北京市城市规划中，对于人口调控的总体思路存在着一定的制度性和理念性的惯性偏见甚至某些缺陷。笔者研究发现，由于城市规划中的人口规划、城市定位与其他相关制度的冲突，客观上刺激城市功能不断突破，进而不断突破既有城市规划中的人口控制目标；同时造成北京城市功能不断扩充，影响到非首都功能的疏解和产业及人口的转移外迁。

为何北京城市规划中对于人口调控的理念和目标设置能一直延续？本研究根据上述对于政策制度和规划的分析，总结主要原因如下：

一、计划经济体制下形成的"管控"思维的惯性理念作祟。北京对于城市人口规模和总量的控制思路和政策具有明显理念和制度惯性。尽管新中国成立尤其是改革开放以来，经历了从计划经济到市场经济的转变，户籍管理制度也逐渐放开，调控的目标一度屡设屡破，但其背后计划经济体制下的"管控"理念和思维其实一直在"惯性"延续。

二、长期存在的区间利益博弈和路径依赖成重要掣肘。一方面，既有的经济

发展模式和发展惯性曾为北京市经济社会发展带来巨大的利益和发展成就；另一方面，北京在长期经济发展过程对已有人口调控制度形成路径依赖。这些都使得北京经济发展既有模式和依附于这一模式的人口调控规划政策和体系短期内很难改变。比如中央并未要求北京规划为经济中心，北京却大力发展成事实上的经济中心。这背后实际反映出地方与中央存在着利益博弈。地方不愿意把具有强大经济发展能力和可带来显著政绩实效的城市中心功能疏解到他处。即使在北京本市辖区内疏解，也存在区际间强大的利益博弈。加之在经济发展过程中，依赖中心功能形成的小部分利益集团也会抗拒制度变迁，包括首都功能和产业的疏解。同时北京在长期经济发展过程中形成了路径依赖。依附于北京特有的经济社会发展模式建立起来的传统人口调控的理念和短期限制政策曾为北京以往城市运行带来"立竿见影"的短期社会效应。这种"头痛医头脚痛医脚"的行政限制手段对人口控制带来的效应，鼓励后来缺乏创新或者不愿创新的管理者形成沿用传统手段的路径依赖。比如从亚运会到奥运会，再到历次国家级大型活动，北京历来已习惯采取对流动人口短期控制甚至变相"驱赶"政策，这些政策带来的短期行政效应，使得不少执政者形成对此的路径依赖。

三、之前 GDP 主导的政绩考核机制助长"短平快"行政举措盛行。事实上，以往相当长一段时间里，地方政府及负责官员的考核主要以 GDP 为导向。这种一度以 GDP 为主导的官员升迁机制形成部分官员急功近利的政绩观。而这种"短平快"的人口调控的行政举措契合了以 GDP 为导向的短视型政绩观。官员们在不长的任期之内，通过行政强制限制的举措即可达到直接控人的目标。就算长远看这是违背经济和城市发展规律的决策，一些官员也乐意推行。而正是这种每人负责三五年的短期治理机制和政绩考核机制带来的负面效应。

总之，理念滞后、利益博弈、制度的路径依赖以及功利型短视型的治理机制与政绩考核机制等因素叠加，成为北京市人口调控理念和规划政策曾长期延续的重要原因。强大的经济发展和政绩实效以及建立在行政区划为基础的城市发展观和 GDP 导向的政绩考核评价体系，形成北京以往对于人口调控规划制度和经济发展模式的路径依赖，使得北京市政府及辖区次级地方政府等较长时期内缺乏改革变迁现有规划制度的足够动力。因此，在京津冀协同发展重大国家战略推出之前，因为缺少中央政府的强力推动和跨区域统筹协调，单靠北京市政府本身很难有动力也没有权力（跨越行政区划）在京津冀区域范围甚至全国范围进行非首都功能疏解和城市规划、人口调控的制度改革。

4.3 北京人口调控政策的制度均衡 （冲突） 分析

以上部分分析了以往北京城市规划中人口调控目标与经济发展政策以及事实上鼓励城市功能扩充的制度之间存在不同程度冲突。本部分着重从制度均衡分析角度考察北京人口调控体系中相关各项制度政策之间的作用机理。通过深入对比分析可以发现，北京市人口调控规划政策一度与经济发展规划、户籍审批政策以及各项中心功能定位下的产业发展政策等制度之间存在着冲突。长远规划与一些直接限制政策和间接调控政策指向不一致。这些都是阻碍以往北京市解决人口相关的"大城市病"问题，实现规划设定的人口目标的重要原因。

4.3.1 制度均衡

制度均衡指的是制度供给等于制度需求的相对静止状态。这里不是数量的均衡，而是行为均衡。即任何个人或组织都不再有变动现存制度的动机和行为，因为他们都不可能从这种变动中获取比不变动更多的净收益（袁庆明，2011）。

制度包括制度安排与制度结构两个层面。因此，制度均衡包括制度安排均衡和制度结构均衡。制度安排均衡是指单一的制度安排的供给满足需求，个人或组织没有人有动机去改变现有制度安排。制度结构均衡是指一项制度结构供给适应需求的相对静止状态。各项制度是严格互补而非互替的。一项制度的存在和作用是因为它为其他制度所需要。一般而言，与关键制度发生抵触、冲突的制度不存在。简言之，所谓制度均衡，就是人们对既定制度安排和制度结构的一种满意状态或者满足状态，因而无意也无力改变现行制度（张曙光，2003）。

但现实是，制度之间的抵触和冲突经常发生。从上述人口调控相关的制度需求和供给角度分析可以得出，对于符合人口发展规律和需求的制度供给显然无法满足当前人口发展的制度需求，制度处于不均衡状态。而这种不均衡状态在制度安排和制度结构方面同时存在。

4.3.2　人口调控制度安排失衡

首先，从整体制度规划层面分析，在京津冀协同发展的非首都功能疏解战略导向下，区域总体规划和统筹安排的制度尚不成熟。尤其是与北京人口发展直接相关的产业转移和人口迁移政策尚不成熟。目前还缺乏建立在京津冀协同发展战略下的非首都功能疏解与承接的有效模式，在推进产业带动人口"双转移"过程中尚未形成有效制度合力。

其次，从区域统筹协同发展来看，京津冀区域规划总体战略与三地局部操作原则和细则尚未完全明晰。尤其是各地区之间的行政壁垒、部门壁垒、利益壁垒和制度壁垒尚未得到有效弥合与统筹协调，尚未完全突破与"行政区"简单叠加伴随的制度、政策和地方利益壁垒，没有形成区域利益共享的有效机制，对区域协同发展尚存在一定程度制约。

4.3.3　人口调控制度结构失衡

一、人口规划与经济社会发展规划存在冲突

前述对北京以往城市规划的分析表明，北京市城市规划中的经济社会发展规划与对人口调控目标规划实际上自相矛盾。政府在制定城市规划中，往往将人口规划与经济发展规划等割裂开来，甚至与其他规划相矛盾（段成荣等，2012）。

二、人口控制规划与产业发展政策存在冲突

通过之前论述可知，在历史发展过程中，北京事实上的城市中心功能定位不断突破城市规划的限制。而每项城市功能都需要产业支撑，来制定支持城市功能的产业集聚发展政策。于是，北京城市功能在中心城区的过度叠加，鼓励出台各种支撑功能的多项产业政策出台，促使与功能相关的产业部门集中，在产生集聚效应的同时创造了大量的就业机会，吸引了大量的流动人口。其最终结果是导致全市人口分布过于集中，加重了人口调控和管理的难度。这样事实上是"产业政策与人口调控规划的指向产生了冲突"（薛枫，2014）。

三、人口调控体制与审批落户制度存在矛盾

北京市多部门审批落户的管理体制，其准入机制与北京人口规模调控体制之间缺少关联甚至形成实际目标冲突，也成为北京人口规模调控难的原因。长期以

来，掌握北京进京户口审批权限的主要是中央、市属和军队系统，涉及26个单位41个部门，包括人口计生、发改委、统计、规划、公安、人事、民政、教育、卫生、劳动社会保障等诸多部门（文魁、祝尔娟，2015）。这样的户籍人口迁入多头管理制度，缺乏与首都人口规模调控政策之间的统筹协调。主要表现为各单位进京户口审批一般是根据需要自定准入规则，缺乏统一准入标准。同时相关各审批部门之间因没有隶属关系缺乏协调。造成各用人部门自定标准及每年进人指标与北京市人口规模调控目标的事实上的冲突，导致部门利益与全局利益难以协调。"人口管理职能如此分散，人口政策缺乏衔接，协调机制不够完善、户籍人口迁入'政出多门'的局面，在一定程度上加重了人口规模调控的难度，也成为首都人口'控而不制'的原因之一"（京津冀蓝皮书，2015）。

四、短期行政调控手段与长期人口调控规划存在冲突

梳理以往人口调控制度体系，可发现北京偏爱"短平快"的直接针对流动人口的行政调控手段。而这样导致的"碎片化"政策调控体系，很难形成服务于统一目标的总体系统调控规划。有统计显示，近20年来，北京市制定的流动人口调控政策法规多达30多项，这些政策的寿命最短1.5年，最长16年，平均寿命6.85年，39.13%寿命短于5年（段成荣、邹湘江，2012）。显然，这样短期的人口行政调控的政策特点与北京人口规划的长期稳定性形成冲突，很难达成稳定效果。

4.3.4 制度不均衡原因——制度变迁动力不足

前述研究表明，以往北京与人口调控相关的制度冲突问题不容忽视。之前北京城市规划中一方面对于人口目标的设定过于严苛缺乏前瞻性和缓冲区，另一方面对城市经济发展和城市功能扩张形成客观的政策鼓励，则带来对外来劳动力人口的持续吸引。由此形成事实上的制度冲突。这样的结果最终不仅造成北京人口目标被屡屡突破，且与人口相关的"大城市病"日益加剧。为此，本部分通过深入分析发现：这些制度冲突（不均衡）问题能延续的背后是缺乏制度变迁的动力。此前北京人口规划理念政策不断延续，非首都功能疏解初期成效不显著等问题，很大程度与部分执政者过多考虑自身利益而缺乏制度变迁动力有关。具体表现如下：

一是缺乏清晰统一符合城市化发展的解决思路。长期以来，北京市政府没有对于解决"城市病"等与人口发展相关问题的统一清晰的解决思路。户籍制度改革推进遭遇利益博弈、制度惯性以及路径依赖等因素综合形成的强大阻力。这就造成了北京一方面为响应中央放开户籍管制要求和流动人口的实际需求,逐步展开居住证制度;另一方面却在强力推动人口规模控制的要求。这样的结果很难形成强力推动制度统一变迁。

二是长期路径依赖造成的制度惯性。部分管理者和政策制定者可能还没有厘清引发城市病等人口相关问题的核心症结,没有找到更为合适有效的解决方法和城市发展模式,进而建立科学合理可行的人口发展机制体制。于是,在科学理念滞后、有效模式缺乏、适用机制缺失状况下,部分管理者更多考虑维持既有的稳定格局,倾向于选择"稳健"策略,即沿用以往惯性理念和惯性制度来解决。

三是既有"短平快"限制政策带来短期效应的误导。以往传统人口调控的政策和"头痛医头、脚痛医脚"的限制举措曾为北京市带来"立竿见影"的短期社会效应,这种"短平快"的人口调控的行政管制契合当时以 GDP 为导向的短视型政绩观,颇受一些管理者青睐。因此,目前旧有人口调控思想、机制和规划中的短视理念仍存在较强的生命力。

包括当前北京主导的"积分入户"等居住证制度改革以及"创新"推出类似建立区县动态调控指标评价机制等新方式,若仍是在既有调控限制理念下的"换汤不换药",结果仍可能是"新瓶装旧酒",难以获得良好效果。从对以往规划政策的研究分析,若不能从人口调控理念、模式和制度上进行彻底改革创新,很难从根本上解决人口需求与城市供给和服务的矛盾,也很难改变北京目前的"人口困局"和"大城市病"现状。

4.4 非首都功能疏解与优先推动产业带动人口 "双转移" 的必要性

4.4.1 以往治理政策忽视城市化和产业经济发展规律

全球大城市发展历程表明,"城市病"是多数大城市在经济发展中难以回避的问题。从笔者总结出的图 4.12《北京城市发展模式框架图》和上述北京调控制度政策分析可以发现，"大城市病"的出现伴随着北京城市化向纵深发展的过程。因此，对北京"大城市病"的出现和解决必须清醒和理性看待，将其放到北京城市经济社会发展的大框架中考虑。从这一宏观视野来看，"大城市病"可看作北京经济社会发展形成的代价或者是北京市对经济社会发展过程中出现的新情况和新问题，尚未完全准备好和应对得当，从而产生的某种正常"应激反应"。类似于人的肌体抵抗力下降之后容易被感冒病毒侵入而生病的道理。可以说，"大城市病"是北京在城市化发展和经济发展中因前期规划设计和准备不足而应承担的某种责任和代价。一方面，城市基础设施建设、公共服务和社会保障水平与经济发展和产业发展、人口发展相脱节。这表明以往城市规划和设计的滞后以及公共投入不足。另一方面，之前一段时间相继出台以限制流动人口子女受教育权利等强制性行政疏解政策，则体现出部分决策者和政策制定者的急功近利思想和对以往行政管制流动人口策略的"路径依赖"。这些问题背后反映出的根本问题是人口调控政策对经济发展规律和人口发展基本需求的轻视甚至忽视。

一段时间以来，北京一些管理者为了治理"城市病"，有意无意选择忽视城市化发展和经济发展的规律，过多依赖于行政管控的限制手段，将解决问题的重点放在"最弱势"的外来常住人口身上，提出严格限制流动人口规模和流入的思路。一度被业内研究者和媒体认为具有潜在"负面效应"。有舆论认为，北京以首善之区作为发展指向，长期以来经济发展水平和发展速度堪为全国"表率"，却只愿承认和享受经济发展带来的益处，不愿为支撑经济发展和产业发展的外来劳动力的基本需求和公共服务"买单"。这显然有悖于城市发展的初衷。

从经济发展角度而言，北京为了发展，通过鼓励产业集聚，吸引大量外来廉价劳动力进入，从而推动了经济发展。但外来人口进入之后增长的需求与城市供给能力不足、公共服务水平滞后的矛盾并未得到有效解决，从而导致"大城市病"产生。其时北京并未完全从城市化发展和产业经济发展规律角度着眼去提升自身城市供给和服务能力，以更好地满足外来人口需求；而是曾制定了一些限制流动人口进入，甚至变相"驱赶"流动人口的短期行政举措。比如 2014 年起，北京开始以教育资源紧张为出发点，通过"简单直接"的行政手段和临时性政策对流动人口子女"幼升小"进行严苛限制，以限制流动人口进入，甚至形成事实上对流动人口的"驱赶"①。媒体报道显示，一些常住多年已举家迁入并生儿育女的外来非户籍人口因种种限制，无法让孩子进入北京的小学。最终为了孩子上学，这些家庭只好举家返回原籍地或长期两地分居。这种带有歧视性的行政管控理念和政策手段，不仅与北京"首善之区"的首都城市发展理念和模式相违背，还可能给当事流动人口家庭和子女带来更多长远负面的影响。北京大学宋映泉老师主持的一项长达5年的跟踪调研显示：地方行政部门试图以关闭打工子弟学校或迫使非京籍学童回老家就学以控制北京人口的"教育控人"手段，非但难以奏效，还显著影响流动学童的学业前景和上升渠道，并对其身心发展带来长远负面影响②。

若按上述政策逻辑可以推断出，以往北京一些政策中确实存在对外来流动人口明显的理念和制度歧视。这一问题值得深思：流动人口为了城市建设贡献出廉价甚至没有尊严的劳动力，促进了产业发展、经济发展和城市发展，最后不仅没有享受到城市发展的成果，甚至其住房、医疗、教育等基本需求和公共服务都难以保障。更值得警惕的是，因他们基本需求无法满足带来的"城市病"问题，反而可能成为他们"被"离开城市的理由。

因此，以往北京人口调控制度体系以人口尤其是流动人口作为政策管控的客体和约束的对象，过分强调控制人口规模和总量为主要目标的理念和思路，影响到市场机制发挥作用，不符合城市化和经济社会发展规律，也不符合新城镇化战略要求和"发展成果让人民共享"的精神，更难以满足流动人口自身发展需求。这样的调控理念和政策，不但难以保障流动人口基本权益，还可能造成二元结构下的制度歧视并加剧阶层差别。从长远来看，这种片面短视的政策不仅不利于城市病的解决以及城市化健康发展，还可能产生新的城乡隔阂与阶层对立。因此，对于单纯强调人口规模控制，忽视经济发展、产业发展和人口迁移规律的政策和理念应坚决摒弃。

4.4.2　非首都功能有序疏解是京津冀协同发展的核心

表面上看，"大城市病"反映出北京城市经济社会发展和运行过程中某些链

---

① 财新网，http：//china.caixin.com/2014 – 05 – 20/100679826.html.2014 – 05 – 20.
② 财新网，http：//china.caixin.com/2015 – 10 – 29/100867843.html.2015 – 10 – 29.

条和环节出了问题，实质上是整个城市经济社会发展模式和机制存在隐患和亟待调整修复的预警信号。一方面是经济社会的快速发展，另一方面是作为支撑经济发展的主体（劳动力）和经济发展目标（经济发展最终目的是为了让公民生活质量更好）之一的人口（常住外来人口）的基本需求得不到满足，基本权益得不到维护。显然，解决这一问题的方式不应是主要采取过度限制和控制人口规模，抑制人口基本需求和基本权益，限制经济发展主体和经济发展目标。因为这样的结果将遏制劳动力的供给，进而遏制经济发展和产业发展的需求，可能人为扭曲了市场正常运转机制；与城市化和经济社会发展规律也相违背。

梳理总结之前北京人口调控的制度政策体系利弊可以发现：北京人口调控体系以往过于倚重行政强制调控疏解，轻视城市化发展视角下产业发展和人口迁移的规律；同时缺乏区域协同发展视野，缺少从京津冀乃至全国视角统筹考虑，当然这也与此前缺乏中央强力推动的政策导向而难以推进有重要关系。

为此，2015 年 4 月 30 日中共中央审议通过的《京津冀协同发展规划纲要》中特别强调，京津冀协同发展的核心是有序疏解非首都功能，其目标实质是实现在疏解功能过程中的人口迁移与合理分布。按照《纲要》要求，中央对于京津冀协同发展的指导思想是，以有序疏解北京非首都功能、解决北京"大城市病"为基本出发点①。从这个意义看，非首都功能有序疏解是京津冀协同发展的核心与基础。

4.4.3 优先推动产业带动人口"双转移"，促进解决北京"大城市病"

从前述工业化和城市化发展视角分析，有序疏解非首都功能应首先重点疏解支撑非首都功能的产业和公共资源，两者相较应优先疏解支撑非首都功能的产业，通过产业转移带动人口迁移的"双转移"策略，带动公共资源及更多人口的转移，进而促进非首都功能的疏解和北京"大城市病"的解决，推动京津冀协同发展。

一、产业转移符合多赢发展和协同发展经济利益导向

之所以应优先推进产业转移带动人口迁移，首先是因为只有通过产业转移实

---

① 新华网，http://news.xinhuanet.com/politics/2015-08/23/c_1116342157.htm，2015-08-23.

现迁出地和承接地的产业优势互补和优化升级，达成双方利益共赢和协同发展，双方才更有动力推进产业带动人口"双转移"。

从"理性经济人"视角分析，只有人口迁移涉及的双方均能获得利益，实现双赢乃至多赢效果，地方政府和相关各方主体才有动力推进人口转移疏解。单纯只是河北一方为服务北京而牺牲自身利益的模式很难有持续动力和资源支撑，也不符合区域协同发展的目标指向。而通过优先推进产业转移来带动人口迁移的方式，则符合北京与津冀各自的产业经济发展需求，有利于推动北京自身产业优化升级以及河北和天津的产业转型发展，促进区域产业优势互补和布局优化，进而推动各自地方经济发展。在这种各方多赢的目标指向下，并符合各自发展和协同发展的利益导向，承接双方才能拥有持续动力去推动产业转移带动人口迁移疏解。

二、产业转移可带动劳动力转移并促进公共资源疏解

优先推进产业转移带动人口迁移的另一个原因在于产业转移最终可以促进公共资源疏解。这是因为按照产业转移发展规律，通过产业转移疏解本身即可优先带动劳动力人口的迁移疏解。公共资源和公共服务的体系的疏解原则是应跟着人口迁移尤其是劳动力人口迁移走，才可能使迁移出的产业和人口尽可能留在承接地。只有这样，才能真正实现非首都功能疏解尤其是人口的对外疏解。因此，未来应充分把握京津冀协同发展的重大国家战略机遇，以推进非首都功能疏解为核心导向，在充分尊重城市化发展规律并遵循产业转移和人口迁移基本规律基础上，通过推动产业带动人口"双转移"的战略，促进非首都功能有序疏解和优质公共资源配套转移，反过来进一步促进产业和人口转移疏解，进而形成"循环疏解"效应，最终实现区域产业人口与资源环境的空间有序分布和协调发展。

三、产业人口"双转移"是非首都功能疏解内驱力和突破口

综合上述研究可得出：北京只有优先通过产业带动人口双转移才能真正实现人口的对外疏解和区域内均衡布局，促进非首都功能整体疏解和北京"城市病"的解决，进而推动京津冀协同发展。为此，应将北京向津冀的产业带动人口"双转移"作为推动非首都功能疏解的主要抓手和着力点。这一过程中，应侧重从总体宏观角度把握，充分把握京津冀协同发展的重大国家战略机遇，以推进非首都功能疏解为核心导向，在充分尊重城市化发展规律并遵循产业转移和人口迁移基

本规律基础上，重点围绕产业转移承接（涵盖产业转型升级）推进，辨析影响京津冀尤其是北京产业转移和人口迁移的基础条件、动力机制与核心障碍因素，以创新为核心，兼顾生态文明与绿色发展、城镇化发展和城乡公共服务均等化等人口城市化发展需求，使得产业转移与人口迁移实现统筹推进和有机统一，最终实现三地产业优势互补、人口有序迁移与合理分布，促进非首都功能整体疏解和北京城市病的解决，进而推动京津冀协同发展。

总之，北京应以京津冀协同发展的视野，打破"一亩三分地"思维，聚焦政治、文化、国际交往和科技创新四个中心功能，以有序疏解非首都功能为导向，推动产业转移带动人口疏解，形成三地产业和人口的均衡布局与绿色发展。

4.5 小结

通过本章分析发现：解决北京人口相关的"城市病"问题之关键是有序疏解非首都功能，而推动非首都功能有序疏解的核心思路是以优先推进产业带动人口"双转移"为出发点和突破口，从而论证出通过产业带动人口"双转移"对推动非首都功能疏解和解决"大城市病"的必要性和重要性价值。

首先，分析当前北京人口发展存在的主要问题——"大城市病"产生的症结。通过构建城市发展模式和运行机理图，从北京城市经济社会发展角度分析发现，"城市病"产生的主要原因不仅包括经济发展和产业发展原因，还有政治和社会原因等，其背后核心症结在于非首都功能过多和过散。具体从城市规划、城市功能以及产业发展和公共资源配置的视角进行了深入分析，发现北京"城市病"出现的主要原因是经济高速发展下，北京城市功能不断突破原有城市规划，吸引产业、人口和优质公共资源过度集聚而带来的新增需求，超出了城市现有公共服务与社会保障供给能力以及资源和环境承载力，进而引发的病态反映。

其次，厘清北京人口调控政策体系中存在的主要利弊。对以往北京人口调控的制度体系存在的主要问题进行了深入分析。运用制度变迁视角梳理以往与人口相关的主要规划政策和调控制度，发现之前北京市户籍等行政管理手段存在诸多弊病；北京城市规划与事实上的城市功能、产业、人口发展和公共资源布局相脱节；以往人口调控体系与城市规划、产业发展等政策存在制度冲突问题。梳理以往北京人口调控的制度政策体系并总结其利弊发现：之前北京人口调控体系过于倚重行政强制调控疏解，轻视城市化发展视角下产业发展和人口迁移的规律；同时缺乏区域协同发展视野，缺少从京津冀乃至全国视角统筹考虑。这也与以往缺乏中央强力推动的政策导向而难以推进有重要关系。

最后，论证出优先推进产业带动人口"双转移"的价值和必要性。通过研究得出：只有优先通过产业带动人口"双转移"才能真正推动人口的对外疏解，带动非首都功能整体疏解，促进北京"大城市病"的解决，进而推动京津冀协同发展。未来解决北京"大城市病"等人口问题的关键是推进非首都功能有序疏解，而推进非首都功能有序疏解的突破口和落脚点在于优先推动产业带动人口"双转移"；建议应充分把握京津冀协同发展重大国家战略机遇，以推进非首都功能有序疏解为核心导向，在尊重城市化发展规律、产业转移和人口迁移基本规律基础上，推进产业带动人口"双转移"策略，以促进产业和人口的有序转移与合理分布。

第五章
京津冀区域产业发展与人口状况
——"双转移"基础条件分析

京津冀三省市地处华北平原，土地面积 21.6 万平方公里，占环渤海土地总面积的 12%，区域面积占全国的 2%，是新首都圈主体和环渤海地区及北方腹地经济发展的重要组成部分，也是我国经济最具活力、开放程度最高、创新能力最强、吸纳人口最多的地区之一，是拉动我国经济发展的重要引擎。

2014 年三地常住人口 1.11 亿，占当年全国总人口 13.68 亿的 8.1%。三地 GDP 总量达 66474.4 亿元，占当年全国的 10.4%。①

前一章重点论述了产业带动人口"双转移"的必要性，本章将从产业和人口各自发展角度分析产业转移和人口迁移的基础条件和优劣势。

5.1 京津冀产业发展与转移条件分析

5.1.1 产业发展现状和结构分析

一、京津冀产业结构发展状况分析

北京市自改革开放以来，三次产业比重变化趋势较为显著。整体产业比重向第三产业逐渐倾斜并以之为主导，第二产业比重则呈现持续减小趋势，第一产业比重持续衰减并趋于稳定（图 5.1）。

---

① 新华网，http://news.xinhuanet.com/fortune/2015 – 07/09/c_ 128001493.html. 2015 – 07 – 09.

北京市三次产业比重变化（1978-2014）

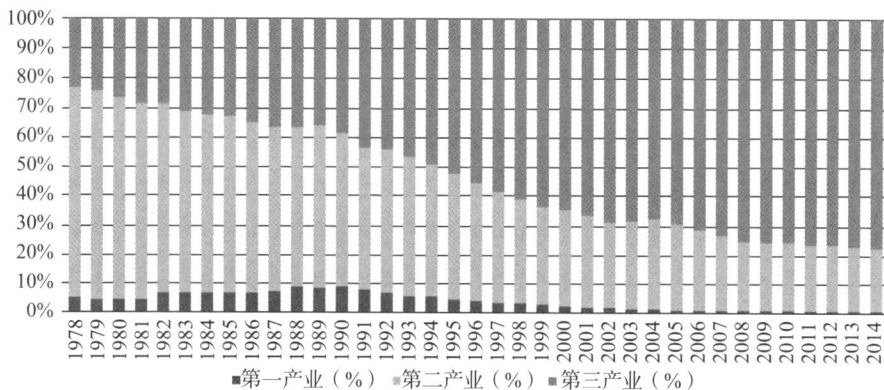

图 5.1　北京市三次产业比重变化（1978–2014）

数据来源：《北京统计年鉴（2015）》

1. 北京市产业结构发展分析

由图 5.1 可以看出，第一产业比重以 1990 年为明显分界线，呈现先升后降态势。之前呈现缓慢上升趋势，1990 年之后开始呈现明显下降趋势，之后 14 年内从接近 10% 持续下降至 1% 以下；2005 年之后比重较为稳定。第二产业比重总体呈下降趋势，2008 年后下降幅度较小，接近稳定。第三产业比重整体呈上升趋势，1990 年之后，呈显著上升趋势，1995 年比重开始超过 50%；2002 年左右接近 70%。2008 年之后上升趋势变缓，但仍在缓慢上升。2014 年北京三大产业的比重为 0.7：21.4：77.9，已成功从工业主导型城市转变为服务业主导型城市，形成"三、二、一"的产业格局。

2. 天津市产业结构发展分析

由图 5.2 可以看出，天津自改革开放以来的三次产业比重变化趋势。从中发现，天津市主导产业始终是第二产业，第三产业发展相对缓慢。

第一产业比重呈现先升后降态势。以 1989 年为明显分界线，之前呈现缓慢上升趋势，之后开始呈现下降趋势，1995 年略微有些反弹，之后持续下降。

第二产业比重虽然从 1990 年左右开始呈缩减趋势，但是在三大产业中始终占主导地位。甚至在 2002–2008 年这段时间第二产业比重呈现出缓慢回升态势。2008 年后也是缓慢缩减趋势。天津第二产业体系完备，是经济发展的主要支撑力。产业呈现重工业化和高新化特征。从第二产业内部来看，天津在加工制造业及一些技术资金密集型的工业行业方面有优势，为了打造支柱、抢占高端、支撑发展，天津已形成由重化工业和高新技术产业两大板块组成的八大优势产业（孙久文、张红梅，2014）。

天津市三次产业比重变化（1978-2014）

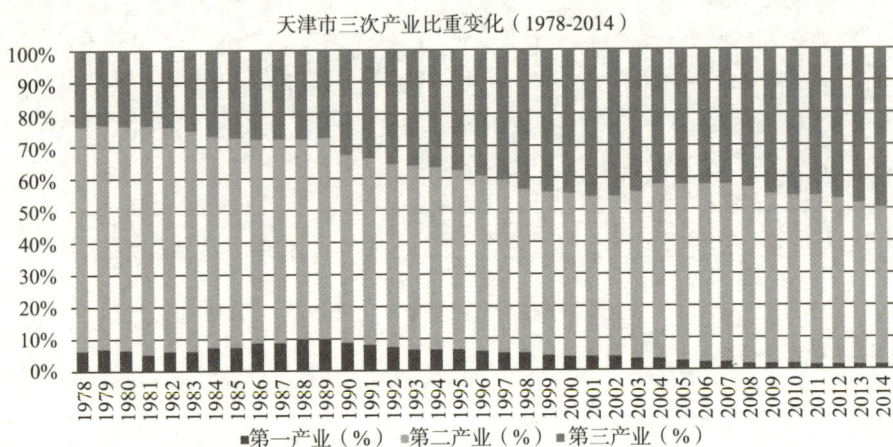

图 5.2　天津市三次产业比重变化（1978－2014）

数据来源：《天津统计年鉴2015》

与北京上海等一线城市相比，天津第三产业发展明显滞后。尽管从 1989 年之后比重开始缓慢上升，但其上升幅度很小，整体占比不高。甚至 2002－2008 年期间呈现缓慢缩减趋势。2014 年第三产业占比为 49.3%，这一数字远低于发达国家平均水平（70%），也和北京（77.9%）、上海（62.2%）相比差距较大。2014 年天津三次产业比为 1.3∶49.4∶49.3。二产和三产占比差不多。总体来看，天津市仍为工业主导型城市，呈现"二、三、一"的产业格局。

3. 河北省产业结构发展分析

从图 5.3 中可以看出，河北省改革开放以来三次产业比重变化趋势。第一产业比重呈先升后降趋势，第二、三产业比重呈缓慢上升趋势。整体来看，河北也是第二产业占主导，但第一产业具有重要地位，第三产业发展缓慢。

河北省三次产业比重变化（1978-2014）

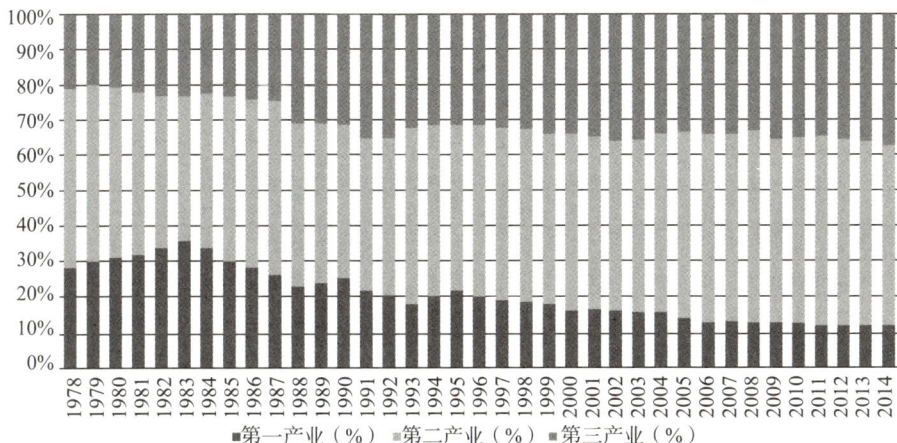

图 5.3　河北省三次产业比重变化（1978 – 2014）

数据来源：《河北经济年鉴 2015》

第一产业占比整体呈现先升后降。1983 年为升降分界点。尽管之后第一产业占比整体呈现下降趋势，但下降幅度较为缓慢，期间还有好几段反弹时间。比如 1988 年至 1990 年，1993 年至 1995 年，2003 年至 2004 年，2006 至 2007 年都呈不同程度的回升状态；并曾长期保持较高占比。与北京、天津相比，河北省第一产业至今占比仍较重（11.7％）。这说明第一产业农业在河北经济发展中占据重要地位。这与河北是我国重要的粮食主产区和国家能源、原材料生产基地，以及重要的农业大省直接相关。第二产业占比始终处于最重要位置。尽管 1983 年之前曾有过短暂的减少，因当时农业占比在迅速提升，但仍占据主导地位。1983 年至今，第二产业占比呈持续扩大趋势。尽管增加速度不快，但是很稳定。尤其是 1993 年至 2013 年，第二产业比重始终保持在 50％ 左右。第三产业发展相对平缓：1978 年至 2013 年的 35 年间占比从 20％ 出头缓慢增加到 35％ 左右。

总之，河北省也是工业主导的省份，其产业结构为"二、三、一"结构，产业结构亟待转型升级。

二、京津冀产业发展特点及问题分析

京津冀总人口和地区生产总值分别占同期环渤海地区总量的 35％ 和 36％。京津的发展层次使得京津冀地区成为我国北方最发达的地区，也成为我国沿海发达地带中的核心区域。

根据美国经济学家西蒙库兹涅茨理论，依据三次产业GDP构成份额，可将工业化进程划分为工业化初期、中期和后期三阶段。初期阶段的第二、三产业比重不断上升，第一产业比重不断下降。进入中期时，第二产业比重持续上升，占GDP最大份额，第一产业比重降为20%以下。第三阶段即工业化后期时，是指第三产业比重稳定上升，达到最高值，并保持稳定或有所下降，而第一产业比重持续降为10%以下（西蒙·库兹涅茨，1989）。据此标准，北京已进入工业化后期，天津市处于工业化中后期，河北省则处于工业化中期（表5.1）。

表5.1　京津冀三地人口产业发展概览表（2014）

地区	常住人口（万人）	城镇常住人口（万人）	GDP（亿元）	人均GDP（元）	三次产业比重（%）			城镇居民家庭收入（元）	农民人均纯收入（元）
					一产	二产	三产		
北京	2162	1858	21331	99995	0.7	21.4	77.9	48532	18867
天津	1517	1248	16722	106202	1.3	49.4	49.3	31506	17014
河北	7384	3642	29421	39984	11.7	51.1	37.2	24141	10186

数据来源：2014年京津冀三地统计公报

从上表分析可知，当前，京津冀产业结构还面临以下主要问题：

1. 区际产业比重差异明显

从区域协同发展角度分析，京津冀三地三次产业比重不协调，存在明显差异。

表5.2　京津冀三次产业国内生产总值占比（2005－2014）

年份	北京市（%）			天津市（%）			河北省（%）		
	一产	二产	三产	一产	二产	三产	一产	二产	三产
2005	1.3	29.1	69.6	2.9	54.6	42.5	14.0	52.7	33.3
2006	1.1	27.0	71.9	2.3	55.1	42.6	12.7	53.3	34.0
2007	1.0	25.5	73.5	2.1	55.1	42.8	13.3	52.9	33.8
2008	1.0	23.6	75.4	1.8	55.2	43.0	12.7	54.3	33.0
2009	1.0	23.5	75.5	1.7	53.0	45.3	12.8	52.0	35.2

年份	北京市（%）			天津市（%）			河北省（%）		
	一产	二产	三产	一产	二产	三产	一产	二产	三产
2010	0.9	24.0	75.1	1.6	52.4	46.0	12.6	52.5	34.9
2011	0.8	23.1	76.1	1.4	52.4	46.2	11.9	53.5	34.6
2012	0.8	22.7	76.5	1.3	51.7	47.0	12.0	52.7	35.3
2013	0.8	22.3	76.9	1.3	50.6	48.1	12.4	52.1	35.5
2014	0.7	21.4	77.9	1.3	49.4	49.3	11.7	37.2	51.1

数据来源：2005－2014 年北京、天津、河北三地国民经济和社会发展公报

以最近 10 年京津冀三次产业国内生产总值比重趋势为例（如表 5.2），从表中可看出，北京产业发展呈现典型"服务主导和科技主导"的高端化趋势。第三产业比重超过地区生产总值 70%，现代服务业占服务业 70%，标志着北京已步入以服务经济为主导的阶段。天津产业仍以第二产业，尤其是重工业为主的加工型产业主导。整体而言，天津正处于重化工业、现代制造业和高技术产业集聚和极化阶段，产业发展呈现出重工业化、技术集约化、深加工化和产业高端化特征。河北在京津冀三地的工业规模总量最大，但产业层次相对较低。其产业正处于重化工业加速增长时期，属于资源产业先导型地区。作为重要的农业大省，河北自然资源较丰富，但资本、技术、科技人才等位于相对劣势地位，化学制造和黑色矿产资源等传统工业和农副产品生产、加工业等仍为主要支柱产业（王竞梅等，2014）。

从北京市轻重工业比例关系发现（图 5.4），工业结构同北京首都的功能定位和发展目标以及发展规模水平不相适应。这其实是北京在第二产业比重已下降至 21%，几乎没有产业结构调整空间，其产业结构负效应（特别是资源环境负效应）仍然很大的原因。未来，京津冀协同发展应解决区域之间、城乡之间、城市之间相互作用和相互影响下产生的一系列结构问题，通过发展方式、路径和目标的优化调整，实现区域可持续且具有竞争力的发展（樊杰等，2016）。

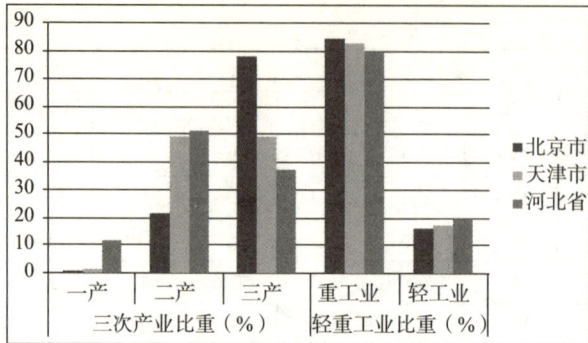

图 5.4 京津冀三次产业比重（2014）和轻重工业比重（2012）

数据来源：2014 年的京津冀三地统计公报、《中国统计年鉴 2013》

2. 部分产业同构问题突出

表5.3 京津冀地区"十二五"时期产业发展重点

地区	产业发展重点
北京	信息技术、新能源汽车、节能环保、高端装备制造、生物医药、新能源、新材料和航空航天等产业
天津	航空航天、石油化工、装备制造、电子信息、生物医药、新能源新材料、轻工纺织和国防科技等产业
河北	钢铁、装备制造、石化、建材、轻工、医药、食品、纺织服装等传统优势产业，加快培育具有一定优势的新能源、高端装备制造、生物医药、新材料产业，以及物联网、云计算等新一代信息产业，节能环保、航空航天、新能源汽车、海洋开发等产业

资料来源：根据北京、天津及河北"十二五"经济社会发展规划内容整理

从表5.3 综合比较发现，京津冀三地产业同构问题凸显，产业发展不均衡，产业层次不协调以及产业链协作程度低等问题突出。尤其是在第二产业中，特别是电子信息、医药、汽车、化工、冶金、石油等产业集群，三地的同构现象比较严重。从行业发展水平看，京津冀地区高耗能行业规模较大，但行业集中度低，整体技术水平比较落后。这些与三地长期以来的产业政策和制度之间存在的雷同设置及布局直接相关。

产业同构造成的恶性竞争不仅浪费大量人财物资源，更影响到三地协同发展。由于京津冀地区整体市场化程度水平较低，政府在配置土地、劳动力和资本等各种要素资源方面具有较大话语权，在现有财税和行政管理体制下，不同行政等级的政府配置资源的能力明显不同；加之我国存在显著城乡"二元结构"特征，造成京津冀区域一体化市场呈现割裂状态，产业关联较弱、融合程度较低问题凸显。此外，各级政府确定的产业发展重点也存在趋同现象，未来产能过剩和恶性竞争加剧的风险不容忽视。

李然等（2016）通过对比京津冀中心和外围的产业梯度系数，发现外围与中心的产业发展互补性较强，但北京与天津的产业同构性严重，两地石油加工、炼焦及核燃料加工业，通用及专用设备制造业，电气机械及器材制造业，通信设备、计算机及其他电子设备制造业在国民生产中的比重不分上下，出现产业雷同。

孙久文、丁鸿君（2012）使用区域分工指数对京津冀三地的产业分工度进行了分析（表5.4），发现北京与天津、天津与河北均存在不同程度产业同构现象。尤其是天津与河北产业同构现象更为严重，从2005－2010年，津冀两地区域产业分工指数的走势呈现下滑态势，从0.83下降到0.65，反映出津冀地区产业同构化现象出现恶化趋势，产业分工水平明显下降。

根据国务院发展研究中心统计数据（见表5.5），北京与天津产业相似系数尽管逐年下降，但直到2011年仍达67.18%。与此同时，天津与河北的工业结构相似系数却在逐年上升，从2006年的55.50%居然上升到2011年的79.43%。这一数据超过了同期北京与天津的相似度。这种产业同构带来的明显后患就是要素市场趋同和区域产品市场恶性竞争，造成价格扭曲，致使市场失灵，经济效率偏离帕累托最优状态（齐子翔，2014）。

表 5.4　京津冀区域分工指数和均值方差（2005，2010）

年份	北京—天津		北京—河北		天津—河北	
	2005	2010	2005	2010	2005	2010
区域分工指数	0.42	0.65	0.91	0.92	0.83	0.65

资料来源：孙久文，丁鸿君. 京津冀区域经济一体化进程研究［J］. 经济与管理研究，2012，（7）：52－57.

表5.5 京津冀三省（市）工业结构相似系数（2006－2011）

	2006 年	2007 年	2008 年	2009 年	2010 年	2011 年
北京—天津	92.14	87.46	77.35	75.23	76.87	67.18
北京—河北	39.86	38.62	35.96	40.72	45.34	38.04
天津—河北	55.50	65.32	74.21	79.73	78.79	79.43

数据来源：国务院发展研究中心信息网统计数据库

3. 三地发展呈显著不均衡

京津冀三地经济发展和人口城镇化发展严重不均衡，人均收入差异显著。北京进入后工业化时期，天津处于工业化后期，河北处于工业化中期。这与三地长期以来各自为政的经济发展规划和制度直接相关。

首先，经济和产业发展水平差异较大。

2014 年京津冀地区生产总值是 66478.91 亿元，人均地区生产总值是 80878.89 元，占全国经济总量的 11%，高于全国平均水平，低于长三角和珠三角的人均生产总值水平。但其内部经济发展存在明显不均衡。北京和天津两大城市经济总量占京津冀区域一半以上。其中北京总体经济水平在区域内部 13 个地级以上城市中最高。天津排在第二。第三和第四分别为河北的唐山和石家庄。其经济总量不足北京的 1/3 和天津的 1/2。剩余的 9 个地级市 GDP 均低于 3000 亿元，总量最小的是衡水市，仅为 1011.03 亿元，相当于北京的 5.6% 和天津的 7.8%（李国平，2014）。

表5.6 京津冀三地三次产业产值及比重（2014）

地区	农业 产值（亿元）及比重（%）		工业 产值（亿元）及比重（%）		服务业 产值（亿元）及比重（%）	
北京	158.99	0.75	4544.80	21.30	16627.04	77.95
河北	199.90	1.27	7731.85	49.17	7795.18	49.56
天津	3447.46	11.72	15012.85	51.03	10960.84	37.25

数据来源：《中国统计年鉴2015》

表 5.7　京津冀三地产业从业人数及从业者比重（2014）

地区	第一产业		第二产业		第三产业	
	从业人数（万人）及比重（%）		从业人数（万人）及比重（%）		从业人数及比重（%）	
北京	52.4	4.5	209.9	18.2	894.4	77.3
天津	67.98	7.7	341.51	38.9	467.72	53.4
河北	1398.88	33.29	1437.79	34.21	1365.99	32.5

数据来源：根据 2015 年京津冀三省市统计年鉴数据整理

由表 5.6 和表 5.7 可以得出：北京已完成产业结构转型，服务业发展水平已接近发达国家水平。天津和河北产业结构仍处于工业化进程阶段，从第三产业产值和就业人员比重来看，天津第三产业发展水平高于河北。从各产业产值及从业人员数量比较分析，河北产业结构中，农业从业人员仍占较大比重，第三产业产值较少，整体发展水平与京津地区差距较大（何勤、雍华中，2016）。

其次，人均收入和城镇化水平不均衡。从协同发展视角分析，三地人口城镇化发展水平很不均衡，三地居民收入差异显著。

一方面，三地人均收入差异显著，造成劳动力流入区过度集中。京津冀三地经济发展水平差距显著。从总量看，河北省空间广阔，人口众多，企业绝对数量多于北京和天津，GDP 总量高于京津两地。但从人均看，差距明显：2014 年，北京和天津人均 GDP 分别是河北的 2.48 倍和 2.60 倍。年度职工平均工资水平北京和天津也分别是河北的 1.87 倍和 1.35 倍。北京与天津相比，2014 年北京人均 GDP 水平虽略低于天津，但人均工资水平仍明显高于天津，北京整体经济发展水平高于天津和河北，对追求高收入人群的吸引力强于天津和河北。同时相较河北而言，天津在收入水平方面更具吸引力。2014 年，天津和北京人均 GDP 分别为 103671.26 元和 99120.96 元，均超过 15000 美元。按世界银行标准，均已达富裕国家水平。河北省 2014 年人均 GDP 仅为 39844.46 元，是北京的 40.2% 和天津的 38.4%（表 5.8）。

由于历史及地理位置等原因，在河北省北部与天津、北京相接壤的区域内，形成了一个较为明显的贫困带，亚洲开发银行 2012 年曾发布《中国河北省发展战略》报告，在"消除环京津贫困带，促进京津冀区域协调发展"中指出，环京津周边河北有 24 个县，其中需要国家及省级扶贫的就占 21 个，涉及到贫困人口大约 200 万。人均 GDP 和人均收入的显著差异，造成了劳动力流入区的过度

集中。北京天津成为主要劳动力流入区。不仅加剧人口分布不均衡态势，更增加了当地经济社会和资源环境压力

表5.8 京津冀GDP总量、人均GDP和年度职工平均工资水平比较（2014）

地区	常住人口数（万人）	GDP总额（亿元）	人均GDP（元）	年度职工平均工资（元）
北京	2152	21330.83	99120.96	77560
天津	1517	15726.93	103671.26	56232
河北	7384	29421.15	39844.46	41504
京津冀	11053	66478.91	80878.89	58432

数据来源：《中国统计年鉴2015》《河北经济年鉴2015》

另一方面，京津冀三地城镇化发展水平不均衡显著，影响产业与经济合作。总体来看，京津冀城镇化进程高于全国水平。2010年京津冀城镇人口为5921万人，2011年为6133万人，2012年为6347万人，占京津冀区域常住人口总数比重分别为56.6%、57.8%和58.9%。城镇化率每年大约增加1个百分点。比同期全国水平高6到7个百分点。从内部看，京津冀人口城镇化差异显著。2000年，北京和天津的城镇人口在总人口中所占比重已经分别高达77.54%和71.99%，经过10年的发展，北京城市化率达到85.96%，天津城市化率达到79.55%。2000年，河北城市化率只有26.08%，10年后的2010年，其城镇化率达到44.5%。仍低于45%这一世界欠发达国家平均水平。即使到了2012年，河北城市化率也只有46.8%，略高于世界欠发达国家平均水平。三地城镇化发展水平差异很大（杨光宇，2015）。

从总体来看，京津冀区域内部发展水平差异很大。人均GDP水平表明，京津与周边区域处在完全不同的发展阶段。而这种发展阶段的巨大差异导致产业联系和经济合作的断裂，难以形成区域整体优势；进一步比较人民收入水平的差距发现，该区域的合作层次还处在发达地区和发展中地区的合作阶段，人口和功能的大规模扩散过程会因生活质量的差距而受到限制（樊杰等，2016）。

5.1.2 产业转移基础条件分析

区际之间之所以能够进行产业转移，其客观基础就是区域间各地区在经济发

展阶段上存在差异性，资源要素禀赋存在互补性及产业结构上存在梯度性。前述分析也说明，京津冀三次产业具有互补性和不均衡性，产业具有明显梯度差异。整体看，河北与北京、天津之间的产业结构差异较大，呈现出北京—天津—河北的产业梯度差（刘琳，2015）。京津冀存在明显的产业和技术梯度，京津居于高梯度，河北居低梯度。分行业比较，京津、京冀和津冀之间存在不同的梯度差异，但总体分析，京津的技术和资金密集型产业占优势，河北的劳动和资源密集型产业占优势，最终形成京津冀产业梯度转移的动力（张贵、王树强、刘沙等，2014）。

一、经济发展阶段性差异分析

上一节的研究亦表明，京津冀三地经济发展不均衡，尤其京冀两地发展阶段性差异较大。按国际通用经济发展阶段标准比较京冀两地经济发展状况，2014年北京市人均 GDP 超过 16278 美元，城镇化率达 86.4%，第三产业服务业比重超 77.9%，北京的发展已进入服务型经济为主的后工业化阶段。而当年河北省人均 GDP 仅为 6486 美元，城镇化率未超过 50%，第三产业服务业比重仅为37.2%，尚处于工业化中期。京冀两地发展的阶段性差异明显。从具体产业来看，重化工业是河北省的优势产业，劳动生产率超过 18 万元/人，但仍低于北京市 21 万元/人，在其他非优势产业上河北差距更加明显。尽管京冀具备足够产业梯度差，但现实中两者并没有完全按照比较优势分工（郎咸平，2014）。

二、产业结构梯度性分析

产业梯度转移的前提是要求两地产业之间存在一定的梯度差。京津冀三地产业发展不均衡，使得三地具有明显的产业梯度差异。通过对比京津冀中心和外围的产业结构差异度和产业梯度系数，发现外围与中心的产业发展互补性较强。

1. 产业结构差异度分析

有研究者用产业结构差异度来初步衡量京津冀三地产业结构差异程度。如李然等（2015）用产业结构差异度 D 来描述各地区产业结构差异，计算公式如下：

$$D_{rs} = \sqrt{\sum_{j=1}^{3} (x_{rj} - x_{sj})^2}$$

D_{rs} 表示地区 r 和地区 s 之间的产业结构差异度，x_{rj} 表示 r 地区 j 次产业的比值，x_{sj} 表示 s 地区 j 次产业的比值。按照这一公式，采用京津冀三地 2014 年三次产业比值数据，对京津冀三地2014年彼此间的产业结构差异度进行测算的结果如表5.9所示：

表5.9 京津冀地区产业结构差异度（2014）

	D京津	D京冀	D津冀
产业结构差异度	39.7	51.5	16.2

资料来源：李然等（2015）

按照公式定义，产业结构差异度越大，说明两地产业互补性越强，越利于两地间促成产业转移。由表5.9结果看出，北京与河北之间、北京与天津之间产业具有明显的产业结构差异度，尤其是北京与河北之间差异度最大，具有实施产业转移的基础条件。

2. 产业转移梯度性分析

研究表明，京津冀三地产业存在梯度性，不少产业具有产业转移的基础条件。从京津冀制造业发展来看，制造业曾是北京市支柱产业。在上世纪90年代初制造业占GDP比重超过40%，但近年京津两地多数制造行业产值份额下降，转出迹象明显。而河北具有制造业承接的诸多优势。鲁金萍、刘玉、杨振武等（2015）通过对2003-2012年间京津冀内部各省市制造行业产值变动情况进行观察发现，在京津冀区域30个制造业行业中，北京有24个制造行业产值份额呈下降趋势，天津有22个行业产值比重均呈下降态势。河北的制造行业产值份额变动态势与京、津两地不同，可成为京津多个制造行业的主要转入地。

马萌等（2016）通过对比京津冀区域内中心和外围的产业梯度系数，发现京津冀内部工业产业存在明显梯度差异。首先，位于中心的北京第二产业发展呈现高端化特征，次中心天津的传统产业与现代产业并重，河北则以传统产业为主，处于产业发展低端阶段。其次，除了工艺品和其他制造业，中心和次中心具有明显优势的行业恰好是外围地区不具备竞争优势的行业。除了通用设备制造业，外围地区具有明显优势的行业正好是中心和次中心即将淘汰的行业，这为产业由中心向外围转移提供了客观条件。

三、资源、区位与科技互补性分析

1. 资源禀赋与区位互补性分析

京津冀人缘相亲、地缘相接、文化一脉，历史渊源深厚、交往半径相宜，完全能够相互融合、协同发展（习近平，2014）。京津冀三地在资源禀赋、区位优势和科技发展方面具有互补性，具备协同融合发展的条件。

京津冀地域相连，河北省与北京、天津开展产业合作具有得天独厚的区位优势，是疏解北京非首都功能的重要承接地[①]。三地间交易成本和生产要素结合的成本低廉，可大大降低产业结构转移调整成本。河北位于京津冀三地腹地，环抱京、津两市，与山东、江苏等省为邻。省内交通便利，连接京津和通向外省的陆地交通发达；还有秦皇岛港、京唐港、曹妃甸港、黄骅港四个港口，水路运输也较发达（戴宏伟等，2004）。

2. 科技水平及创新度互补性分析

京津冀三地的科技水平与创新程度差异明显，京津两地与河北之间具有显著梯度性和互补性。

以 2015 年中国科技统计网站公布的《2014 全国及各地区科技进步统计监测结果》[②] 为例，可以看出：全国 31 个省市的综合科技进步水平指数排序中，北京和天津分列第一（83.12%）和第 3 位（78.63%），处于高于全国平均水平（63.55%）的第一梯队地区。河北排在第 25 位（41.78%），处于第三类综合科技进步水平指数中，位于 50% 以下、但高于 40% 的地区。

在科技进步环境指数的排序中，北京、天津分列前 2 位，同时也是高于全国平均水平（全国科技进步环境指数为 61.60%）的地区；河北也排在第 25 位（44.20%）。

在科技活动投入指数的排序中，天津、北京分别排在第 5 位和第 6 位，同时也是高于全国平均水平（65.59%）的一类地区；河北排在第 19 位（46.35%）。

在科技活动产出指数的排序中，北京、天津分别排在第 1 位和第 3 位，同时也是高于全国平均水平（68.14%）的地区；河北列第 27 位（18.75%）。

在高新技术产业化指数的排序中，天津、北京分别排在第 1 位和第 2 位，同时也是高于全国平均水平（53.58%）的地区；河北排在第 28 位（32.75%）。

在科技促进经济社会发展指数的排序中，北京、天津分列第 2 和第 8 位，高于全国平均水平（64.99%）；河北则排在第 22 位（59.61%）。

---

① 央视网，http：//news.cntv.cn/2015/11/21/ARTI1448088405353580.shtml.2015 - 11 - 21.

② 中国科技统计网，http：//www.sts.org.cn/tjbg/tjjc/tcindex.asp，2015 - 2 - 11.

5.2 京津冀人口发展与迁移特征分析

5.2.1 人口发展特征分析

一、人口规模特征

1. 人口规模变动态势

京津冀城市圈是我国的政治文化中心和北方经济中心，也是重要的人口迁入地。改革开放尤其是 2000 年以来，该地区人口增长速度显著加快。从 1982 年的 7000.07 万人，增长至 1990 年的 8068.72 万人和 2000 年的 9039 万人，2010 年约 1.05 亿人，2012 年约 1.08 亿人，2013 年达 1.09 亿人，2014 年约为 1.11 亿人。2000 年至 2014 年，京津冀都市圈人口增加约 2024 万人，连续 15 年，人口年平均净增约 134.93 万人；增速明显高于同期全国平均水平（表 5.10）。

表 5.10　京津冀三地常住人口（2000–2014）

年份	北京（万人）	天津（万人）	河北（万人）	三地（万人）
2000	1363.60	1001.14	6674.00	9038.74
2001	1385.10	1004.06	6699.00	9088.16
2002	1423.20	1007.18	6735.00	9165.38
2003	1456.40	1011.30	6769.00	9236.70
2004	1492.70	1023.67	6809.00	9325.37
2005	1538.00	1043.00	6851.00	9432.00
2006	1601.00	1075.00	6898.00	9574.00
2007	1676.00	1115.00	6943.00	9734.00
2008	1771.00	1176.00	6989.00	9936.00
2009	1860.00	1228.16	7034.00	10122.16
2010	1961.90	1299.29	7194.00	10455.19
2011	2018.60	1354.58	7241.00	10614.18
2012	2069.30	1413.15	7288.00	10770.45

年份	北京（万人）	天津（万人）	河北（万人）	三地（万人）
2013	2114.80	1472.21	7333.00	10920.01
2014	2151.60	1516.81	7384.00	11052.41

数据来源：2015年的北京统计年鉴、天津统计年鉴和河北经济年鉴.

　　将这些数据以图的形式呈现如下，从图5.5和图5.6中可以直观看出：京津冀总人口中，河北人口总量最大，北京次之，天津总量最小。2000年以来，三省市人口规模总体均处于上升状态，各自比重不断变化，呈现一个动态调整过程。

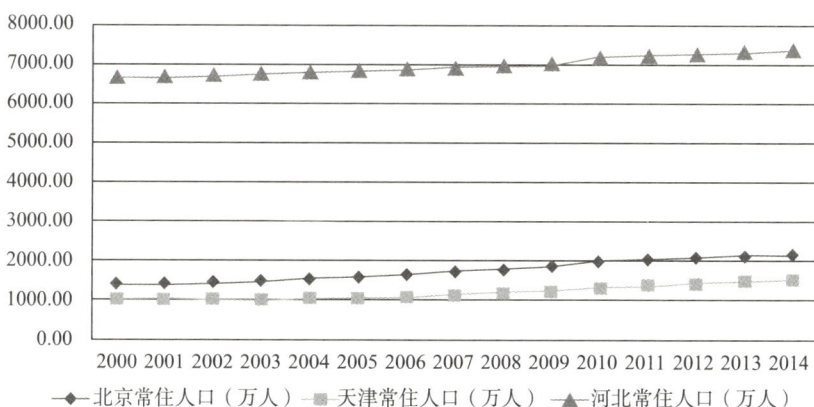

图5.5　京津冀三地常住人口规模变化（2000－2014）

数据来源：《北京统计年鉴（2015）》、《天津统计年鉴2015》和《河北经济年鉴2015》

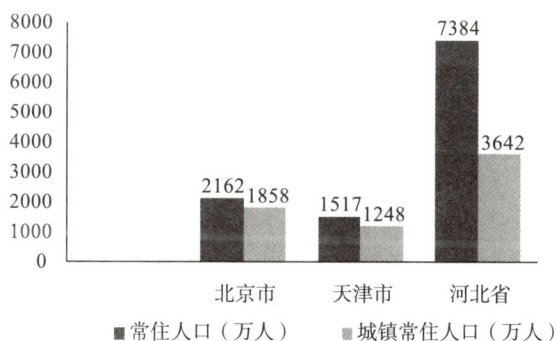

图5.6　京津冀常住人口和城镇常住人口（2014）

数据来源：《北京统计年鉴（2015）》、《天津统计年鉴2015》和《河北经济年鉴2015》

总体来看，改革开放之后的 1982 年至 2014 年这段时间，北京和天津常住人口比重不断上升，河北常住人口比重在下降（表5.11）。

北京由 1982 年的 13.19% 上升到 2014 年 19.47%，且人口占比增幅在加快，这表明越来越多人口涌入北京，其吸引人口能力在增强。天津在 2000 年之前人口占比一直变化不大，2000－2014 年间由 10.93% 增至 13.72%。这一阶段是天津经济快速发展时期，较快的经济增长为人口集聚提供了有利条件。北京和天津吸引人口的优势使得河北集聚人口的能力相对下降。由 1982 年的 75.72% 降至 66.81%，这也从另一侧面印证河北经济社会发展与京津之间存在差距，其预期收入水平较低。

表5.11　京津冀三省市的人口占比（1982－2014）

地区	1982（%）	1990（%）	2000（%）	2010（%）	2013（%）	2014（%）
北京	13.19	13.41	15.06	18.86	19.37	19.47
天津	11.09	10.89	10.93	12.49	13.48	13.72
河北	75.72	75.70	74.01	68.65	67.15	66.81

数据来源：1982－2010 年第三、四、五、六次人口普查数据公报及 2014 年三省市公报

通过比较 2000 年和 2010 年人口规模，可发现京津冀区域大部分区县人口保持着低速增长态势，84.3% 的区县人口规模增幅在 0－20 万人之间，但也有 4 个区县人口增幅超过 100 万人，处于高速增长状态；同时还有 14 个区县人口规模在减少，这说明京津冀区域内人口规模增长差异显著，如表5.12 所示：

表5.12　京津冀区域人口增减规模与类型（分县）（2000－2010）

增减规模（万人）	增长类型	区县数量（个）	比重（%）
<0	负增长	14	7.8
0—20	低速增长	151	84.3
20—50	较快增长	7	3.9
50—100	快速增长	3	1.7
>100	高速增长	4	2.2

数据来源：2000－2010 年北京统计年鉴、天津统计年鉴和河北经济年鉴

从空间来看，图5.7 显示，10 年间大部分区县人口缓慢增长，人口增速较快地区有 2 处，分别位于北京市区及周边和天津市滨海新区及周边，北京的朝阳、海淀

和昌平、天津滨海新区人口规模增幅均在 100 万人以上。而人口减少的区县在空间上分布较为零散，但多位于京津冀区域边缘，其中石家庄市正定县人口减幅最大。这"一增一减"反映出区域经济社会发展的变化，因为人口在空间上的迁移与布局的变化实质伴随着区域经济社会在空间上调整和优化（张耀军，2015）。

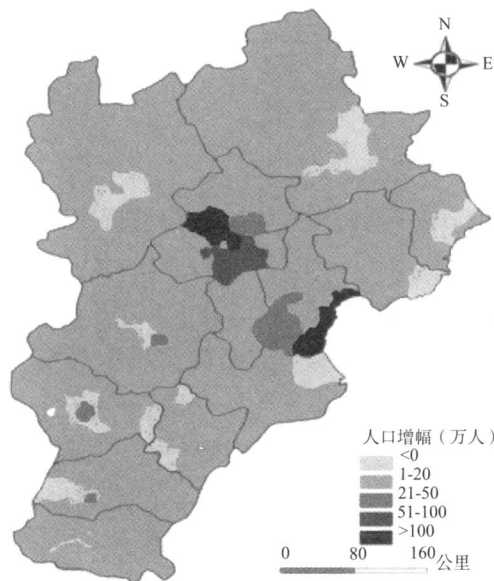

图 5.7　京津冀城市圈县级人口规模变化（2000 – 2010）

数据来源：京津冀三地"五普"和"六普"数据

2. 增长人口以迁入为主

2000 年京津冀人口数量为 9039 万人，占全国 12.6743 亿人的 7.1%；2013 年京津冀区域约 1.09 亿人，占全国约 13.61 亿人的 8.02%。2000 年至 2013 年，京津冀区域共增长人口约 1881 万人，年均增 134.35 万人。然而，这一期间，京津冀人口自然增长缓慢，北京和天津自然增长率不足 4‰，河北自然增长率不足 7‰。因此，2000 年以来，京津冀地区人口增长以迁移流入为主。北京、天津、河北的人口自然增长缓慢。第六次人口普数据显示，2010 年北京、天津和河北的人口的自然增长率分别为 3.1‰、2.8‰ 和 6.81‰。同期北京、天津、河北总和生育率分别为 0.71、0.91 和 1.31，均大大低于更替水平。

考虑到 20 世纪 70 年代末期后出生的独生子女目前已陆续进入生育期，而根据中国生育方面最近几年的有关政策，先是放开"双独"夫妻二孩政策①，然后是"单独"二孩政策，到最近的"全面二孩"政策。这样预计到2020年，生育第二孩夫妇会逐渐增多，生育水平将有所回升，但幅度不会很大。考虑到河北省人口基数较大，生育率的微小变化对河北人口规模可能会造成一定程度影响。对于北京和天津地区而言，生育水平的微小回升对其人口规模影响不大。死亡也是影响人口变动的因素。但对京津冀区域来说，因其总体死亡率较低且变化较稳定，对区域人口变动影响很小。

二、人口结构特征

1. 年龄结构

根据京津冀三地2015年全国1%人口抽样调查结果显示，2015年年末北京市常住人口中，分年龄看，0－14岁人口为219.1万人；15－64岁人口为1728.6万人；65岁及以上人口为222.8万人。常住人口中，0－14岁、15－64岁、65岁及以上三个年龄段常住人口占常住人口的比重分别为10.1%、79.6%和10.3%。相比2010年，少儿人口和老年人口比重分别提高1.5和1.6个百分点，而15－64岁劳动年龄人口则下降了3.1个百分点。受外来人口流入速度放缓等因素的影响，劳动年龄人口占比明显下降，人口红利优势呈现减弱态势。

2015年天津全市常住人口中，0－14岁人口为151.76万人，占9.81%；15－59岁人口为1159.28万人，占74.94%；60岁及以上人口为235.91万人，占15.25%，其中65岁及以上人口为148.66万人，占9.61%。与2010年年末相比，0－14岁人口比重上升0.01个百分点，15－59岁人口比重下降2.24个百分点，60岁及以上人口比重上升2.23个百分点，65岁及以上人口比重上升1.09个百分点。

河北省2015年年末常住人口中，0－14岁人口为1309.01万人，占17.63%；15－59岁人口为4903.42万人，占66.04%；60岁及以上人口为1212.49万人，占16.33%，其中65岁及以上人口为756.6万人，占10.19%。同2010年相比，0－14岁人口比重上升0.8个百分点，15－59岁人口比重下降4.13个百分点，60岁及以上人口比重上升3.33个百分点，65岁及以上人口比重上升1.95个百分点。

---

① 是指夫妻双方均为独生子女，并且只有一个子女的，由夫妻双方申请，经区、县以上计划生育委员会批准，可以再生育一个子女。

具体年龄结构主要从人口抚养比和人口老龄化程度来考察。对于京津冀年龄结构指标，选取 0 – 14 岁、15 – 64 岁、65 岁及以上人口占总人口的比重以及由此计算得到的少儿抚养比、老年抚养比和总抚养比（表 5.13）[1]。从表 5.13 可看出，2015 年年末京津冀城市圈总抚养比为 33.69%，其中北京市为 25.63%，天津市为 24.10%，河北省达到 36.44%。也就是说大约每 3 个劳动力抚养一个非劳动力，抚养比压力很重，同时老龄化程度在明显加剧，这从老年抚养比可以看出：2015 年年末京津冀城市圈老年抚养比为 13.53%，其中北京市最高达 12.94%，平均约 8 个劳动力抚养一个老年人。河北省其次，为 12.01%。天津市为 11.93%。从中可以看出京津冀三地中，北京老龄化程度最高，其次是河北，最后是天津。

表 5.13 京津冀年龄结构及抚养比（2015）

地区	占总人口比重（%）			抚养比		
	0 – 14 岁	15 – 64 岁	65 岁及以上	总抚养比	少儿抚养比	老年抚养比
京津冀	15.08	74.80	10.12	33.69%	20.16%	13.53%
北京市	10.1	79.6	10.3	25.63%	12.69%	12.94%
天津市	9.81	80.58	9.61	24.10%	12.17%	11.93%
河北省	17.63	72.18	8.67	36.44%	24.43%	12.01%

数据来源：2015 年京津冀三地和全国的 1% 人口抽样调查数据公报

图 5.8 展示了三地每百名人口抚养人数的变动。可以看出，2011 年之前，北京和天津因大量外来人口涌入，且这些人口多是处于工作年龄劳动力人口，使得北京市和天津市总抚养比整体一路下降，其中天津市在 2009 – 2010 年期间，北京市在 2010 – 2011 年期间各有一个陡降。而河北省由于年轻劳动力外流，主要是流向京津两地，总抚养比一直高于京津两地，尤其是从 2009 年至今，总抚养比一直呈现增长趋势。因此，如果北京外迁人口，特别是通过产业疏解带动外迁

---

[1] 少儿抚养比指某一人口中少年儿童人口数与劳动年龄人口数之比，反映每名劳动年龄人口所负担的少年儿童数量。老年抚养比是指某一人口中老年人口数与劳动年龄人口数之比，反映每名劳动年龄人口所负担的老年数量。总抚养比是少儿抚养比与老年抚养比之和，说明一个地区劳动力人口抚养无劳动能力人口的状况，表示每个劳动年龄人口所负担的非劳动年龄人口数。通常指 15 – 64 岁人口抚养 0 – 15 岁的儿童及 65 岁以上的老年人口的比值。

人口，不少劳动力人口优先迁入（或者回流）河北，则有助于降低河北省的总抚养比。不过，尽管河北省的抚养比在三地最低，但是在2014年，凭借庞大的人口基数，河北省的劳动力人口（15－64岁）绝对数值仍然远远高于北京和天津（图5.9）。

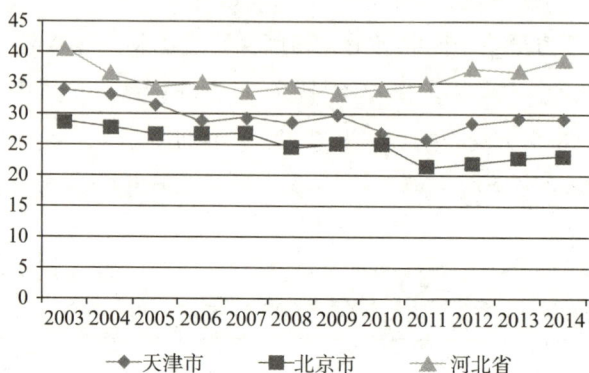

图 5.8　京津冀每百名劳动力抚养人数变动（2003－2014），单位：人

数据来源：2015年的北京统计年鉴、天津统计年鉴和河北经济年鉴

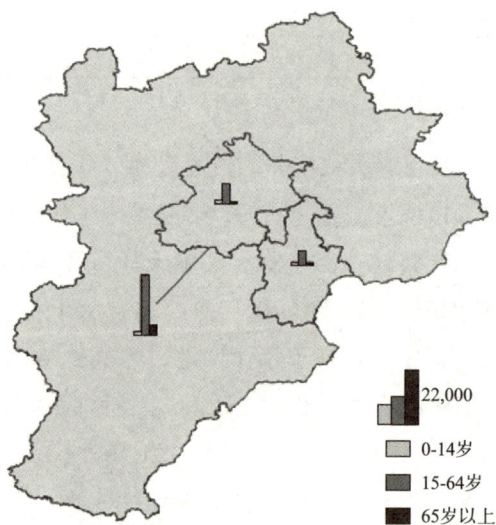

图 5.9　京津冀三地不同年龄人口规模（2014），单位：万人

数据来源：2015年的北京统计年鉴、天津统计年鉴和河北经济年鉴

2. 性别结构

人口性别比是考察某一地区人口性别结构的基本指标，是某一地区男性人口数与女性人口数之比，通常以该地区每 100 名女性所对应的男性人口数作为这一指标的测量标准。2014 年年末，京津冀城市圈总人口性别比为 103.75，其中河北省最高，为 104.91，北京市和天津市人口性别比分别为 102.24 和 100.34。（表 5.14）

表 5.14　京津冀城市圈人口性别比（2014）

区域	性别比（女 = 100）
全国	105.04
京津冀	103.75
北京市	102.24
天津市	100.34
河北省	104.91

数据来源：《中国统计年鉴 2015》

三、人口质量特征

1. 健康素质

表 5.15　京津冀地区人口平均预期寿命变化表（1990－2010）

地区	京津冀地区人口平均预期寿命								
	1990 年预期寿命			2000 年预期寿命			2010 年预期寿命		
	全体	男	女	全体	男	女	全体	男	女
全国	68.55	66.84	70.47	71.40	69.63	73.33	74.83	72.38	77.37
北京	72.86	71.07	74.93	76.10	74.33	78.01	80.18	78.28	82.21
天津	72.32	71.03	73.73	74.91	73.31	76.63	78.89	77.42	80.48
河北	70.35	68.47	72.53	72.54	70.68	74.47	74.97	72.70	77.47

数据来源：《中国人口与就业统计年鉴 2014》中历次人口普查数据

从表 5.15 中可以看出，京津冀整体人口平均预期寿命一直高于全国平均水平。不过从区域内部看，三地水平还有差异，北京人口平均预期寿命始终处于最高水平，且与全国平均水平的差距在拉大。天津与全国平均水平差距变化不明显。河北与全国平均水平差距在明显缩小。

2. 科学文化水平

文盲率。与全国平均水平相比，京津冀人口整体受教育水平较高，高素质人口聚集。2010 年，京津冀地区文盲率分别为 1.70%、2.10%、2.61%，均低于全国平均水平，与 2000 年相比，文盲率更是呈大幅下降之势。

受教育程度构成。根据 2010 年全国"六普"统计数据，京津冀地区人口教育水平差异显著。北京人口文化素质最高，未上学比例仅 1.93%，初中、高中、大专及以上比例分别达 32.73%、22.12% 和 32.84%。天津人口素质低于北京，高中和大专及以上人口分别为 21.57% 和 18.26%，合计为 39.83%，两项合计较北京低 15.13%，但与全国人口受教育水平相比也处于较高水平。相比之下，河北人口素质最低，接近一半人口是初中学历，未上学和小学人口比例分别是 3.26% 和 26.79%，大专及以上学历的人口仅占 7.93%，甚至低于全国 9.53% 的平均水平（如表 5.16）。

表 5.16 京津冀地区人口受教育水平情况（2010）

教育程度	北京（%）	天津（%）	河北（%）	全国（%）
未上学	1.93	2.52	3.26	5.00
小学	10.38	17.81	26.79	28.75
初中	32.73	39.85	48.23	41.70
高中	22.12	21.57	13.80	15.02
大专及以上	32.84	18.26	7.93	9.53
合计	100	100	100	100

数据来源：2010 年全国人口普查

人口的受教育水平与当地的产业和经济发展水平都有一定关系。图 5.10 显示出 2014 年京津冀三地 6 岁以上人口中，不同受教育水平人口所占比例。图 5.11 则呈现的是三地在 2014 年不同教育水平的人口规模。

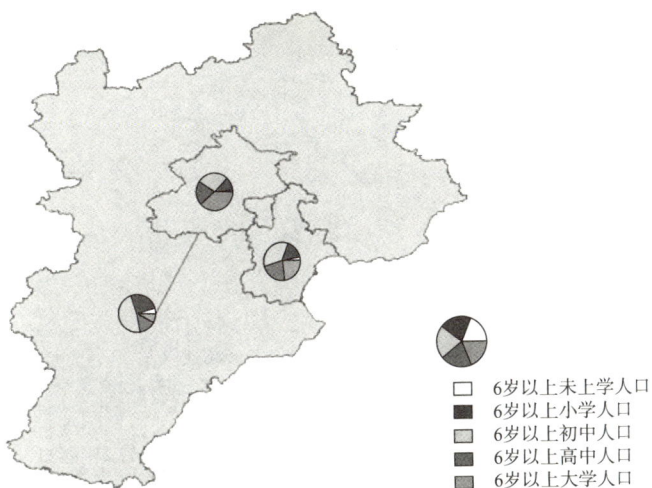

图 5.10　京津冀三地 6 岁以上受教育人口比例（2014）

数据来源：2015 年的北京统计年鉴、天津统计年鉴和河北经济年鉴

从图 5.10 中可以看出，北京市大学教育水平人口占比最多，接近 1/3，仅有约 1/6 的人口是未上学或者小学教育水平。这与北京拥有大量的高校和科研院所有直接关系。天津约有 1/4 的人口为大学及以上学历，但初中学历人口也接近 1/3。河北省由于高等教育力量相对薄弱，且农村人口超过河北省总人口的一半，因此仅有不到 1/6 的人口为大学及以上学历，近一半人口为初中学历。

从图 5.11 可以看出，即便是比较绝对数量，北京市的大学人口也多于河北省。河北省还有一部分是 6 岁以上未上学人口。这反映出三地的教育水平存在较大差异，也同样说明，如果北京市要进行产业输出，疏解非首都功能，需要帮助河北省提高其教育水平，配套教育等公共服务，进而提升其劳动力素养和质量，才能产生较好的承接效果，同时也可带动消费市场的转型升级。

平均受教育年限。总体上京津冀三地基础教育整体尚可。"六普"数据显示，2010 年，北京、天津两市人口的平均受教育年限分别为 11.0 年和 9.7 年，均高于当年全国平均水平（2010 年我国人口平均受教育年限为 8.81 年），河北水平则与全国持平。

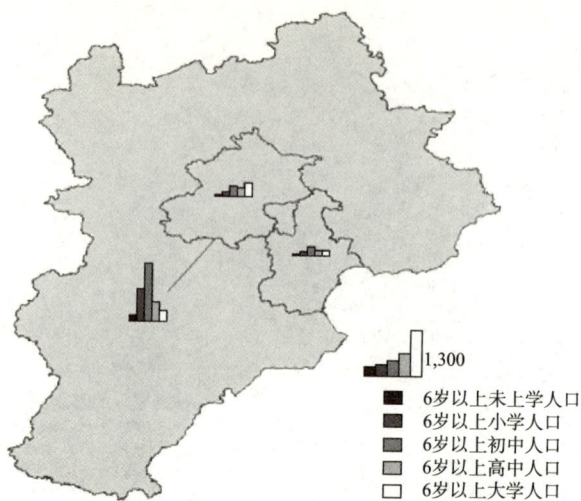

图 5.11　京津冀 6 岁以上人口不同教育水平人口规模（2014）

数据来源：2015 年的北京统计年鉴、天津统计年鉴和河北经济年鉴

四、空间分布差异

1. 城乡人口比例

图 5.12 很直观地反映出 2014 年京津冀三地的城镇化水平。京津两地的城镇人口占有很大比重，河北省则是农村人口略多于城镇人口。因此，北京在进行人口外迁时，也主要以迁出市内的城区人口为主，以缓解中心城区人口压力。

2. 人口年龄

尽管河北省的抚养比在三地最低，但是在 2014 年，河北省凭借庞大的人口基数，其劳动人口（15 - 64 岁）绝对数值仍然远远高于北京和天津两地（图 5.13）。

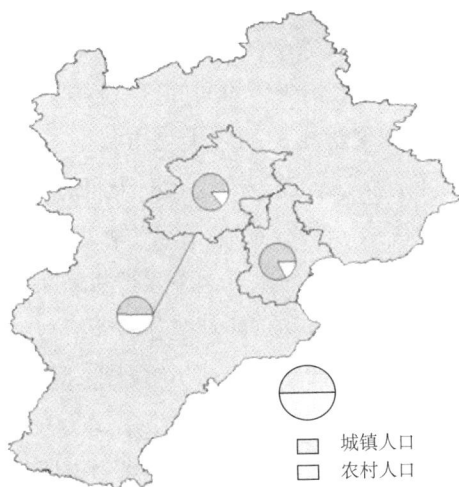

图 5.12　京津冀三地城镇化水平（2014）

城镇人口
农村人口

数据来源：2015 年的北京统计年鉴、天津统计年鉴和河北经济年鉴

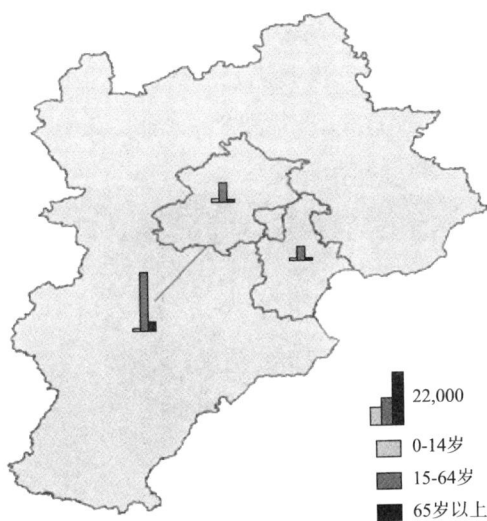

22,000

0-14岁
15-64岁
65岁以上

图 5.13　京津冀三地不同年龄人口规模（2014），单位：万人

数据来源：2015 年的北京统计年鉴、天津统计年鉴和河北经济年鉴

5.2.2　人口迁移特征与空间布局分析

目前，京津冀地区发展面临诸多困难与问题，特别是北京，因其非首都功能集聚过多，人口过度膨胀和聚集相关的"大城市病"问题尤为突出。人口与空间、资源、环境之间的矛盾尖锐，表现为交通拥堵加剧、大气污染严重、房价持续高涨和城市社会管理及配套公共服务滞后等问题，引发一系列经济社会问题。同时，京津冀地区总体水资源严重短缺，地下水严重超采，环境污染加剧，已成为我国东部地区人地关系较为紧张和资源环境超载矛盾较为严重、生态联防保护亟待加强的区域；加之区域城市的功能布局不够合理，城镇体系结构失衡问题凸显，京津两地体量过于"庞大"，周边中小城市集聚力过于"弱小"，区域内部发展严重不均衡，特别是河北与京津两市的发展水平差距较大且公共服务水平落差比较明显。这些问题，均迫切需要国家层面加强统筹，通过有序疏解北京非首都功能，推动京津冀三地整体协同发展[①]。

一、京津冀流动人口迁移原因以务工经商为主

根据第六次人口普查数据，京津冀地区流动人口的迁移原因主要以务工经商为主，占总流动人口的44%；其次是随迁家属，占12%；拆迁搬家、学习培训和其他分别占总流动人口的11%、9%和8%（如图5.14）。

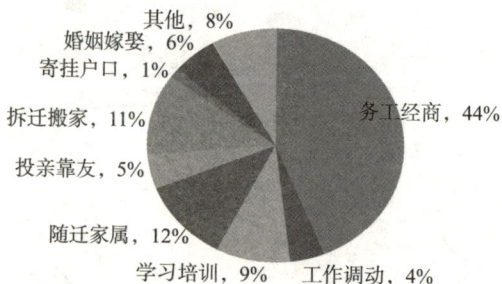

图5.14　京津冀地区流动人口迁移原因分布（国家"六普"数据）

数据来源：国家"六普"数据

---

① 京津冀协同发展领导小组办公室负责人就京津冀协同发展有关问题答记者问－新华网，http：// news. xinhuanet. com/politics/2015－08/23/c_ 1116342156. html. 2015－08－23.

二、京津冀内部人口流动以河北流入京津为主

根据第六次人口普查数据可知，京津冀城市圈内部人口流动趋势主要是从河北省流入到北京、天津两市。其中河北省流入北京市约 156 万人，流入天津市约 75 万人。而北京、天津两市流入河北省的人口和北京、天津两市之间的相互流入的人口规模均不超过 10 万人（表 5.17）。

表 5.17　京津冀城市圈内部人口流动情况（2010）

现住地	户口登记地		
	北京市（人）	天津市（人）	河北省（人）
北京市		83050	1559016
天津市	22731		754466
河北省	74697	65019	

数据来源：京津冀三地的"六普"数据

三、京津人口密度过高，人资环关系紧张

2014 年京津冀地区常住人口 1.11 亿人，占全国的 8.1%。其中，北京、天津人口高度聚集，人口密度分别为 1311 人/平方公里和 1290 人/平方公里，均为河北省（393 人/平方公里）的 3 倍以上，为全国平均水平（142 人/平方公里）9 倍以上（朱波，2014）。2015 年末，北京全市常住人口 2170.5 万人，比上年末增加 18.9 万人。常住人口密度为每平方公里 1323 人，比上年末增加 12 人。其中，常住外来人口 822.6 万人，占常住人口比重为 37.9%。常住人口中，城镇人口 1877.7 万人，占常住人口的比重为 86.5%。常住人口出生率 7.96‰，死亡率 4.95‰，自然增长率 3.01‰。年末全市户籍人口 1345.2 万人，比上年末增加 11.8 万人。

本研究特别选取 2000 年和 2013 年这两个时点，将北京和天津与河北主要城市的常住人口规模及人口密度列表（表 5.18）比较，可看出十多年里，京津两地人口密度和人口规模持续走高，而河北多数地市人口规模和密度整体偏低，虽略有增长，但变化不大，人口承载尚有较大潜力。因此，促进京津冀区域内人口有序流动，实现人口合理分布至关重要，出台缓解人口与资源环境紧张关系的政策迫在眉睫①。

① 新华网，http://news. xinhuanet. com/politics/2015 - 08/23/c_ 1116342156. html. 2015 - 08 - 23.

表 5.18　京津冀各地常住人口规模和人口密度（2000，2013）

城市	常住人口规模（万人）			常住人口密度（人/平方公里）		
	2000 年	2013 年	2000－2013 年平均增长率（%）	2000 年	2013 年	2000－2013 年变化值
北京	1356.9	2114.8	3.47	827	1289	462
天津	984.9	1472.2	3.14	837	1252	414
保定	1047.1	1141.6	0.67	472	515	43
石家庄	924.1	1050.0	0.99	583	663	79
邯郸	838.7	932.5	0.82	695	773	78
唐山	704.1	770.8	0.70	523	572	50
沧州	664.0	731.0	0.74	472	520	48
邢台	664.6	721.7	0.64	535	580	46
廊坊	383.3	446.8	1.19	596	695	99
张家口	419.1	441.3	0.40	114	120	6
衡水	415.7	440.9	0.45	470	499	28
承德	332.4	351.5	0.43	84	89	5
秦皇岛	275.4	304.5	0.78	353	390	37

数据来源：《北京统计年鉴（2001）》《北京统计年鉴（2014）》《天津统计年鉴（2001）》《天津统计年鉴（2014）》《河北经济年鉴（2001）》《河北经济年鉴（2014）》

四、人口空间分布极化严重，流动人口多聚居北京

京津冀三地由于经济发展差异显著，导致人口过度集聚和过度稀疏状况并存，人口分布极化现象严重。这一点在引力模型分析和势能差距视角下表现更为显著。张耀军（2015）运用引力模型方法计算得出，2000 年、2010 年和 2013 年京津冀城市圈 13 个主要城市空间联系持续提高，但提升幅度不同。比如北京与天津 2013 年空间联系量超过 2000 年联系量的 10 倍。依据空间势能分析，空间联系量在各城市间分布不均衡。随着京津冀城市圈经济发展，城市间差距进一步拉大。目前京津冀区域人口分布已形成北京、天津、石家庄和保定为中心的高密度人口聚集地，并分别向外沿主要交通动脉呈非均匀放射状。人口整体呈现由中心向周围地区递减的分布格局。北京、天津对流动人口吸纳能力过强，河北的人

口吸纳能力过弱，导致京津冀地区人口分布持续不均衡（张耀军，2015）。

根据 2010 年第六次全国人口普查数据，京津冀地区人口城镇化整体水平为 56.23%，比全国平均水平（49.68%）高出 6.55 个百分点。内部看差异很大：北京市和天津市人口城镇化水平分别达 85.96% 和 79.44%；河北省仅为 41.11%，不仅低于全国 6.57 个百分点，甚至低于世界欠发达国家 45% 的平均水平。总体来看，三地人口都呈稳步上升态势。京津冀地区 2014 年相比 2000 年共增加人口 2014 万人，增幅为 22.3%。北京、河北、天津分别增加人口 788 万、516 万和 710 万人，增幅分别为 57.8%，51.6% 和 10.6%。在十余年间，三省市增加人口占总增加人口比重如图 5.15：

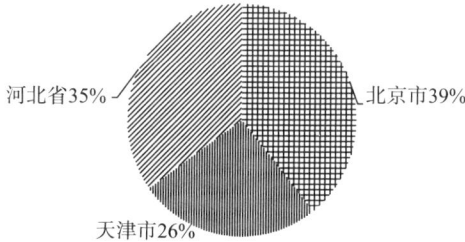

图 5.15　京津冀三地增加人口占增加总人口比重（2000 – 2014）

数据来源：京津冀三地相关统计年鉴

从图可见，在最近 15 年中，尽管京津冀地区人口增加规模较大，但其中，无论增长的绝对数量还是相对数量，北京都占据最大份额。这说明大量流动人口更多涌入北京。这也可看成是区域协同发展中，北京需要重点对外疏解人口的依据之一。

五、"中心—外围"式区域人口分布格局显现

总体来讲，京津冀区域人口南部多，北部少，呈现"西南—东北"和"西北—东南"走向的人口分布格局。初步形成了"承德—北京—保定—石家庄—邢台—邯郸"和"张家口—北京—天津—唐山"两条人口分布带（如图 5.16）。

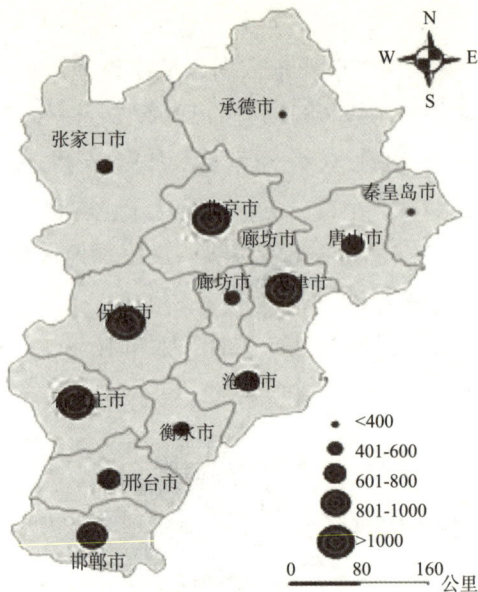

图 5.16　京津冀区域人口分布（2010）（市级）

数据来源：京津冀三地"六普"数据

　　从城市规模来看，目前京津两地都是人口在 1000 万以上超大城市，但京津冀地区 500 万 - 1000 万之间特大城市还没有。从县级单元分析可以看出，人口主要位于南部地区，该区域 53% 的区县人口规模位于 20 万 - 50 万人，34% 的区县位于 50 万 - 100 万人，但也形成 3 个人口规模逾 200 万人的"高点"，分别是北京市区（朝阳区、海淀区和丰台区）、天津滨海新区和石家庄市区。人口少于 20 万人的区县零星散布于城市圈边缘地带。从空间格局看，整个区域初步形成以 3 个"高点"为中心的人口向外围逐次减少的分布趋势，"中心—外围"式区域人口分布格局正在显现①（图 5.17）。

---

　　① 根据 2014 年国务院发布《关于调整城市规模划分标准的通知》（国发 2014 第 51 号文件），超大城市城区常住人口 1000 万以上，特大城市城区常住人口 500 万至 1000 万；大城市分 2 类，城区常住人口 300 万以上 500 万以下的城市为Ⅰ型大城市，100 万以上 300 万以下的城市为Ⅱ型大城市；中等城市城区常住人口 50 万至 100 万。资料来源：http：//news. xinhuanet. com/fortune/2015 - 07/09/c_ 128001493. htm，2015 - 07 - 09。

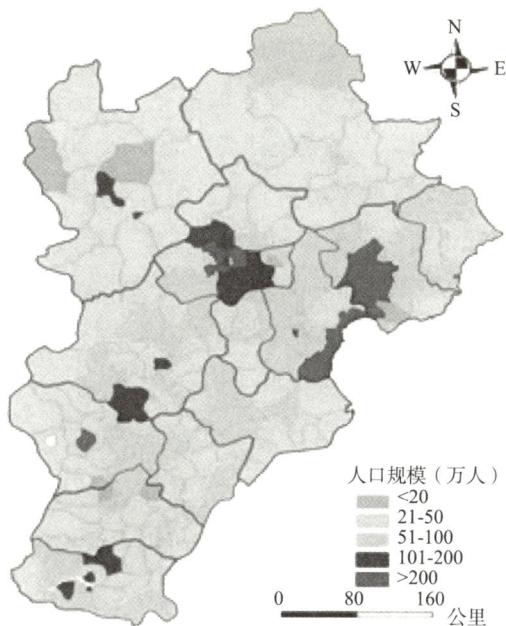

图 5.17 京津冀区域人口分布（2010）（县级）

数据来源：京津冀三地"六普"数据

六、京津冀流动人口受教育程度以初中为主

根据第六次人口普查数据可知，京津冀城市圈流动人口的受教育程度主要集中在初中，占总流动人口的38%；其次是高中程度，占23%；受教育程度为小学、大学专科和大学本科都约占总流动人口的12%。（如图5.18）

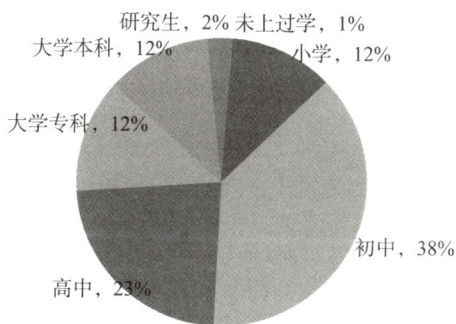

研究生，2% 未上过学，1%
大学本科，12%
小学，12%
大学专科，12%
初中，38%
高中，23%

图 5.18 京津冀城市圈流动人口受教育程度分布（2010）

数据来源：京津冀三地"六普"数据

七、城镇化水平总体上升而内部不均衡显著

城镇人口占总人口的比例是一个地区城镇化水平的体现。根据《2014 年国民经济和社会发展统计公报》（国家统计局，2015），2014 年我国城镇化水平达到 54.77%。京津冀地区总体城镇化水平达到 61.1%，但内部具有明显的不均衡性：北京天津两个直辖市与河北的城镇化水平差距仍较显著，图 10 则分别表示三地自 2005 年－2014 年城镇化水平的变动情况，可以看到尽管三地城镇化水平总体均呈现上升趋势，且京津两地与河北城镇化水平差距在缩小，但差距仍较为显著，发展不均衡问题突出（图 5.19）。

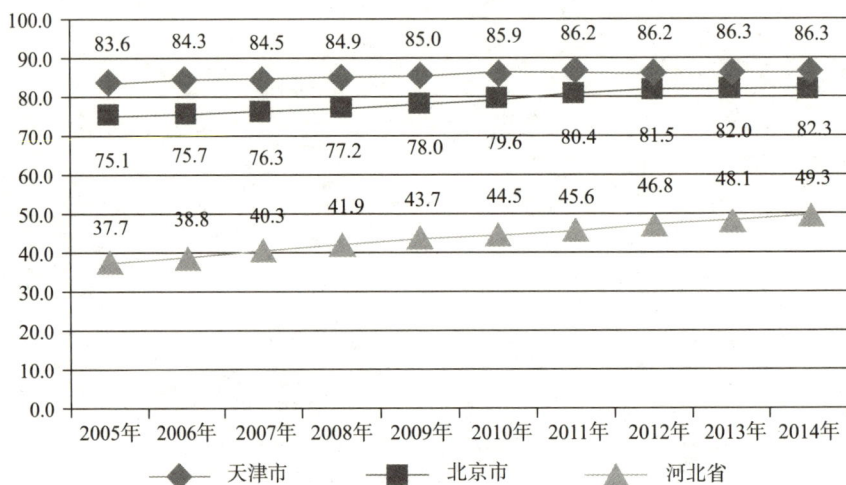

图 5.19　京津冀城镇化水平变动（2005－2014），单位:%

数据来源:《2014 年国民经济和社会发展统计公报》

可以看出，河北省增长幅度较大，北京增幅位居第二，天津一直位于第一。北京市人口大部分为城镇人口。

5.3　小结

本章在上一章阐述优先推进京津冀区域范围内产业带动人口"双转移"必要性基础上，深入分析京津冀区域内实施产业带动人口"双转移"的基础条件

和优势。侧重从京津冀产业、人口现状和各自发展角度进行分析，总结出区域内产业转移和人口迁移分别存在的基础条件和优劣势。本章为下一章综合分析京津冀产业带动人口"双转移"的作用机制和主要障碍奠定了基础，有助于厘清京津冀，尤其是北京产业带动人口"双转移"的动力机制，并为后续"双转移"的预测及对策建议提供分析基础。

本章首先通过描述京津冀产业结构现状和发展特征，总结出产业结构发展的特征和突出问题；其次，着重分析京津冀区域内实行产业转移的基础条件；第三，总结京津冀人口现状和迁移特征，尤其是对区域人口的迁移特征和空间布局进行分析，结果发现：①京津冀三地经济和产业发展具有明显阶段性差异。北京已进入工业化后期，天津市处于工业化中后期，河北省则处于工业化中期。区域产业结构存在着产业比重差异明显，产业同构问题突出和发展不均衡三大突出问题。②京津冀区域产业转移具有基础条件优势：三地经济发展阶段存在明显差异，产业结构存在梯度性差异，资源禀赋和科技水平存在互补性。③即便考虑"全面二孩"政策下，近期京津冀人口增长尤其是北京人口增长仍以迁入为主。区域人口空间分布不均衡，内部人口迁移主要以河北流入京津尤其是流入北京为主；此外京津冀三地人口城镇化水平显著不均衡，人口素质差异明显，区域人口与资源环境关系紧张。

第六章
京津冀产业带动人口"双转移"作用机制与障碍分析

本章中将产业转移和人口迁移结合起来分析，从产业和人口两者相互作用、相互促进的角度来进一步分析"双转移"面临的障碍、动力机制和影响因素，探寻"双转移"的基本规律和作用机理。

6.1 "双转移" 现状和主要障碍分析

6.1.1 "双转移"发展现状和进展

京津冀协同发展的重大国家战略提出三年多来，三地在非首都功能疏解导向下推进产业和人口"双转移"方面取得一系列进展。尤其是在助推非首都功能对外疏解过程中，中央和国家一方面要求加快推进通州作为北京城市副中心的建设，另一方面，特别于 2017 年 4 月 1 日，特批在河北设立雄安国家级新区；并且明确提出打造"北京城市副中心和河北雄安新区形成北京新的两翼"。这些都为未来产业和人口的"双转移"带来重大契机。

以产业转移承接为例，未来京津冀三地将致力于产业深度融合，构建"信息资源共享、公共服务共建、定期沟通会晤、协调联动高效的产业协作新格局"①。此外，还将重点发展天津滨海—中关村科技园、北京新机场临空经济区、河北曹妃甸协同发展示范区和张承生态功能区四大功能合作区，建成京津冀协同发展的标志性平台。

---

① 中国日报，http：//www.chinadaily.com.cn/hqcj/zxqxb/2016 – 03 – 01/content_ 14579584.html. 2016 – 03 – 01.

一、北京"双转移"推进背景和进展

最近三年，在京津冀协同发展战略指导下，北京市产业和人口疏解方面实施了严控增量，疏解存量的举措，效果初显。

1. 发挥城市副中心对疏解非首都功能的示范带动作用

2017年9月公布的《北京城市总体规划（2016年-2030年）》明确要求，北京城市副中心应"紧紧围绕对接中心城区功能和人口疏解，发挥对疏解非首都功能的示范带动作用，促进行政功能与其他城市功能有机结合，以行政办公、商务服务、文化旅游为主导功能，形成配套完善的城市综合功能"；并提出，"通过有序推动市级党政机关和市属行政事业单位搬迁，带动中心城区其他相关功能和人口疏解，到2035年承接中心城区40-50万常住人口疏解"。

官方表示，北京城市副中心加快规划建设，相关城市设计和通州区总体规划制定完成，行政办公区一期工程结构封顶，生态环境和景观提升等重大工程项目进展顺利，2017年底前北京市级各大机关及部分市属行政部门将率先启动向城市副中心搬迁。

2. 制定完善首个治理"城市病"为目标的新增产业禁止和限制目录

北京市连续两年出台新增产业的禁止和限制目录。2014年7月21日，北京发布《北京市新增产业的禁止和限制目录（2014年版）》①，率先在全国实施产业禁限目录，探索采取清单模式对新增产业实施精细化调控。此后，河北、天津也相继发布禁限目录。之后，北京西城、昌平等8区县陆续发布本区县层面新增产业禁限目录。2015年8月24日，北京市再次发布《北京市新增产业的禁止和限制目录（2015年版）》。在2014年基础上，实施更加严格的禁限措施，全市禁限比例由32%提高至55%，其中城六区禁限比例统一提高至79%。截至2015年11月底，全市不予办理的工商登记业务累计达12300多件。

从操作层面看，禁限目录中管理措施分为全市和四类功能区域（即首都功能核心区、城市功能拓展区、城市发展新区和生态涵养发展区）两个层面，全市层

---

① 《北京市新增产业的禁止和限制目录（2014年版）》中的管理措施分为禁止性和限制性两类。禁止性是指不允许新增固定资产投资项目或新设立各类市场主体（包括企业和个体工商户，下同）；限制性主要包括区域限制、规模限制和产业环节、工艺及产品限制。《目录》按照《国民经济行业分类》（GB/T4754-2011）标准编制，这一标准与国际通行分类标准基本一致，涵盖国民经济20个门类、96个大类、432个行业中类和1094个小类。

面管理措施须在全市范围内普遍执行；四类功能区域层面管理措施是指须在执行全市层面管理措施基础上，增加的差异化管理措施。

对比 2014 年的禁限目录，在 2015 年禁限目录中，北京在全市范围内分别对制造业、批发和零售业、住宿和餐饮业、房地产业、教育、居民服务修理和其他服务业领域的新增产业进行了禁止和限制，还针对城六区专门出台更为严格的禁限目录。其中禁限目录涉及小类 599 项，占全部国民经济行业分类的比例由 32%提高到 55%；东西城两区禁限的小类占全部国民经济行业分类的比例由 2014 年版目录的 67% 上升到 79%；朝阳、海淀、丰台和石景山四区相应比例由 42% 上升到 79%（如图 6.1），增加幅度为四类功能区中最大①。

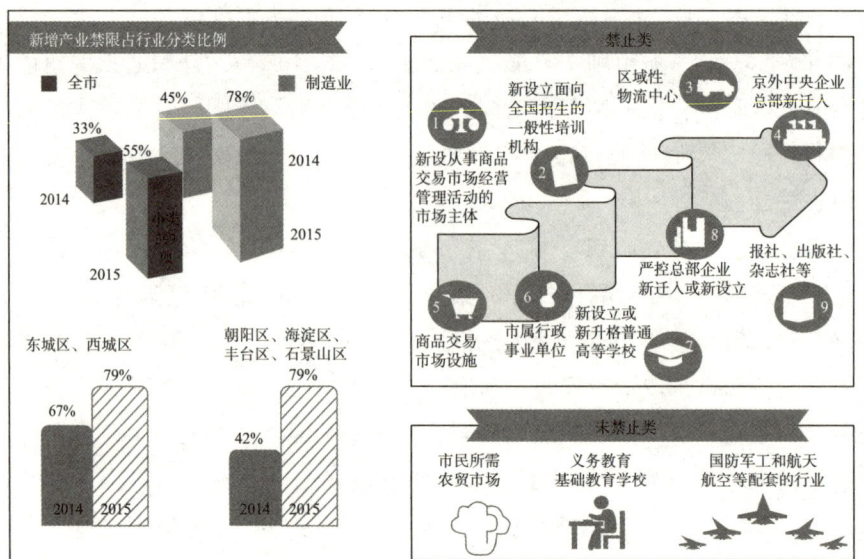

图 6.1　2014 版和 2015 版《北京市新增产业的禁止和限制目录》比较

资料来源：北京日报，http://bjrb.bjd.com.cn/html/2015 - 08/25/content_ 306496. html.

从效果来看，截至 2017 年 6 月，北京市禁限行业占国民经济行业分类的比重达 55%，城六区达到 79%。禁限目录实施以来，全市不予办理的工商登记业务累计达 1.7 万件；从严调控的制造业、农林牧渔业、批发和零售业在 2016 年新设市场主体数分别下降 72.75%、26.42%、18.36%，未列入禁限的金融业、

———————————

① 北京日报，http://bjrb.bjd.com.cn/html/2015 - 08/25/content_ 306496. htm，2015 - 08 - 25.

文化体育娱乐业、科技服务业同比分别增长12.77%、26.76%、22.53%。①

2017年7月4日，北京市人民政府办公厅印发《北京市工业污染行业生产工艺调整退出及设备淘汰目录（2017年版）》。该《目录》按照国家产业政策和北京市总体规划要求制定，包括行业及生产工艺、设备两大类，共计172项。其行业与生产工艺类115项，设备类57项。其所列条目主要是污染较大、耗能较高、工艺落后、不符合首都城市战略定位的工业行业和生产工艺，以及国家明令淘汰的落后设备，基本覆盖北京市工业领域到2020年计划实施调整退出的污染行业、生产工艺和落后设备②。

3. 推进产业存量疏解外迁取得初步进展

最近几年，北京市加快推进不符合首都功能定位产业的退出，在推进产业存量疏解外迁方面取得进展。

2015年有326家污染企业、150家低端市场从北京退出（表6.1）。2016年北京关停退出一般制造业和污染企业335家，拆除清退各类商品交易市场117家。严格实施新增产业禁限目录，城六区禁限比例达到79%，累计不予办理工商登记业务1.64万件。③

2017年8月21日，国家发改委政策研究室发布《十八大以来推动京津冀协同发展不断取得重大进展》显示，三年来，北京市累计调整疏解商品交易市场433家、疏解物流中心71个，调整退出高投入、高消耗、高污染、低水平、低效益企业1835家。疏解北京非首都功能控增量、疏存量相关政策意见印发实施并正扎实落实。

此前的2017年6月，北京市发改委发布的数据显示，全市严格执行禁限目录，不予办理的工商登记业务数量累计达1.7万件，月均不予办理的新设市场数逐年下降。

2014年至2016年3月，北京向河北、天津分别转移输出多项产业，其中向

---

① 本市推进非首都功能疏解工作成果 - 最新进展 - 首都之窗 - 北京市政务门户网站，http://zhengwu. beijing. gov. cn/zwzt/sjfsdgn/zxjz/t1482699. html. 2017 - 06 - 13.

② 北京市人民政府办公厅关于印发《北京市工业污染行业生产工艺调整退出及设备淘汰目录（2017年版）》的通知 - 政策 - 首都之窗 - 北京市政务门户网站，http://zhengce. beijing. gov. cn/library/192/33/50/438650/1275871/index. html.

③ 严格实施新增产业禁限目录 在疏解整治中补民生短板 北京交出供给侧改革亮眼答卷 - 部门动态 - 首都之窗 - 北京市政务门户网站 http://zhengwu. beijing. gov. cn/sy/bmdt/t1485612. htm，2017 - 07 - 13.

河北输出了 6300 个项目，向天津输出了 836 个项目。同时还输出了技术合同 3600 个，相当于投资 1200 亿元①。

4. 在人口疏解方面，加强了人口动态调控举措。

2014 年北京第一次正式给各区县下达人口调控目标。数据显示，北京市常住人口增速明显放缓。从增量看，2011 年全市常住人口增量为 57.4 万人；到 2015 年，常住人口增量仅为 18.9 万人，二者相差 38.5 万；从总量看，2015 年北京市人口调控目标为 2177 万，年底实际常住人口为 2170.5 万，实现目标。据北京市发改委负责人称，2015 年北京市人口调控在继续保持总量和增速双下降同时，首次实现人口调控目标②。

截至 2016 年底，北京市常住人口为 2172.9 万人，比 2015 年末增加 2.4 万人，增长 0.1%。增量比 2015 年减少 16.5 万人，增速比 2015 年回落 0.8 个百分点。其中，城六区常住人口由升到降，比 2015 年下降 3%。这是北京市常住人口增量与增速自 2011 年以来连续 6 年下降。2011－2015 年，北京市常住人口增速从 2.9% 降至 0.9%。③

表 6.1　北京非首都功能和产业人口存量疏解进展（2015）

疏解类型	2015 年进展
一般性产业	关停退出污染企业 326 家，超额完成年度 300 家的淘汰任务。
高耗水农业及生产功能	严控高耗水农业发展，减少小麦生产面积 19 万亩。生猪、肉禽生产规模分别调减 5%、10%。
区域性批发市场区域性物流功能	共完成撤市 12.6 万平方米，升级 8 万平方米。累计撤市闭市 7 个市场主体，实现疏解产业升级 20.6 万平方米。
	大红门地区批发市场关停 7 家市场，疏解商户 4081 户；改造升级 8 家市场，减少摊位 841 个。
	东天意市场腾退摊位 350 个，疏解从业人员 1050 人。
	西直河石材市场拆除 180 万平方米，减少流动人口 3 万人。
	新发地批发市场仓储物流功能加快外迁，首批 300 余家商户签约落户河北省高碑店市。
	百荣世贸市场外迁商户 730 个，疏解流动人口 3150 人。

---

①　新华网，http://news.xinhuanet.com/fortune/2016－03/23/c_128824751.htm，2016－03－23.

②　人民日报，http://paper.people.com.cn/rmrbhwb/html/2016－01/26/content_1650360.html.2016－01－26.

③　新华网，http://www.bj.xinhuanet.com/bjyw/2017－02/26/c_1120530361.html.2017－02－26.

疏解类型	2015 年进展
教育医疗功能	城市学院 5000 名学生和 1000 名教职工迁入顺义杨镇校区。
	工商大学良乡校区新迁入 500 余名学生。
	建筑大学疏解 1100 余名学生至大兴校区。
	天坛医院迁建工程主体结构封顶。
	同仁医院亦庄院区二期工程加快推进。
行政事业性服务机构	市行政副中心行政核心区土地拆迁腾退已经完成,规划设计方案制定完成。

资料来源:北京市政务门户网站,http://www.beijing.gov.cn/sy/2016lh/2015zdgzqkhb/t1421903.html.

未来,北京目标是实现城市功能、产业布局、人口布局三方面统筹。北京城市核心区功能将进一步优化提升,腾退出的空间主要服务于首都四个中心功能的战略定位;产业布局随禁限目录落实将进一步优化产业结构和空间。比如未来北京东西两城将更强调"强化首都功能,疏解非首都功能,促进老城重组"。而北京东西两城腾退的空间将用来补充和优化北京以下三大功能:全国政治中心、文化中心、国际交往中心。预计北京东西两城人口疏解目标共计 66 万人,其中"十三五"期间疏解任务就占一半,将疏解 33 万居住人口(赵鹏飞,2016)。

二、河北"双转移"承接背景与进展

在产业承接与合作方面,河北与京津联合探索出多种合作模式。2015 年至今,河北与北京和天津的高端创新资源加强了融合对接。围绕京津冀协同创新,河北推出 5 种产业合作模式:一是共建科技园区,包括中关村海淀园秦皇岛分园、中关村丰台园保定满城分园等;二是共建高端产业转移合作基地,包括共建曹妃甸高新技术基地、渤海新区生物医药基地等;三是与科技部、招商集团等合作共建三支成果转化基金;四是共建创新创业平台,包括中关村保定创新中心、承德中关村京津冀大数据走廊等;五是围绕京津冀三地共同面临的区域大气污染、生态保护等重大问题,联合启动科技项目合作计划。

目前,河北已与京津两市签订《京津冀产业有序转移合作协议》,重点打造曹妃甸协同发展示范区、正定新区等重大平台和载体,探索对口支援、共建共管、整体搬迁等承接模式,吸引北京和天津等地优质要素聚集。

河北在承接京津转移的产业项目方面取得较快进展。2015 年,河北省共引进外省项目 10684 个,引入外省资金 7234.87 亿元。其中,引进京津项目 4124

个，引入京津资金 3459 亿元，分别占全省引进外省项目的 38.6% 和 47.8%，引进京津项目合占 86.4%。

2016 年，河北引进京津资金 3825 亿元①；同时吸纳京津技术成交额达 93.2 亿元，是 2013 年的 2.4 倍。当年全省高新技术产业增加值增长 13.0%，高于规模以上工业增加值增速 8.2 个百分点。同时 2016 年河北全省社会物流总额达 8.9 万亿元，物流业实现增加值 2800 亿元。北京现代汽车沧州工厂等一批产业项目建成投产，京津冀地区城际铁路网规划获国家批复。

截至 2017 年 4 月，河北与京津合作共建各类科技产业园区 55 个，产业技术联盟达到 65 家，建设各类众创空间 300 余家，京津 550 项科技项目、1300 多家高技术企业落户河北。同时，河北各地各类市场累计签约引进北京商户 23140 户，入驻 6740 户②。

三、天津产业转移承接进展

2015 年 1 到 9 月，北京企业在天津投资工业项目 130 个，协议 190 亿元，河北省企业在津投资工业项目 349 个，协议投资金额 307 亿元，天津的企业在河北省投资的工业项目 675 个，协议投资金额 300 亿元。

产业对接方面，目前北京内燃机生产基地等高端制造业项目、清华紫荆创新产业园等创新创业项目、京关智城（天津）电子商务产业园等电子商务类项目、中铝国际物流等现代物流业项目已陆续落地天津。天津与河北省提出共建的津冀循环经济产业示范区，目前已启动部分基础设施建设，开工项目 36 个，初步形成钢铁资源循环利用、中医药、新能源汽车等主导产业。

合作园区建设方面，最近两年，天津与北京、河北以及中关村管委会和相关投资开发公司合作，启动建设了一批科技园区和创新社区。2015 年，天津武清区与北京中关村海淀园就建设海淀分园达成合作意向；与河北工业大学合作，在武清京津科技谷建立了占地 5 万多平方米的技术创新与转化生态工业研究院。此外，天津东丽区与中关村海外科技园有限责任公司共同建设中关村海外科技园天

① 回眸 2016：河北"十三五"实现良好开局—地方领导—人民网，http://leaders.people.com.cn/n1/2017/0109/c58278 - 29007551.html.
② 河北加速承接京津产业转移 助力协同发展新格局 - 河北新闻频道 - 长城网 http://news.hebei.com.cn/system/2017/04/17/018060632.shtml.2017 - 04 - 17.

津分园①。截至 2015 年 8 月，中关村企业在津冀两地设立分公司超过 1977 家，投资成立子公司 1819 家。

此外，作为京津冀协同发展建设北方国际航运核心区的重要支撑，天津港积极推进京津双城联动发展、京津两地口岸合作一体化及津冀两地港口的合作交流。据媒体报道，2016 年，天津港完成货物吞吐量 5.5 亿吨，其中 65% 服务于京津冀地区。此外，为满足三地不断增长的港口物流服务需求，天津港完成对京津冀地区"8 + 2"的无水港网络布局，当年共完成操作量 22.7 万标准箱，占全部无水港操作量的 70%。②

6.2.1 "双转移"面临的主要障碍

一、区域产业结构效益差与城镇体系布局不合理

总体来看，京津冀整个城市群产业结构效益较差，中心城市经济扩散辐射效应缓慢。这其中很重要原因在于京津冀区域产业关联度差且协同分工合作程度较低，造成当前区域产业结构整体效益偏低，吸纳人口能力和效果偏差，限制转移承接能力，影响实际转移承接效果。

1. 京津冀区域产业同构问题突出

第 5 章资料和数据表明，京津冀三地制造业发展差异不大，重复竞争和资源投资浪费问题凸显，尤其是京津两地同构问题更加突出。这种产业同构在一定程度上制约了区域经济协同健康发展，导致争抢资源、项目和人才状况时有发生，导致产业布局分散，形成资源和市场的双向掠夺的"恶性"竞争格局。另外，三地产业缺乏深层次分工与合作，以物资协作和浅层次的垂直分工居多，深层次产业合作很少，导致三地经济增长的相关性降低，不利于区域整体竞争能力的增强（王继源等，2015）。

2. 京津核心城市辐射带动效应弱

京津冀区域发展差距显著，呈现典型"中心—外围"二元结构，京津作为核心城市的辐射带动效应太弱。北京、天津综合实力较强，河北综合实力较弱，差距较大。

---

① 新华网，http://news.xinhuanet.com/fortune/2016 - 03/23/c_ 128824751.html. 2016 - 03 - 23.
② 中国改革报，http://www.crd.net.cn/2017 - 02/13/content_ 23713381.htm. 2017 - 02 - 13.

余静文（2011）等利用 2003－2007 年京津冀、长三角和珠三角城市圈所属省份的县市数据，使用断点回归法研究了城市圈驱动区域经济增长的机制和路径。结果表明，北京在区域经济发展中，并没有发挥增长极的辐射作用，带动京津冀区域的经济增长。相反，北京利用发展战略和政策的优势汲取周边地区的资源要素阻碍了该区域的经济发展。

这种过于悬殊的经济社会二元结构的直接后果就是，区域中落后地区没有能力引进、吸收和消化发达地区和中心城市的生产要素和先进管理制度；而发达地区形成的产业聚集、产业规模和高层次产业因得不到坚实腹地的支撑而出现产业链中断，没有能力向周边落后地区推广扩散。因此，影响到区域合理经济梯度的形成，使核心城市能量很难辐射和发散（张丽恒等，2014）。比如从三次产业构成看，天津作为超特大城市，第三产业比重仅为 49％，产业结构水平过低。这与其庞大的城市规模和较高经济水平很不相称。造成这一现状的主要原因在于北京第三产业过于强大而覆盖天津主要市场，对天津第三产业造成挤压所致。为此，如何在第三产业层面协调京、津两市的分工合作，成为京津冀地区产业合作和区域协调的难题，也是改变城市结构无序状况的关键命题（樊杰等，2016）。

3. 河北分散式产业布局影响承接效果

京津冀三地产业合作程度较低的另一突出表现是河北产业布局不合理，影响其承接能力和承接效果。河北主要产业是钢铁、建材、机械加工、食品、纺织服装等传统性产业。这些主导产业布局分散，集中度偏低，产品同质化问题明显，难以整合并发挥其要素禀赋优势。因此，河北在承接京津产业转移过程中，分散式产业布局导致无序竞争，影响到三地协同发展。从总体上看，京津冀地区在基础设施、生态环境保护、产业对接发展、协同创新合作等方面尚未形成有效协调合作，缺少相关产业合作机制与平台，尚难以实现共赢（石林，2015）。

综上，京津冀区域合理有效的产业分工体系尚未完全形成，区域产业结构综合效益较差。由于区域内不少城市发展目标相似，产业结构自成体系，自我封闭和产业同构现象严重，城市间为争抢项目、资源、投资和市场等引发的"恶性竞争和封闭式竞争问题依旧存在"。这些问题导致大量不必要的经济损失和重复投资，造成区域产业分工不合理、产业链过短、产业联系松散等问题，难以形成合理有效的区域产业分工体系（李国平，2014）。

总之，京津冀区域产业结构效益较差、城镇体系布局不合理，京津等特大城市处于绝对优势，缺少发挥"二传"作用的中等城市和小城市，与周边地区相对独立的小城市群在发展上相互脱节、自我封闭，导致发达地区出现的产业聚集、形成的产业规模和产业链因找不到适宜的生存和发展环境，没有能力向周边落后地区推广扩散，加剧了城市结构梯度的不合理，形成恶性循环（肖金成、李忠，2015）。

二、区域人口发展与产业发展不均衡显著

京津冀人口结构与空间分布、三地产业布局以及经济社会发展不相协调。区域人口城镇化和收入差距显著，区域人口结构（就业结构）与产业布局不匹配（结构偏离度），人口素质（尤其是劳动力素质）与区域功能定位和产业发展不匹配。这些都影响"双转移"承接的有效推进。

1. 三地产业发展差异显著

京津冀三地产业发展和人口城镇化发展区域不均衡，人均收入差异显著（表6.2）。北京已进入后工业化时期，天津处于工业化后期，河北处于工业化中期。从三次产业构成看，除北京、秦皇岛及张家口外，京津冀地区普遍二产比重过高，且多为高能耗、高排放和低附加值产业，唐山第二产业比重甚至超过 6 成。北京和天津人均 GDP 虽然达到"中等"发达国家水平，但与发达国家城市服务业比重普遍超过 80% 相比，服务业发展质量和水平还较低，创意经济、文化产业、金融保险及商贸服务等现代高端服务业发展相对滞后（朱波等，2014）。

2. 劳动力资源分布不均衡

前述三地产业同构带来的重复建设和无序竞争问题，还造成劳动力资源分布不均衡，尚未形成区域内统筹互补的产业体系。从京津冀人才结构与产业结构偏离度进行分析发现：从变化走势看，京津冀第一产业偏离度系数负值越来越小，表明京津冀第一产业人才过剩现象越来越严重，人才向第二、第三产业转移存在障碍。对比看，河北第一产业人才结构偏离度系数大于京津，京津两地人才结构偏离度系数变化走势较相似（刘智，2015）。这表明河北省第一产业人才过剩现象要好于京津，反映出河北省仍有较强的农林牧渔业发展基础，而京津地区农业基础较薄弱，劳动力逐渐向其他产业转移，但转移速度较缓慢①。

---

① 新华网，http://news.xinhuanet.com/local/2015-11/23/c_128458603.htm，2015-11-23.

3. 京津"虹吸"效应致河北发展缓慢

京津冀之间经济发展落差较大。京津两地产业凝聚力强，吸引了很多优势产业落户。尤其是在以往多年发展过程中，京津地区"虹吸"了河北大量资金、技术、人才等多种要素资源，从而造成京津两地经济实力远大于河北。

表 6.2　京津冀人口城镇化率和产业结构比较（2014）

2014 年指标	全国	京津冀合	北京	天津	河北
城镇化水平（%）	54.8	61.1	86.4	82.3	49.3
年末常住人口（万人）	136782.0	11052.2	2151.6	1516.8	7383.8
就业人口（万人）			1156.7	877.2	4202.7
第一产业从业人员	22790.0	1519.3	52.4	68.0	1398.9
第二产业从业人员	23099.0	1989.2	209.9	341.5	1437.8
第三产业从业人员	31364.0	2728.1	894.4	467.7	1366.0
一产就业人口比重（%）			4.53	7.75	33.29
二产就业人口比重（%）			18.15	38.93	34.21
三产就业人口比重（%）			77.32	53.32	32.50
地区生产总值	636462.7	66478.9	21330.8	15726.9	29421.2
占京津冀比重（%）			32.1	23.7	44.3
人均地区生产总值（元/人）	46652.0		99995	105231	39984
城镇居民人均可支配收入（元）	28843.9		43910	31506	24141
农村居民人均纯收入（元）	10488.9		20226.0	17014.0	10186.0
城镇居民人均消费支出（元）	19968.1		28009.0	24290.0	16203.8
农村居民人均生活消费支出（元）	8382.6		14529.0	13739.0	8248.0
公共财政预算收入	75859.7	8864.2	4027.2	2390.4	2446.6
占京津冀的比重（%）			45.43	26.97	27.60

数据来源：《北京统计年鉴（2015）》《天津统计年鉴2015》《河北经济年鉴2015》

　　总之，京津冀人口发展现状与区域产业布局、经济社会可持续发展不协调。尤其是劳动力资源分布与区域经济社会不均衡发展现状相一致。这种"虹吸"效应进一步加剧了区域经济社会发展的差异性和显著不均衡性。同时三地产业结构差异明显，且产业之间独立性较强，相容性较低，难以形成产业良性互动。加之三地发展差距较大，致使要素单向流动。这些都给京津冀的一体化协同发展和产业人口的转移承接带来了困难。

三、区域人口产业与资源环境不协调凸显

京津冀三地人口和产业分布不均衡，过密过疏并存，导致局部超载严重，资源环境面临严峻挑战。京津冀三地人口综合承载力不均衡，产业布局与资源环境区位不匹配。京津两地已过载或达警戒线，河北承载力部分潜力尚未充分挖掘，还有部分潜力因产业布局和迁移不当而过载（陈桂龙等，2013）。而与之相伴随的产业人口转移的方向需要再次评估和调整。这也从侧面说明，区域经济社会发展过程中的人口产业发展规划布局与京津冀整体资源环境可持续发展不协调。

有研究显示，2011年开始在京津冀范围内爆发的区域性雾霾危机，在很大程度上与京津冀三地之前产业布局不合理有关。从2008年开始，北京将原有钢铁、石化等污染产业外迁，意在减少对自身环境污染。这些迁出产业在北京周边地区进一步扩大规模，并带动上下游相关产业集聚，形成更大的区域污染源，最后又将污染物"返流"北京。朱波等（2014）长期调研发现，河北和天津重化工产业2008年后出现爆发式增长。以河北曹妃甸为例，首钢与唐钢合作建设1500万吨的钢铁生产基地，一期工程800万吨，2008年建成投产。北京炼焦化学厂搬迁重建，联合首钢总公司、德国某公司以及唐山市有关公司共同投资成立的中外合资煤化工企业，总设计规模为年产焦炭330万吨，2009年全部建成投产。"这些重化工产业的建成投产，形成了京津冀的区域性污染源"。

从这个角度看，京津冀协同发展不仅要考虑功能区位上的合理性，更要考虑环境区位的可持续发展。尤其是在考虑京津冀产业布局时应结合资源环境保护的协同发展来考量，不仅要考虑人口、产业与经济社会的协调发展，更应将资源环境纳入整个协同发展系统进行着眼全局的规划。

总之，从三地协同发展视角分析，京津冀三地人口与资源环境和经济社会发展不协调性凸显。当前存在的主要问题包括：就业人口结构与产业布局不契合，人口分布与资源环境承载力不匹配；北京、天津等特大城市主城区人口压力过大，与综合承载能力矛盾加剧；河北等中小城市产业和人口集聚力不足，潜力挖掘不够；小城镇数量多、规模小、公共服务和社会保障弱等。这些问题反过来又加大了当地经济社会发展和生态环境保护的成本。

四、尚未形成区域统一的要素商品流动市场

按照区域经济学理论，在市场经济条件下，生产要素的跨地区流动是促进区

域经济协作和融合的重要途径。而从京津冀发展来看，目前京津冀在生产要素市场建设、供求信息沟通、政策支持等方面存在诸多问题，阻碍着生产要素的畅通流动和区域经济的进一步融合。

区域一体化的本质是要素充分流动与融合。然而，长期以来，京津冀三地要素市场分割严重，阻碍了其产业一体化的发展步伐。由于三地缺乏对于要素市场的共同建设，其整合发展的区域市场体系尚未建立，市场壁垒仍然存在，生产要素如资金、人才、产权、技术等自由流动受到极大限制（蓝庆新、关小瑜，2016）。

叶裕民等（2008）通过对京津冀都市圈人口流动特征的分析认为，长期以来，京津作为京津冀地区的中心城市，充分享受了对劳动力等生产要素吸纳的聚集效应，但是由于行政分割，生产要素的扩散作用却被弱化，没有起到中心城市的作用。而从河北城市发展实际状况来看，其城市化程度较低，城市尤其是大城市数量少且规模小，缺少集聚能力和扩散能力强的大城市，特别是作为跨省和跨地区经济中心的大城市。生产要素聚集程度不高，城市极化效应不够，远不能实现生产要素聚集带来的规模效益（戴宏伟等，2004）。

上述问题的背后，与之前京津冀三地各自为政的治理模式和利益博弈相关。以往的研究表明，区域产业转移过程中一般竞争多于合作，如果地方政府间缺乏良好的规划机制，将可能致使一些地区间的合作意图难以真正实现（Luo X & Shen J，2008）。正是由于行政区划和部门利益的存在，在一定程度上限制了京津冀区域要素的自由流动，阻碍了区域产业转移承接的推进效率，影响到河北等区域欠发达地区的产业转型升级。

因此，构建京津冀城市圈区域与城乡协调的发展格局，首先需要形成统一的区域要素流动市场，而核心任务就是打破制约要素流动的行政区划界限、制度及信息等诸多壁垒。为此，未来应建立统一的人才信息平台，京津冀三省各辖区人力资源部门应在专业技术职务任职资格互认、异地人才服务、博士后工作站、高层次人才智力共享、专业技术人员继续教育资源共享和公务员互派等制度层面合作，促进人才开发一体化（肖金成等，2015）；还应通过出台相关政策机制，如特别税收政策、基本服务均等化等机制创新，促进资金、人才、教育资源等要素跨区域流动，为京津冀产业一体化的发展奠定基础（蓝庆新、关小瑜，2016）。

五、流动人口素养及融入度偏低，公共服务滞后

京津冀范围内，无论迁出地还是迁入地，流动人口（以劳动力人口为主）

目前均不同程度缺乏市民或市民化待遇，社会融入程度偏低。

当前，城乡二元结构的户籍制度还未完全打破，新生代农民工在政治、经济、就业、医疗、养老、子女入学、权益维护、社会保障等方面仍受到一定程度排挤，农民工还无法真正实现身份与角色的转换，融入城市的强烈诉求与城市设定的高门槛之间仍存在较大矛盾（杨香合、张艳新，2013）。

流动人口社会融合包括三个层面：经济层面、社会层面、心理或文化层面（李若建，2004）。这三个层面属依次递进关系，经济层面适应是立足城市的基础，社会层面是基本生存之后的进一步要求；心理层面的适应反映的是参与城市生活的深度。只有心理和文化适应了，才说明流动人口真正融入所在城市（曾群、魏雁滨，2004）。然而现实情况并不乐观。杨帆等（2015）采用问卷调查数据并通过构建线性回归模型，从物质融入、社会融入、心理融入三方面分析评价北京市海淀区外来人口融入程度。结果表明：海淀区外来人口实际融入程度较低；且呈现出社会融入高于心理融入，心理融入高于物质融入状态。（如表6.3）。

表6.3　北京外来人口融入情况随来京时间变化情况

来京时间/a	综合（%）	物质（%）	社会（%）	心理（%）
≤1	47.68	34.21	56.19	52.64
2~5	54.29	42.67	65.78	54.43
6~10	54.24	44.15	66.67	51.88
11~15	54.81	45.99	65.56	52.87
>15	55.50	45.55	66.52	54.42

数据来源：杨帆，柳巧云，甘霖. 城镇化进程中外来人口融入程度：以海淀区为例 [J]. 哈尔滨工程大学学报，2015，36（12）：1647－1652.

王瑀（2012）运用逻辑斯蒂方法从微观视角对京津冀都市圈农民工融入城市状况进行了分析，发现6大障碍阻碍区域农民工的城市融入，包括经济资源相对匮乏、政治参与相对阻隔、心理认同相对矛盾、社交网络相对封闭、就业素质相对低下和社会保障相对缺乏。研究认为，造成农民工较低社会融入的主因是"户籍制度"，因其削弱了经济要素的自由流动，制约统一劳动力市场的形成，同时对农村人口转移和农业现代化发展构成制度性障碍，进而阻碍了城市化进程。

杨香合等（2013）对环京津经济圈农民工的调查研究表明：当前城市劳动力

市场中需求量最大的是受过专门职业教育且拥有专业技能者，这部分劳动力需求占总需求量的一半以上。而新生代农民工仅20%左右符合要求，其受教育程度和职业技能水平远远滞后于城市劳动力市场的需求。这是阻碍其在城市长期稳定就业的重要原因。

综上，京津冀区域尤其是北京外来流动人口城市社会融入程度偏低。一方面，源于户籍制度及附着其上的就业制度、教育制度和公共服务体系对于流动人口的排斥。北京等特大城市的户籍制度及附着其上的社会福利还未向非户籍外来人口有序放开，常住外来人口配套公共服务和社会保障水平和能力明显滞后。另一方面，流动人口素质层次不齐且普遍偏低也是造成自身融入难的重要原因。不少流动人口专业素养和人文修养均与城市发展和社会环境存在差距，在与本地市民交流互融方面还存在一定程度障碍。

因此，作为承接地而言，未来应特别针对流动人口尤其是农民工加强职业教育培养。通过建立鼓励农民工参与职业培训的激励机制，落实农民工培训经费补贴政策，建设农民工职业教育平台。政府通过购买培训服务，向农民工免费提供就业技能和信息技术，提升其职业素质（辜胜阻等，2013）。

6.1.3 迁出地问题：产业结构失衡加剧北京人口膨胀

京津冀三地产业结构尤其是北京本地产业结构失衡是其劳动力人口过快增长和人口膨胀的重要原因。王继源等（2015）通过分析得出结论：北京市就业人口膨胀是北京乃至京津冀三地产业结构失衡的结果。北京市承载了过多的城市功能，产业过多且扩张太快，一些低端产业的发展不断吸引周边大量来京务工人员。与此同时，河北农业占比过高，整体产业结构偏重第二产业（工业）、三产滞后等问题集中，导致产业吸纳就业能力长期不足。而天津服务业比重过低也限制了其承接分流首都人口的能力。

一、"虹吸"效应致人口产业过度集聚且区域辐射作用不足

京津冀三地中，北京对产业和人口的"虹吸"效应最为显著。长期发展过程中，北京凭借首都独有的政治经济优势和公共服务资源，吸引了大量产业和人口集聚。这种格局目前看仍拥有较强的发展惯性，短时间内单靠市场规律或单靠政府强制行政手段均很难推进产业带动人口对外"双转移"。

与津冀两地相比，北京在劳动力人口个体的市场回报方面呈现较好的预期：包括收入水平偏高，资源技术和资本密集，工作环境和成长机会空间大，有发展前景等优势。公共服务方面，呈现优质公共资源和公共服务过度集中态势。这些因素叠加之后，吸引了大量产业和人口集聚，对周边产生了"虹吸"效应。朱虹等（2012）利用空间计量回归方法研究了1997－2005年环京经济圈和环沪经济圈的县、市级面板数据，比较北京和上海两大中心城市对周边腹地辐射模式差异。结果表明，北京对环京地区辐射模式主要以"空吸"为主，其经济增长抑制了周边城市居民收入水平提高。上海对周边腹地则表现为"反哺"效应，其经济增长可提高周边城市居民收入水平。

北京这种"虹吸"效应进一步加剧了区域经济社会发展的差异性和不均衡。在京津冀城市群空间关系中，北京市和天津市吸纳资源的"虹吸"效应大于经济辐射效应，这两个超级城市在大规模聚集各种资源同时，并未有效发挥增长极的辐射作用，进而带动周边区域发展。三地之中，京津两地产业凝聚力强，吸引很多优势产业和优质人才。经过多年发展，两地"空吸"了河北大量人才、资金、技术等多种要素资源（陈雅雯，2014）。与京津相比，河北经济发展水平整体明显滞后，很多中小城市对人口尤其是优质人才资源的吸引力和集聚力严重不足。余静文（2011）等利用2003－2007年京津冀、长三角和珠三角城市圈所属省份县市数据，使用断点回归法研究了城市圈驱动区域经济增长的机制和路径。结果表明，北京作为中国政治文化中心，并没有发挥增长极作用，带动京津冀区域经济增长；而长三角城市圈和珠三角城市圈地区均受益于中心城市辐射效应。相反，北京利用战略和政策优势过度汲取周边地区资源要素，阻碍该区域整体经济发展。为此，需要控制资源要素进一步向北京的集中，在保证北京正常发展的前提下，积极发挥其增长极作用，将经济发展的收益辐射到京津冀城市圈其他区域。

总体来看，京津冀城镇体系中的中心城市经济辐射范围较小，受中心城市辐射较强的周边城市对其更外围城市辐射作用更弱，整个城市群产业协作程度较低，经济扩散效应缓慢。这其中很重要原因在于京津冀地区城市等级结构不合理，特大城市和中小城市之间的大城市数量缺乏，造成经济联系和延续呈断裂状态，经济辐射作用弱，产业带动能力差。

二、人口需求超过公共服务承载力致"大城市病"问题加剧

结合本研究前述第5章的研究可知，以往相当长时间内，北京推行首都"大而全"的功能发展诉求,其结果是一方面导致产业和劳动力人口大量集聚;另一方面集聚了医疗、教育、文化等大量优质高端公共资源,由此带来的高端公共服务和隐性福利则吸引了全国乃至全球范围大量人口的涌入。这样经济和社会的"虹吸"效应叠加,最后使得人口集聚超过了北京本地基础设施、公共服务和社会保障体系乃至资源环境的综合承载能力,进一步加剧了北京"大城市病"问题。

6.1.4 迁入地问题:产业基础、人口素养和公共服务滞后

一、产业基础薄弱,劳动力素质偏低

尽管北京与河北具有产业梯度差,且产业之间发展不均衡,双方都有产业转移承接的需求。然而现实是河北的产业基础薄弱、劳动力素质不高,一些生产性服务业程度偏低,不少中小城市公共服务和社会保障体系不健全;在承接北京的产业和人口方面尚存在不少问题。

当前,河北省经济发展的质量效益不高、产业结构不合理、资源利用粗放和创新能力不足等深层次问题尚未根本解决。化解过剩产能和产业转型升级压力较大、部分企业运转艰难、财政收支矛盾突出等问题日益凸显(余静文、王春超,2011)。鲁金萍等(2015)利用改进后的产业梯度系数和制造行业产值份额指标,对京津冀内部30个制造行业的梯度势差和空间布局分析和测算,并考察京津冀内部制造业转移的基础与优势以及制造业转移的趋势,发现与北京、天津相比,河北在制造业发展方面处于较高梯度,但尚未形成较大优势;其作为承接大部分制造行业转移的基础还不够坚实,转移潜力和空间还很大。

此外,与京津相比,河北综合承载力脆弱,除土地承载力和交通设施略显优势之外,水资源、环境容量、能源、市政设施等承载力整体落后。一些中小城市市场发育程度较低,市场机制不完善,当地劳动力素质偏低。这些都是当前河北承接北京产业和人口"双转移"的能力"短板"。

前述研究表明,与京津相比,河北的劳动力受教育程度普遍偏低。高素质人才流失严重,已就业人群就业层次较低,这些均制约着其产业结构优化升级。

一是本地高素质人才资源不足,人才流失问题严重。一方面省内名牌高校和高质量的中小学及师范院校较少,与京津两地相比差距较大,与相邻省份比也无明显优势;另一方面,由于毗邻京津,受其良好的教育、就业机会、发展环境和

优质的社会保障体系以及公共服务等条件吸引，河北高质量人才资源持续向京津集聚。熊凤平（2007）研究表明，2000 - 2004 年河北出省就业的高校毕业生中，9 成流向京津企业，且这些人多处于年富力强时期。事实上，京津两市在经济发展水平、文化条件、科技发展和生活水平等方面明显高于河北，造成对河北人才的"虹吸"，使河北形成"低洼槽"现象。河北若要走出人才缺乏困境，必须打破区域内以利益为导向的人才流动惯性（申志永等，2014）。

二是已就业人群就业层次偏低问题明显。自 2010 年至 2014 年 5 年间，河北省高校年均毕业生 32.06 万人，按省内就业毕业生占就业人数 80% 计算，每年约 25.65 万人成为新增就业人员。尽管 2014 年和 2015 年连续两年，河北省非师范类毕业生中研究生和本专科毕业生就业率达 9 成左右，但就业质量并不乐观。2014 年非师范类高校就业毕业生协议就业比例仅为 41.64%，合同就业比例为 24.93%，灵活就业比例高达 23.19%，升学、基层就业等其他就业方式为 10.24%（图 6.2）。2015 年河北省非师范类高校毕业生协议就业比例为 42.53%，合同就业比例为 23.89%%，灵活就业比例为 21.64%，升学、基层就业等其他就业方式为 11.94%（图 6.3）。

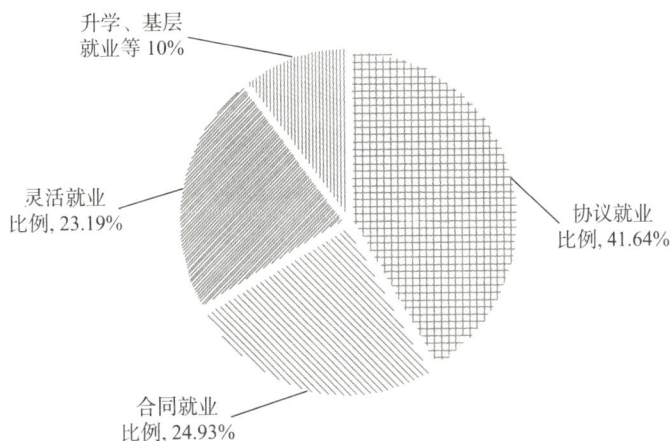

图 6.2　河北省非师范类高校毕业生按就业方式统计分布图（2014）

数据来源：2014 年河北省非师范类高校毕业生就业质量年度报告 – 河北省人力资源和社会保障厅毕业生就业服务网 http://bys.hbrc.com.cn/CMS/Article/2281.html.

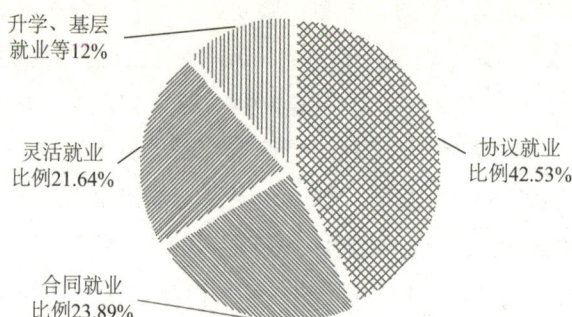

升学、基层
就业等12%

灵活就业
比例21.64%

协议就业
比例42.53%

合同就业
比例23.89%

图 6.3　河北省非师范类高校毕业生按就业方式统计分布图（2015）

数据来源：2015 年河北省非师范类高校毕业生就业质量年度报告 – 河北省人力资源和社会保障厅毕业生就业服务网 http：//bys. hbrc. com. cn/CMS/Article/2541. html.

杨红瑞等（2015）从产业结构调整和高校毕业生对就业结构性矛盾的影响进行实证研究发现，河北省低端行业劳动力供给比较集中，高端行业、高层次人才供给严重不足；高校毕业生多处于"高不成、低不就"的尴尬局面。

综上，与河北省劳动力素质不高和就业层次低相关联的是河北省人才外流和高校毕业生就业质量较低，这一方面源于河北省产业基础比较薄弱，产业结构层级较低，企业以劳动密集型为主，很难吸引高端劳动力；另一方面也说明以往河北本地对于高校学生和劳动力的培养导向和培养模式滞后，不能适应当前产业和行业的发展需求。当前应将产业转型升级与劳动力培养有机结合。

二、公共服务滞后，科技创新能力较弱

河北省整体公共服务滞后明显，科技创新能力较弱，抑制高端人才进入，制约产业转型升级。

1. 公共服务滞后

如表 6.4 可知，河北省 2014 年公共服务与北京天津差别较大。人均研究开发经费（R&D）支出仅为 0.43 元，是北京的 7.22% 和天津的 13.89%。每千万人拥有高校数为 16 所，这一数量分别为同期北京数量的 3/8 和天津的 4/9。公共服务滞后，严重抑制河北对高端人才的吸引，影响到当地产业整体转型升级。因此，如何补齐短板，找到创新提升功能平台和路径成为发展中至关重要的一环。

表 6.4　京津冀三地基本公共服务概况（2014）

	全国	京津冀	北京	天津	河北
常住人口（万人）	136782	11052.2	2151.6	1516.8	7383.8
R&D 经费支出（亿元）	13312.0	2047.7	1268.8	464.7	314.2
人均 R&D 经费支出（元）	0.97	1.85	5.90	3.06	0.43
普通高等学校总数（个）	2529	262	89	55	118
每千万人拥有高校数（个）			41	36	16
医院总数（个）	25865	2386	672	373	1341
每百万人拥有医院数（个）			31	25	18

数据来源：2015 年京津冀三地统计年鉴

2. 科技创新能力较弱

前述第 5 章中分析河北的科技水平与北京天津差距比较显著，同时其对区域内北京的高端科研转化能力也比较弱。有研究显示，目前中关村的科技成果转化中，9 成以上离开了京津冀，河北、天津分别拿去转化的科技成果仅占中关村所有落地成果的 2% 和 1.8%[①]。很多涉及京津冀共同利益的科技成果在区域内的落地转化率亦不理想，很重要是源于当地政府对这些项目的配套公共服务滞后，难以满足科技成果转化的需要。这些都造成了河北当地科技创新能力较弱。

6.1.5　区域"双转移"制度问题：制度壁垒和利益羁绊明显

一、宏观制度体系壁垒和路径依赖亟待破除

政策落差是造成河北与京津巨大差距的重要原因。北京和天津处于政策高地，河北处于政策洼地，是三地协同发展中明显的短板（李国平，2014）。而其背后更为核心的问题是制约区域协同发展和产业转移承接的宏观行政制度体系壁垒和路径依赖（陈功、王瑜等，2015）。

长期以来，京津冀三地缺乏统一规划，致使产业结构趋同问题严重，而经济和产业发展的无序竞争又加剧了北京和天津的"虹吸"效应，给经济社会发展和资源环境等带来诸多负面效应。一方面，由于区域内部缺乏统一的协调和规

---

① 新浪网，http://news.sina.com.cn/c/2014-12-09/103131263716.shtml. 2014-12-09.

划，使得三地盲目建设和重复建设严重，导致三地产业同构问题显著；另一方面，京津冀产业结构同构问题，进一步加剧三地竞争，导致劳动力人口分布不均衡，过度聚集于大城市，而小城市缺乏吸引力和集聚力。同时也因排出相同类型的污染物叠加导致环境问题日益严重（蓝庆新等，2016）。

在以往发展中，由于京津冀三地分属不同行政区划，行政隶属关系复杂且权责不同，地区间协调难度大。这种行政分割造成的体制机制壁垒阻碍着三地产业结构的整合和区域经济的协同发展。

因此，京津冀区域迫切需要统一区域宏观体制和机制壁垒，制定统一的产业人口空间协同发展规划，以推进产业合理分工和转移承接。未来北京非核心功能能否顺利疏解，取决于京津冀制订统一的产业和空间发展规划，以此推动北京的非首都功能疏解和津冀主动承接，这也需要中央政府出面（杨崇勇，2015）。

二、合作机制不健全且政绩评价体系不完善

京津冀区域产业缺乏协作的直接原因是区域产业合作机制不健全。在长期以来的行政区划体制思维指引下，地方政府形成各自为政的政绩评价体系，制约着区域产业协调合作机制的构建。

当前，京津冀区域产业转移合作园区产生的诸多问题与地方政府各自为政的政绩评价体系相关。而与政绩评价体系伴随的是一些地方政府及部分官员"畸形"的政绩观。在相当长一段时间里，建立在行政区划基础上以 GDP 为主导的政绩观直接影响区域间产业合作（包括产业转移承接）的有效推进。比如河北一度急于获得短期能带来明显经济效益的产业、资金和技术。而京津也曾希望将一些不符合本地环保评价和转型利益的污染企业优先转移出去，并且在将部分优势产业转移迁出后，仍希望享受产业在迁入地（含飞地园区）的主要收益；不愿将迁入地合作园区完全交由河北当地实行"属地管理"。这种利益导向若缺乏有效矫正，客观将导致转移承接的相关各方缺乏动力和有效机制，推动区域协同的长远可持续发展（王瑜，2015）。

曾经在以"GDP"作为政绩考核和"经济过失免责"等因素共同作用下，各地政府为追求自身利益最大化，不但大力发展自身经济，还可能动用政府权力干预本地区的经济活动，防止本区域产业、科技、人才等资源外流。对于那些能给本辖区带来 GDP 和税收的项目竞相采取各种政策来吸引，而对那些准备转移

到外地的企业甚至采取种种行政手段予以抑制，违背了经济发展和产业发展的规律。之前的发展过程中，北京就曾凭借优渥的政治和经济资源优势，大力吸引各种优质人才资源和产业源源不断流入，而对流出北京的资源特别是优质资源则施以限制。事实上，单靠京津冀地方政府本身既没有动力也没有能力跨行政区划推进功能疏解和产业转移，应主要依靠中央政府从顶层设计入手强力推动和监督制约（陈功、王瑜等，2015）。

总之，这背后实际上是地方利益博弈尚未获得有效协调的结果。以行政区划为基础的城市发展观和 GDP 导向的政绩考核体系叠加，使得各地政府缺乏协同发展和改革创新动力。其深层原因在于京津冀协同发展战略中顶层设计缺乏明晰的政绩发展评价体系，更缺乏实操方案与有效监督体系。因此，从顶层设计入手建立京津冀各行政区"协同发展"为导向的政绩评价体系，构建"务实"的产业转移承接与合作发展的制度体系成当务之急。

三、缺乏公平有效的财税补偿和报酬激励机制

从区域经济发展角度分析，京津冀区域产业转移和人口迁移过程中涉及迁出地和承接地的各自利益。而目前这一"双转移"的权责利的分享共担机制尚未完全建立，尤其是缺乏中央层面转移支付和补偿激励机制。

从实践层面看，任何财税体制的选择，都绕不开公平与效率关系的平衡，均需处理好区域间的竞争与合作关系。就京津冀而言，长期以来，区域省际间财税竞争处于一种特殊状态中，一些研究者称为存在"虹吸"效应和资源利益输送型的"不平等竞争"和"非市场化竞争"。京津冀之间财政经济的差距多数情况下并非平等竞争导致，主要是河北服务北京和天津的资源利益输送造成其自身财政长期处于"积贫积弱"状态。特别在中央与地方事权划分不清晰和支出权责不明确背景下，处于为京津服务地位的河北不仅输送的水资源未获市场化补偿，而且承担为京津提供生态环境保护和维护首都周边安全稳定的任务和支出成本，也未获得足额转移支付。可以说，这种不完善的财税体制是造成区域内"两强一弱"发展格局的根源（王延杰，2015）。

齐子翔（2014）、祝尔娟（2015）和李靖（2015）等认为，根据三地产业转移承接和利益分享情况，可探讨建立京津冀区域一级财政和三省市之间财政的横向税收分享制，建立区际税收利益分享机制，消解地方保护主义，突破制约合作的体制障碍。

四、区域利益共享与责任共担机制尚未建立

京津冀区域产业承接转移难以有效推进和区域补偿及激励机制缺失的背后，是三地政府推进动力不足，而根源是缺乏有效务实的利益共享与责任共担机制。

2015年初，京津冀确立在功能疏解和产业转移方向下构建"4＋N"的产业合作格局。"4"为共建四大功能和产业承接平台：曹妃甸新区、新机场临空经济合作区、张承生态功能区、天津滨海—中关村科技园区。"N"即希望发挥市场决定性作用，鼓励企业根据实际情况，结合当地资源，自主选择若干产业项目承接地。这样的导向在实操中并不理想。实际调查显示，这些承接平台及相关飞地经济园区①普遍将生物制药、IT电子、高端装备等列为重点发展产业，同质化竞争态势明显。有数据称，目前河北省级以上开发区有近200家，多数属飞地园区性质。不少区域因缺乏清晰的发展定位，在前期调研和规划方面缺乏科学评估分析，在承接项目中表现出明显的盲目性和重复性问题（王瑜，2015）。

这背后是跨区域的利益共享与责任共担机制尚未建立。京津冀三地尚缺乏基于平等关系的协调机制，三地之间在产业结构、政治地位、相关制度以及自身努力等方面还存在较大差异。而在政府有形之手和市场无形之手共同作用下，极易导致优质资源和要素的单向流动，进一步制约京津冀协同发展（王延杰，2015）。因此迫切需要建立三地之间包括利益表达、责任分工以及公平保障等在内的共享共担机制。

事实上，长期以来河北省为了京津的环境可持续发展，做了大量牺牲。资料显示，天津市每年给予承德调水的经济补偿仅为两千多万元，且这部分补偿也是近些年才有，而且是仅对水源地生态区保护环境的补偿，对水源地生态区失去发展机会的补偿从未考虑，这些补贴远不能弥补水源地付出的经济和环境代价（人民日报，2014）。② 北京当前对于河北省生态补偿才刚起步。这说明河北单纯靠

----

① 飞地经济是区域经济发展的新形式，主要是将政治意义上的飞地概念引入到经济领域，飞地经济以工业园区为主要载体，经济相对发达地区整批输出项目，欠发达地区提供土地等资源，双方合作开发，共享园区税收和GDP成效等。其特点为由点对点的企业转移转为区对区的产业转移。这一合作发展是将飞地本身的资源禀赋优势与产业优势互补及周边区域协同发展相结合的新的经济形式，是增长极、区域比较优势等理论的综合实践运用。

② 人民日报，http：//politics. people. com. cn/n/2014/0811/c1001 – 25438449. html. 2014 – 08 – 11.

省际间的自觉补偿很难获得真正实效。而省际间补偿机制要从制度上加以确立，这更多需要中央政府来决定和建立，而不是地方政府的讨价还价，地方政府的博弈往往会导致政府失灵（安虎森等，2013）。

因此，建议建立京津冀区域转移承接的"利益补偿机制"，由中央和北京、天津在空气、水以及环境等方面向河北相关地区实施财政转移补偿，通过产业合作、政策激励以及从业者的培训等多种方式增加对河北的补偿力度，建立区域协同发展的利益共享和责任共担机制（薄文广、陈飞，2015）。

6.2 "双转移"规律和作用机理分析

6.2.1 产业转移带动人口迁移规律和价值分析

一、产业与人口"双转移"的多重规律分析

本研究侧重在京津冀范围内实现首都北京人口的均衡调控，着眼于三地协同发展大目标，将首都人口调控作为盘活整盘棋的关键因子。因此人口随着产业走，不仅遵循产业带动人口的规律，更需要遵循产业转移和人口迁移的双重规律。换言之，京津冀协同发展背景下产业转移带动人口迁移的"双转移"过程首先需要分别遵循产业转移和人口迁移的各自规律。具体而言：

1. 遵循产业转移规律

遵循京津冀城市化发展和产业发展规律，在充分考虑三地资源禀赋、经济发展、产业配套、市场和政策环境基础上，通过产业转移，达成三地区域内部和各自辖区内的产业结构均衡，实现三地产业优势互补，优化配置和转型升级。

2. 遵循人口迁移规律

尊重人口迁移规律，将政策激励（包括迁入地和迁出地激励政策）与市场规律相结合，通过产业转移带动人口（劳动力及相关人口为优先）迁移，尤其是要考虑如何使得北京迁出人口进入河北当地之后愿意留下来。这不仅包括相关产业和行业的预期收入以及发展前景的激励，还包括家庭教育、医疗、养老等方面公共服务和社会保障体系的配套健全和完善。

3. 遵循产业带动人口迁移的规律

前述分析已知，京津冀协同发展战略的核心是有序疏解非首都功能，而非首都功能疏解的突破口主要靠产业转移带动人口迁移。因此，产业转移和人口迁移不应单独割裂来看，而是需要将两者看为一个系统，遵循产业转移本身可以直接带动劳动力及相关人口的规律，遵循产业化发展和城市化发展的规律，并将其放在带动非首都功能疏解和促进京津冀协同发展的大框架下思考。

总之，这一"双转移"过程应符合产业转移（包括梯度转移等）规律和人口迁移规律，符合城市化和经济发展规律，符合城镇化发展战略。切忌单纯依靠行政手段强制疏解产业和人口，因为这样疏解的所谓低端产业和人口很可能是支撑北京核心功能产业人口的服务型人口，而其可能是北京未来发展必需的产业和人口。这种忽视产业规律和人口迁移规律的强制疏解，将可能破坏京津冀三地产业有机构成和布局，进而伤害三地产业整体发展，违背城市化和经济发展的规律，长远来看也将阻碍京津冀三地协同发展。

二、迁出地迁入地优势互补的价值分析

根据上述产业带动人口迁移的相关规律，结合前述京津冀产业转移条件分析可以判断，京津冀范围内主要是北京向河北、天津的部分地区迁出产业与人口，其中北京向河北的转移应是重点。于是，本节内容以北京与河北分别作为迁出地和迁入地的代表来阐述双方优势互补的价值所在。

1. "双转移"对迁出地的价值分析

对迁出地北京而言，产业和人口的对外转移疏解本身是一种积极有效的减负，也是产业结构和人口结构的优化。虽然前期需要通过资金、技术和激励政策等支持，付出一些代价成本。但从长远看，非首都功能的产业和人口被疏解转移出去后，更有利于北京自身的发展。这一过程实际是通过产业发展规律包括产业转移规律，将本地不具有优势的产业和相关就业人口、劳动力人口有序转移到需要这些产业和劳动力的河北，剩下的产业和城市功能将更加聚焦集中，人口布局也更为优化。简言之，其本身对于直接带动非首都功能疏解，缓解人口增量带来的城市压力，进而分解"大城市病"，都有重要促进作用。

2. "双转移"对承接地的价值分析

对承接地河北而言，应盘活由北京迁入的产业，使迁入产业重新焕发生机，

推动河北迁入地经济发展。同时确保北京那部分通过产业带动迁移到河北的人口，愿意留下来扎根当地，留在河北。只有这样，迁入产业有了适合的劳动力，且劳动力又能保证持续供给，再加上北京或中央的资金、技术支持以及京冀两地政策扶持，才可能真正形成优势互补，推动河北本地发展。

综合来看，这对河北确实是个有利契机。北京愿意出资金、技术和人，使河北拥有了新产业发展的基本要素，有利于承接地本身进行产业转型升级。这其中除了保证从北京迁入的人口就业居留之外，还应考虑由于河北产业转型升级所淘汰的本地下岗劳动力（所谓富余劳动力）的再就业问题。可借助这一机会对河北本地劳动力素质实施培训，帮助其实现转岗再就业。对专业基础素养好的劳动力可稍加培训进入从北京迁入的高端产业。低端劳动力则可通过培训进入为迁入高端产业提供服务的低端产业。总体来看，河北本地劳动力更适合从事劳动密集型产业和低端服务业，其转岗转型投入成本较低，转型较快。

总之，河北可以借助产业承接转型的机会，更好地升级河北当地产业布局和劳动力素质结构，形成优势互补，整体促进经济的发展。

6.2.2 产业转移带动人口迁移的作用机理分析

产业转移与人口迁移之间存在相互作用和相互影响的机制。产业转移带动产业集聚，产业集聚将吸引劳动力人口及相关人力资源的集聚，人口集聚反过来促进产业进一步优化升级。张樨樨（2010）从经济学视角分析了人才集聚与产业集聚之间存在的互动关系，发现产业集聚与人才集聚之间相互依存关系：产业集聚引致人才集聚，人才集聚可加速产业集聚升级。在产业集聚过程中，产业结构发生相应变化并通过工资收入等信号引发人才集聚和人才结构调整。产业集聚引致人才集聚是动态平衡过程，产业集聚导致的要素配比改变将在较长时期内重新达到新的均衡。在此过程中，人才要素的集聚是必然结果。反过来，人才集聚有利于产业集聚区企业实现低成本和高效率运营，进而推动人才素质培养提升和产业结构升级优化。

一、产业梯度性和互补性是促进"双转移"的基础

京津冀区域产业梯度性和互补性是推动区域资源流动、产业和人口"双转移"承接与转型升级的基础。近些年，京津冀区域产业发展过程中的资源、人口迁移、劳动力不断整合，表现出较明显的梯度差异性、层次性和资源互补性，可

以形成较完整的产业链和强大的产业集群，包括石油化工、钢铁等产业集群。虽然京津冀都市圈产业梯度性比较明显，但还需不断完善产业配套体系，推动制造业与服务业融合发展（祝尔娟，2009）。

产业互补性有利于京津冀区域各城市建立合作链条，促进人口尤其是劳动力人口的有序转移和分布。比如从京津冀区域协同角度来看，北京的生产性服务业与天津、河北的制造业和重化工业等产业可实现互补，这种产业结构的相互支撑，有利于形成更具竞争力的产业链条。这样的产业分布，还将有助于北京疏解制造业相关生产性服务业工人，实现人口的有效转移（安锦、薛继亮，2014）。

二、劳动力流动是影响产业转移的关键因素

产业转移可以带动劳动力人口（含就业人口和潜在就业人口）迁移，而反过来劳动力的流动对产业转移的影响也很重要。因为劳动力成本是产业转移的主要影响因素，企业普遍倾向于选择劳动力成本较低的地区作为产业转移目的地。

前述文献综述中提到的一些实地调查研究也证明劳动力是影响我国发达地区产业转移的重要因素。李小建（1996）、陈建军（2002）和邱振国（2006）等在不同时期的实证调研都支持了上述观点。事实上，劳动力的迁移还将影响到城市的产业规模和人口规模，并可能影响城市发展水平。在劳动力可以自由流动前提下，决定工业企业流动方向的根本原因在于工业企业流动要素的报酬率。因为人口规模大的城市可提供更大规模的产品消费市场和劳动力市场，因而将对企业产生更多吸引力（朱妍，2010）。按照"中心—边缘"理论，在劳动力完全流动条件下，将导致原本存在差异的两个相邻经济体之间的差异进一步增大，最终可能形成中心—边缘类的结构，发达经济体可能对欠发达经济体形成人口和产业等的"虹吸"效应，进而拉大两地发展水平的距离。

三、劳动力市场与产业结构的双向互动性

产业结构与就业结构匹配之间关系密切。一般来说，产业结构调整决定就业结构变动。产业结构构成了就业结构的物质基础，决定着就业结构和就业总规模；同时就业结构也影响和制约着产业结构的调整与发展（宇文晶等，2010）。

李嘉图最早论述了不同国家间人口与产业的相互作用关系。他认为两国根据产业"比较优势"和分工，不断调整进出口结构，进而推动产业和就业结构的变化。这种变化在现今全球化发展中，主要是通过国际间产业梯度转移实现。发

达国家将自身落后产业向发展中国家转移的同时，会随之放弃大量低端就业。但高端就业培育过程相对漫长，在此期间会出现产业迁出国就业人口萎缩和承接国就业人口扩大。这一现象在英美与亚洲国家已得到一定印证。若将"比较优势"理论应用于京津冀地区，北京—河北可依照欧美—亚洲国家产业梯度转移模式，这样将可能带来北京就业量的下降和河北就业量的提升。

已有研究表明，行业的兴起或衰落将引发所属劳动力数量和质量的相应变动，促使劳动力结构与行业发展相适应，由此推动就业结构的同向变动。而劳动力匹配引发的就业结构变化会对产业结构调整产生一定反作用。因为就业结构变动会通过影响劳动者收入水平与消费水平而影响消费市场和产品市场，进而影响相关产业的调整与转型。同时，产业结构升级也有赖于劳动力匹配和相应就业结构的支撑，因为在产业结构调整过程中，技术资本、信息资本等知识和智力资本只有与人力资本有机结合才有利于形成科学合理的要素结构，从而推动产业持续健康发展。若劳动力的产业分布和自身的素质结构短期内无法快速调整适应产业发展，就业结构与产业结构就可能失衡，带来"结构性失业"等问题（盛婉玉，2011）。因此，产业结构调整与就业结构匹配之间的这种相互依存关系，要求在确保经济快速增长同时，优化配置劳动力资源，使之与产业结构发展相协调（薛继亮，2014）。

京津冀区域发展也不例外。安锦（2015）等通过定量分析发现，劳动力市场和产业结构转型的匹配程度影响到京津冀区域人口有序转移。研究通过对2001－2012年京津冀都市圈的面板数据建立联立方程，分析劳动力市场变化与产业结构转型的内生性之间关系。研究发现：京津冀都市圈劳动力市场变化与其产业结构转型相互作用，其中资本、劳动力和市场等因素对产业结构转型升级和发展起到促进作用，而劳动力市场的变化主要受宏观经济和政策等因素影响。产业和劳动力的聚集和分散都将引发产业结构变迁和人口转移的匹配性问题。因此提升居民就业能力、协调城镇化发展、促进劳动力市场完善和产业结构转型以及调整产业分工格局，将有利于促进京津冀区域人口的有序转移。

在京津冀都市圈产业结构变迁和劳动力市场变化的这种双向互动关系中，劳动力转移是促进人口转移的关键。巴曙松和郑军（2012）的研究也验证了这一点，即当中国产业转型进入分化阶段时，产业结构转型升级需要人口转移等要素禀赋的相应变化。也就是说，京津冀都市圈人口有序转移的关键在于保障产业结构转型升级和高度发展，而调整劳动力市场与产业结构的匹配性能实现二者的同步转换，达到较高的匹配程度（蔡昉，2011）。在这一过程中，人力资本和产业越匹配，产业结构越合理，越能促进京津冀都市圈的人口有序转移（杨爽，范秀荣，2008）。

综上，这种产业带动人口（尤其是劳动力人口）相互促进的"双转移"可以成为推动京津冀人口有序迁移的主要经济手段；通过在产业转移过程中，提升该区域人口、就业与产业的匹配性适应性，可以更有利于实现人口的有序疏解和迁移。

6.3   "双转移" 动力机制与影响因素分析

上一节研究表明，在分析非首都功能疏解导向下，北京产业和人口"双转移"推进过程中，应考虑到产业转移和人口迁移尤其是劳动力迁移之间存在的相互作用机制。事实上，除此之外，"双转移"背后还受到市场内生性动力、政策外部推力乃至创新驱动和发展理念等多重因素影响和推动，本节将重点厘清"双转移"的内在动力机制和影响因素。

6.3.1   产业转移动力机制与影响因素分析

一、动力分析：政府与市场的作用机制

1. 产业转移动力机制

所谓动力主要是推力和拉力，就产业转移而言，无论推力和拉力，均可归结为两种力量的推动作用——市场和政府。因此，产业转移动力主要来源于两方面：一方面是市场的因素，即产业本身内生性的转移动力和企业本身的转移动力；另一方面动力源于政府政策的推力引导力。从市场角度而言，产业转移的微观主体是企业，产业转移主要靠产业所属行业下的企业转移来实现，因此具有产业梯度差的产业最终转移的内生动力源于企业转移，而企业转移的动力源于产业利益差。翟相如（2008）认为，产业外向转移的经济动因有效率导向、市场导向、本地产业结构调整导向和本地政策导向。其核心是产业利益差。

在中国现实国情中，除了企业自身的利益导向驱动，地方政府推进区域产业

转移决心大小是影响产业转移的规模、进度甚至水平的重要因素。因此，区别于一般意义上的国际产业转移特征，在对我国区域产业转移动力机制分析时，除了企业自身迁移动机的分析之外，还需要就当地政府对待转移的动机和政策导向进行分析。中国区域产业转移的动力机制在很大程度上是由企业（市场）和政府共同决定，且转出方与承接方政府与市场的力量同时起作用（图6.4）。这一机制中，区域产业转移得以开展的动力来源可划分为转出方和承接方两方面，每一方面又可细分为市场（企业）动机与政府动机两个层面（江霈，2009）。

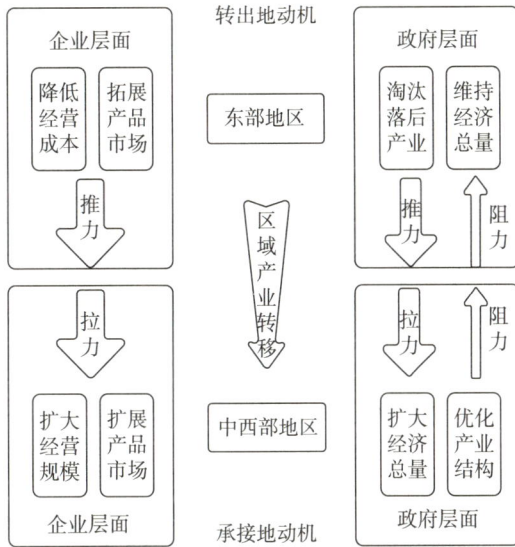

图 6.4　中国区域产业转移动力机制

资料来源：江霈. 中国区域产业转移动力机制及影响因素分析 [D]：南开大学，2009：61 - 63

2. 产业转移作用机理

产业转移一般是在市场机制与政府调控体制共同作用下实现的。政府调控的产业转移和市场机制作用下的产业转移虽然作用机制不同，但最终目标一致。其中市场是产业转移的前提基础和内在动力，其动力主要源于自然条件、生产要素禀赋的差异，包括资本、劳动力和技术等要素以及产业结构的差异（李然等，2015）。而政府主要通过出台宏观调控政策来推动。市场和政府两种力量和机制必须进行有机结合，政府以宏观导向为主，最终还是要通过市场发挥资源配置的决定性作用。有研究者归纳京津冀产业转移机理如图6.5所示：

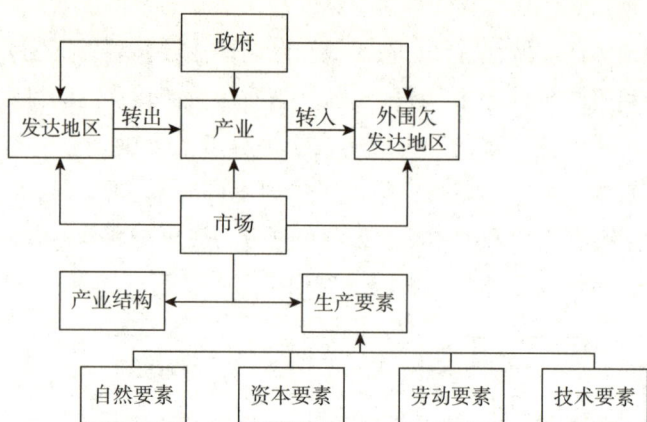

图 6.5　京津冀产业转移机理图

资料来源：李然，马萌. 京津冀产业转移的动力机制研究——基于市场和政府角度分析 [J]. 价格理论与实践，2015，（11）：128 – 131

二、影响因素：产业发展、市场环境与政策导向

产业转移过程，主要受到产业发展、市场环境与政策导向等宏观因素影响。翟相如（2008）将产业转移承接能力的影响因素归为六方面：生产成本、市场、投资的政策环境、产业配套能力、技术研发水平和经济效益。如下图 6.6：

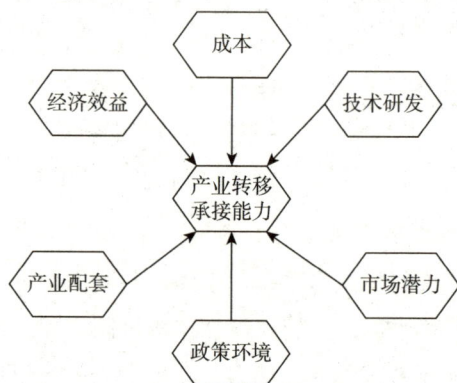

图 6.6　区域产业转移影响因素

资料来源：翟相如. 地区产业转移承接能力评价研究 [D]：哈尔滨工业大学，2008

就京津冀而言，影响产业转移推进的主要因素如下：

1. 市场和效率导向

为提高企业效率和赢得更多利益而进行的产业转移，目标是利用其他地区较低价格的要素资源，降低产出成本，增强竞争力。京冀或者京津两地间生产要素价格差导致产业发展的成本差异，形成预期利润差，构成产业转移吸引力。这背后的关键动因是企业本身的预期利益差。

2. 产业结构调整导向

更多体现产业结构自身调整转型和优化升级需求。从这个角度看，转出地和承接地都有转型升级需求。北京有产业外迁和优化的需求，河北也有产业承接和升级的需求。北京的人口产业过度集聚带来的资源环境和生活压力过大，需要对外迁出不具优势的产业和人口。而河北由于经济发展阶段靠后，产业结构比较低端，因此亟待承接北京的一些高端产业和人口。从双方经济和产业发展需求来看，都有动力推动"双转移"。

3. 政策导向

北京由于功能和优质资源过于集中引发人口产业过度集聚，进而带来资源环境和生活压力过大，尤其是"大城市病"严重等问题，急需通过产业和人口外迁来带动非首都功能疏解，进而促进迁移双方协同发展。因此，京津冀协同发展纲要规划明确要求，协同发展的核心是非首都功能有序疏解。这一重大国家战略的导向更加支持北京对外实施产业疏解和人口迁移。同时这一国家战略从顶层设计角度和中央强力推进的角度也为出台激励和保障北京向河北产业转移和人口外迁的政策提供基本依据和有力支撑；成为产业转移和人口迁移的主要政策推动力。

6.3.2 人口迁移动力和影响因素分析

一、动力分析：预期收入和薪酬激励是刚性因素

按照传统人口迁移理论，预期收入的增加是流动人口乃至家庭迁移的重要影响因素。最近10余年，流动人口（尤其是劳动力人口）举家迁移或带动家庭成员向城市流动的规模数量正在大幅增加。2010年国家卫计委流动人口动态监测数据显示：在流入地有多个家庭成员共同生活的流动人口达70%以上[①]。随后数

---

① 数据来源于国家卫计委流动人口动态监测数据2010年下A卷。

据显示，越来越多流动人口开始举家迁移：2008 – 2010 年，每年新增举家迁移农民工规模约 100 万人，年增长超过 3%；而 2011 年新增的举家迁移农民工规模超过 200 万人，比 2010 年增长 6.8%。

这一迁移决策主要源于流动人口家庭对于"成本收益"的预估。盛亦男（2014）通过对流动人口家庭化迁居水平、迁居方式选择的影响因素进行量化分析发现：经济收入是影响家庭迁居决策的刚性因素。城镇地区的经济收入能够为流动人口家庭带来稳定的经济预期，会直接影响到家庭的迁居行为，使家庭倾向于做出举家迁居的决策，甚至选择一次性举家迁居等较快速、激进的迁居行为，增加家庭在城市定居的可能性。

二、影响因素：综合迁移成本

与其他经济决策一样，人口转移也必须进行"收益—成本"分析。只有保证转移收益高于成本时才有可能发生大规模的人才转移（阮加等，2011）。因此，影响人口迁移尤其是人力资源的迁移除了未来收益预期，还需要考虑迁移的综合成本，这包括经济、社会、心理、家庭、政策等多方面的成本。

1. 人口迁移成本包括有形成本和无形成本

有形迁移成本包括迁移手续费、跨地区迁移的机会成本、交通及通讯成本、家庭生活用品重置成本、探亲访友成本及因距离引起的时间损失等成本。无形成本包括原有制度压力成本（制度歧视和排斥）、社会资本的损失、家庭（比如家人或亲友不支持）或团体压力、精神压力（比如组织认同感的丧失）等。社会资本是人们在特定的工作、组织和群体关系中建立的社会网络资源，这里具体指人才在原单位，原地区建立的社会关系，通过对社会资本的利用可使人才获得认同感和归属感（陈春花等，2000）。

2. 人口家庭化迁移中一些无形成本很难货币化

已有研究表明，人口家庭化迁移需要付出更多的无形成本。盛亦男（2016）通过对流动人口家庭化迁居的经济决策以及在家庭结构、生命周期等条件影响下家庭迁居的行为方式进行定量研究发现，在实际迁移过程中，家庭会付出一定的无形成本，很难进行货币价值判断。如"高收益、高风险型"策略，孩子和老人进入流动将为家庭带来更大的风险和成本，因此孩子和老人多留在家乡中。尽管家庭通过某些迁移策略可以获得更高的货币收益，但这可能会造成家庭成员的相互分离。家庭的离散化会带来一系列社会成本，如对子女教育的缺位，家庭成员关系的淡化，养老功能的缺失等。这将削弱家庭的基本功能，带来一系列社会问题。

3. 流动人口家庭迁移还需考虑制度和政策等阻力

研究发现：在劳动力市场二元分割、城市就业歧视的制度影响下，人力资本不能得到合理评价，拥有较高人力资本禀赋家庭的迁居如果不能带来社会地位相应提升，将会使家庭举家迁居可能性降低，迁居行为可能变现更为谨慎。而流动儿童在城市受教育的制度性障碍使其需要返回家乡接受教育，类似这种因人为政策因素或行政手段造成的流动人口孩子无奈返乡上学等特殊事件的发生，也成为一些地区流动人口离开城市、返回原居住地的重要原因。

事实上，家庭总是试图通过各种方式将上述成本进行内部消化，以减少流动行为对传统家庭功能的削弱。这一过程中，家庭将会突破单纯的经济价值衡量，而将可能的无形资本纳入迁移决策过程；不仅考虑迁移者自身效用的提高，还会考虑迁移行为可能引起的家庭效用（如心理成本、经济收入等）的损失。只有当流动者效用的提高能弥补家庭效用下降时，家庭才会做出迁移决策。因此，家庭的实际迁移活动可能表现为，在孩子进入受教育阶段时，流动人口会放弃在城市更高的经济收入返回家乡，对孩子进行情感投入和细致照料。流动者也将在一定生命周期回到家乡照料老人。流动家庭通过内部资源的调整，使家庭的基本功能得以维持（盛亦男，2016）。

6.3.3 "双转移"的动力机制和影响因素分析

总体来看，产业带动人口"双转移"受到政策、市场、技术、劳动力、资源、环境等多重因素影响。王佳佳（2010）将产业和劳动力"双转移"的影响因子归为国家政策、产业发展、资源环境、经济距离和劳动力这五因素。李国平等（2015）认为，北京经济转型和发展动力源于：一是外部政策环境变化；二是发展不够充分、区域不平衡问题突出，与发达国家和城市相比仍有较大差距；三是人口资源环境压力增大；四是创新作为动力和解决之策的双重角色，如图6.7所示。

辜胜阻等（2013）认为，以产业转移和劳动力回流为主要特征的"双转移"

是当前我国经济进入中速增长背景下一个新的发展趋势。"双转移"是实现区域经济协调发展的有效途径，有利于在全国范围内形成合理的区域产业分工体系、降低农民工大规模异地转移所带来的过高代价、构建大中小城市协调发展的多层次城镇体系。"双转移"是市场机制下产业和劳动力的理性选择，政府应在尊重市场规律的基础上，因势利导，顺势而为，促进产业转移和劳动力回流的有机结合，以产业转移带动劳动力回流，以劳动力回流促进产业发展。

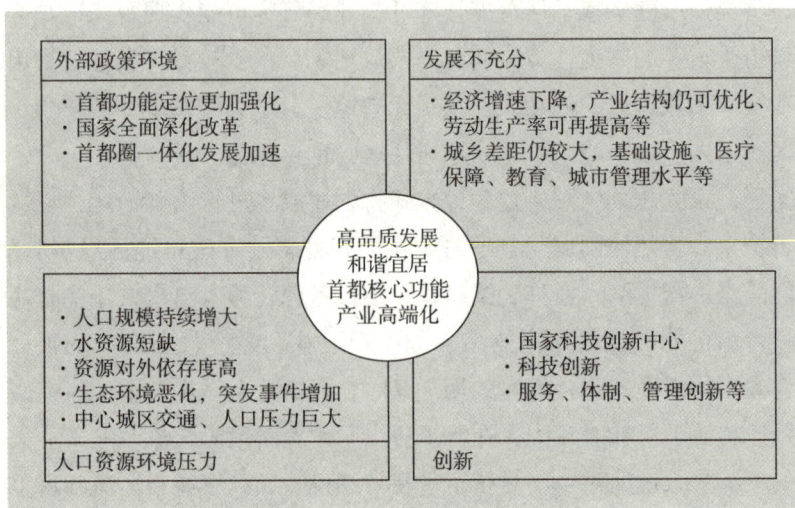

图 6.7　首都发展动力机制示意图

资料来源：李国，张杰斐. 首都经济转型特征、动力机制及对策［J］. 中国流通经济，2015（8）：40－46

　　通过上述综合分析，本研究认为，无论转出地还是承接地，产业转移带动劳动力迁移的"双转移"过程，或多或少存在以下五方面影响其能否顺利实现的因素：经济发展水平、产业发展预期（市场潜力因素）、劳动力状况、政府政策环境、资源禀赋。

　　一是经济发展水平。这里主要考虑转出地和承接地各自整体发展水平、承接地与转出地人均 GDP 水平，转入地人均收入水平，转移产业的产值状况和产品消费需求。二是产业发展预期。主要包括迁入地也就是承接地的相关产业配套水平、产业创新能力以及承接地相关产业的从业人数以及其期望的产业结构。三是劳动力情况。包括适合产业发展的两地相关的劳动力数量、劳动力结构和劳动力的素质（文化、生活习惯）等软性指标。四是政府政策环境。主要考虑政府为产业转移承接而出台的产业和劳动力相关政策，包括如户籍、财税、土地、社保、环保等多方面，同时也要考虑到承接地政府公共服务水平、服务效率及营造的投融资和创新的政策环境对产业转移特别是劳动力转移的鼓励和倾斜作用。五是资源环境层面，主要考虑当地资源禀赋和自然环境情况，包括转出地与转入地的物理距离、交通条件、地理区位等。

综合分析上述影响因素可以得出，就京津冀区域而言，"双转移"的动力应该是一个涵盖多主体多区域的多元动力系统。除了考虑市场和政府两个动力层面之外，还应考虑产业转移和人口迁移之间互为动力的因素，同时还应考虑到协调人口产业与资源环境方面应遵循绿色发展的理念引领，以及创新驱动力对于整体"双转移"促进的积极作用。因此笔者归纳认为，"双转移"的动力机制至少是应包含上述六大方面动力整合而成的多元系统动力机制。从来源地视角分析，这些动力则可以通过主要归属迁出地和迁入地两方面来具体分析：

一、迁出地的"双转移"推力分析

首先分析北京作为"双转移"迁出地的动力来源。

1. 市场和产业发展的内生性动力

（1）产业转移内生动力

从市场和产业自身规律来看，北京与津冀尤其是河北之间具有较大的产业梯度性，产业转移有基础条件。而北京本身城市化的发展有产业转型和优化升级的内生性需求。长期以来，北京凭借自身首都特有的资源优势吸引集聚了大量优质高端产业，随着经济和产业发展，一些与河北等周边地区相比具有"比较优势"的较高端产业在北京本地已不具有相对优势，原有产业结构亟待优化升级，这使其本身有向外转移在本地不具有优势产业的内生动力。

（2）企业转移的内生动力

前述研究表明，即使不同区域间存在产业级差，生产要素也能在区域间自由流动，两地产业转移也不一定发生。因为在开放式区域经济系统中，产业向哪个区域转移，由支撑产业的微观主体企业来最终决定。而企业是否决定转移取决于产业转移相互比较中的利益导向，这个利益导向来自于产业转移带来的产业利益差。

不同的经济体系，由于资源禀赋、市场规模、技术水平等不同，产业成长的利益格局会不同。产业利益差正是通过产业转移实现更多利益。这种利益差主要是"比较利益"，因为不同区域同一产业间的利益差，只有通过"比较"才能获得（潘伟志，2004）。作为产业转移主要载体的企业，本身也是产业转移的微观主体，其转移的内生需求和动力，用经济学"理性人"假说理论来解释，即能否通过转移实现企业自身利益最大化。这样看来，北京那些需要对外转移的产业，若具有明显产业利益差，那么支撑这些有转移需求产业的企业很容易产生对外转移的动力。

（3）人口迁移的内生动力

与企业转移动力相似，人口迁移的内生性动力更多源于个人和家庭的收入预期和发展前景；同时劳动力结构和流向也将随着产业转移而变化。一方面，从既有人口迁移理论反映的规律可知，人口迁移尤其是劳动力迁移动力更多源于"成本—收益"导向下的预期收入水平的提升。此外还包括个人和家庭的发展前景、经济距离、科研创新环境、配套公共服务等因素。一般而言，劳动者技术水平越高，对于工作地区收入以外的要求也会越高。除工资之外，还考虑工作地的社交生活、科学与文化生活、家庭生活便利程度、子女受教育的环境、医疗健康福利、专业发展前景等，而这些要求很难用货币工资高低来反映（郝寿义等，2015）。另一方面，通过上述产业转移和人口迁移作用机理可知，产业转移首先影响就业结构变化，并促进劳动力人口的转移，进而带动相关人口转移。北京产业转移将直接影响自身和承接地就业结构变化，进而带动有关劳动力人口的迁移。

2. 政府和政策的宏观推动力

从政府和政策推动力来看，前述分析表明，北京因功能过多过散导致产业、公共资源等过度集中，吸引相关人口过度集聚，进而引发日益严峻的"大城市病"问题。为此，推进非首都功能有序疏解成为京津冀协同发展战略的核心导向，而通过产业带动人口"双转移"则成为推动非首都功能有序疏解的"牛鼻子"，可实现"牵一发而动全身"的效果。与此同时，京津冀将打造世界级城市群这一目标导向也要求北京优化产业结构，发挥核心城市辐射带动效应。这些都成为政府和政策层面推动产业带动人口"双转移"的动力。

（1）直接动因：解决"大城市病"。前述分析可知，因北京长期以来追求"大而全"的首都功能，"虹吸"大量产业和劳动力。当前单靠其自身发展以及配套基础设施建设和公共服务提升已无法适应目前人口和产业现状，有迫切向外疏解功能，尤其是优先疏解人口和产业的需求。因此，从城市化发展角度来看，北京亟待解决"大城市病"问题，提升城市管理服务水平和能力，完善公共基础设施，健全公共服务和社会保障体系。这正是政府推动产业和人口有序疏解的直接动因。

（2）宏观政策：非首都功能疏解导向。《京津冀协同发展规划纲要》的核心为有序疏解北京非首都功能，而非首都功能疏解基点是疏解北京人口，主要着力点正是需要依靠产业转移带动配套劳动力等相关人口外迁，进而带动相关公共资源疏解和对公共资源有需求的人口迁移，最终实现非首都功能的有序疏解。可以说，当前京津冀协同发展重大国家战略和北京市政策的主要宏观导向，是北京推进产业人口对外"双转移"最重要的强大推动力。

（3）发展目标：发挥区域核心城市辐射带动效应。与此同时，国家战略中提及的在京津冀区域建设新首都圈和世界级城市群的目标导向，也需要北京发挥作为京津冀核心城市的辐射扩散效应，通过产业和人口的扩散进一步带动区域内其他城市协同发展，尤其是带动周边河北中小城市的发展壮大。

二、承接地"双转移"拉力分析

作为"双转移"主要迁入地和承接地，河北承接北京转移的产业和人口的动力来源，也可从市场和政府两个角度入手分析。

1. 市场和产业内生性需求

（1）产业承接内生性动力。北京与河北之间的产业梯度性明显，河北自身有产业转移承接的内生性需求。前述第 5 章研究表明，从经济发展和产业结构来说，与京津相比，河北经济发展处于较落后阶段，尚处于工业化中期。其产业基础比较薄弱，产业结构比较初级。而北京已进入较发达的后工业化社会。因此，河北自身具有经济加速发展，产业尽快转型升级的内生性需求。从这个层面而言，迁出北京的产业和人口在河北当地仍具有比较优势，对于河北当地的产业升级和经济发展都有促进作用。因此，河北希望借助北京转移的优势生产要素，包括资金、技术和人才等带动其产业转型升级和经济发展。同时河北还可利用自身资源优势，发展现代农业，并在工业方面承接北京地区产业转移，做大做强第二产业。第三产业方面则可利用外来资金、技术等，提高服务业发展水平。

（2）人口承接内生性动力。据第5章研究可知，河北省人口众多，劳动力资源结构较为低端，首先适合承接劳动密集型产业，以发挥人力资源优势，缓解本地就业压力，促进劳动力就地城镇化。同时，其产业结构转型升级的内生性需求又产生了吸纳京津两地高端劳动力资源的动力。一方面，前述第5章中北京市常住外来人口来源地分布可看出，来自河北省的数量最多，占比超过1/5，其中多数是劳动力人口。因此，河北承接北京转移的劳动密集型产业，可首先带动河北自身的劳动力"回流"选择就近就地就业。这样不仅可分流原本流入北京的部分劳动力，更有助于缓解本地就业压力，也有利于发挥本地人力资源优势。这种以返乡创业为特征的农民工"回流"的新趋势，不仅有利于带动当地农民工就业、加快农民工市民化进程，而且有利于减少大规模的"非家庭式"异地流动所造成的巨大社会代价（辜胜阻等，2013）。另一方面，河北经济和产业发展又缺乏高端人才资源，希望能借北京产业转移的机会而接收吸引到更多高端优质人力资源。有学者研究显示，受北京"虹吸"效应影响，河北省人才长期存在三缺现象：高层次创新型人才短缺、适用型效益型人才短缺、创造开拓型及管理人才短缺，而且专业技术人员数量多年呈下降趋势（熊凤平，2007）。

2. 政府和政策的导向拉力

首先，《纲要》明确河北在京津冀协同发展中作为非首都功能主要承接地的政策导向。同时《纲要》对河北省各主要地市的功能和产业定位进行了初步明确。河北省十三五规划中对此也进一步做了划分。在这种导向下，河北各地市政府希望借助《纲要》战略导向，进一步发展各自城市，提升城市集聚力和层级，因此愿意出台相应产业扶持政策和人才激励政策，吸引并承接北京、天津对外转移的高端产业和人口，以发展自身的经济和产业。

其次，"人口城镇化"战略导向更倾向于就近就地安置本地劳动力。但是河北中小城市普遍缺乏产业集聚力和人口吸引力。而北京向河北的产业转移则有利于强化河北本地城镇化发展的产业基础，提高其中小城市就业容纳能力和农民工收入水平，增强中小城市的集聚力和吸引力，促进农民工就近在家乡城市安居乐业，实现人口就近"城镇化"。因此从城市自身发展来看，河北有足够动力推动"双转移"。

三、产业转移与人口迁移互为动力

前述研究表明，非首都功能疏解政策导向下，北京将产业带动人口的"双转移"上升为内生性需求和主要突破口。而前述"双转移"的作用机理表明，产业转移与人口迁移之间互为动力：产业转移集聚可以带动劳动力迁移和集聚，而劳动力迁出和集聚又可以促进产业转移和集聚，这一过程中还可以给承接地和迁出地在产业经济和社会发展等诸多方面带来积极影响：

对迁出地北京而言，劳动力的转移不仅有利于集聚更优质劳动力和人力资源，更将极大缓解北京的"大城市病"问题。而对迁入地河北而言，一方面随较高端产业转移吸引而来的人才（高端劳动力）集聚有利于促进产业集聚和产业结构转型升级；另一方面，转移来的劳动密集型企业可以就地安置本地低端劳动力，促进本地就业和人口就近城镇化，进而促进本地产业和经济的发展。

产业结构的变化要求及时调整人才的就业结构。佩第－克拉克定理指出，随着经济的发展和人均国民收入的提高，劳动力在产业间的分布状况是：第一产业将逐渐减少，第二、三产业将逐步增加。随着产业结构调整深入，第一产业在国民经济中比重将会继续收缩，其劳动力将向第二、三产业转移，且第三产业对劳动力的吸纳能力要高于第二产业。产业结构的地区性差异要求人才的跨区域合理流动。地区间的经济发展水平及产业结构存在差异性，产业结构调整也将出现差异，必然要求对人才进行统一规划、合理开发、提高质量，从而建立人才的合理流动机制，促进人才的跨区域合理流动（刘智，2015）。

四、创新为核心的内在驱动力分析

前述提及的迁入地、迁出地各方动力要想获得更好的激发和实现，产业转移和人口迁移的"双转移"要能实现相互促进顺利推进，从根本上讲都需要以创新驱动作为内在核心动力。

按照彼得·熊彼特的创新理论，创新是指将一种新的生产要素和生产条件的"新组合"引入生产体系，其本质是通过要素的"新组合"，释放更大的发展潜能。创新包括引进新产品和新技术、开辟新市场、控制原材料供应源和创新企业新组织五种情况（熊彼特，2014）。而区域协同创新的本质是以实现区域协同发展为目标，以区域创新要素自由流动为基础，通过推动要素和结构的"新组合"，突破发展瓶颈，释放发展潜能，促进协同发展（祝尔娟、鲁继通，2016）。

据此分析可知，本研究强调的京津冀范围内的产业带动人口"双转移"过程中，则涉及不同层面的创新。这既包括科技创新，也包括体制、机制和政策创新，还包括市场等方面的创新。而当前虽然京津冀区域人才资源集聚、创新要素汇聚，是全国创新基础最强的地区。但还存在区域内创新分工格局未形成、创新资源共享不足、创新链与产业链对接融合不充分、区域创新合作机制尚未建立等诸多问题。① 这些问题的存在都影响着"双转移"的推进，必须加以解决。首先，推进"双转移"需要制度创新。无论是迁出地还是承接地，在推动产业和人口转移迁出和承接方面，都需要突破旧有的体制机制的弊病、制度惯性和路径依赖，构建新的促进产业、人口转移和保障产业有序承接的政策体系。其次，推进"双转移"需要技术创新。产业转移能促进产业升级，同时产业转型升级能力也影响着产业转移能力。转型升级能力强，转移动力和能力就强。这就需要通过技术创新提高企业的自主创新能力，鼓励企业进行品牌、营销、管理等各方面创新能力的培养和增强。再次，"双转移"需要市场创新。当下区域要素市场和劳动力市场不统一，亟须改革。因此需要破除旧有机制体制，创新改革统一的市场环境；通过构建有利于产业转移和优化升级的市场体制和机制，打造区域协同创新共同体，包括合作建立高水平创新实验室、科技创新园区、技术研发中心等方式，加快带动相关产业转型升级。

五、绿色发展为引领的导向牵引动力分析

在我国，中国共产党的十八大以来，绿色发展已上升为国家五大发展理念之一。绿色发展理念不仅成为当前和未来五年国家发展的五大核心理念，而且成为引领其他协调、创新、开放和共享发展理念的重要目标和衡量标准。

2015 年 10 月，中共党的十八届五中全会提出创新、协调、绿色、开放、共享五大发展理念。② 随后，这一理念被纳入《中共中央关于制定国民经济和社会发展第十三个五年规划的建议》并被正式写入《中华人民共和国国民经济和社会发展第十三个五年规划纲要》。其中，明确将"绿色发展"上升为国家发展主

---

① 京津冀协同发展：力争到 2020 年创新驱动发展局面初步形成 - 新华网 http：//news. xinhuanet. com/local/2015 - 08/23/c_ 1116343241. htm. 2015 - 08 - 23.

② 创新、协调、绿色、开放、共享 五大发展理念引领中国深刻变革 - 新华网 http：//news. xinhuanet. com/fortune/2015 - 10/30/c_ 128374409. htm

要理念，将"生产方式和生活方式绿色、低碳水平上升"作为未来发展的主要目标之一，更是将"建设绿色城市"作为重要目标。

绿色发展理念是基于可持续发展思想产生的科学的经济社会发展理念。就本研究而言，更是引领产业带动人口"双转移"的方向性推动力。

在产业带动人口"双转移"过程中，首先要遵循"绿色经济发展"理念。这是"绿色发展"的物质基础，其涵盖两方面内容：一方面，经济需要环保。任何经济行为都应以保护环境和生态健康为基本前提，不仅不能以牺牲环境为代价，而且要有利于环境保护和生态健康。另一方面，环保需要经济。即从环境保护活动中获取经济效益，将维系生态健康作为新的经济增长点。应将培育生态文化作为重要支撑，协同推进新型工业化、城镇化、信息化、农业现代化和绿色化，将绿色发展、循环发展、低碳发展作为基本途径（习近平，2015）。

从前述章节分析可知，在推进产业带动人口"双转移"过程中，必须坚持绿色发展理念的引领。这是确保产业带动人口"双转移"的过程不会误入那种急功近利和唯GDP至上的片面短视发展的困局，同时也更好地实现区域产业人口与资源环境协调可持续发展的必由之路。因此，只有遵循绿色发展的理念和原则引领，才能更科学更健康地推动"双转移"目标的实现。

6.3.4 "双转移"动力机制和作用机理：六轮驱动系统

总结京津冀区域内产业转移带动人口迁移的系统动力机制可以发现，不仅政府和市场的双重动力在这一机制中实现了有机统一，而且产业转移和人口迁移之间存在互为动力的作用机制；同时还有创新驱动机制和绿色发展理念作为推动力。整体来看，"双转移"形成六轮驱动的多元系统动力机制。

首先，从政府政策推动角度而言，京津冀协同发展重大国家战略的提出尤其是非首都功能疏解的政策导向为产业带动人口"双转移"带来政策原动力。《纲要》明确要求以非首都功能疏解为核心，在京津冀范围内进行统筹协调，推动北京城市病的解决。这一强力政策导向为通过产业带动人口双转移来带动疏解非首都功能并促进解决大城市病提供强大政策推动力。

其次，从市场角度出发，北京自身的产业结构优化升级和河北本地产业调整转型的内生性转移承接动力相结合，合力推动"双转移"。北京与河北在要素、人力资源结构、资源价格及储量等方面存在差距。随着北京经济高速发展，区域内生产要素价格上涨，土地等资源、能源紧张，环境污染严重，亟待对外迁出资源密集型和劳动密集型产业。与此同时，河北具有能源、劳动力低廉、土地等资源和成本优势，需借助北京的产业转移实现产业转型升级和经济快速发展，并且为北京地区产业转移到河北拓展了生存和发展的空间。

再次，产业转移和人口迁移之间互为动力，促进彼此发展。北京产业转移集聚可以直接带动劳动力等相关人口迁移和集聚，而劳动力在承接地河北的迁入和集聚，又将促进产业进一步从北京迁出和在河北集聚，从而带动相关非首都功能的疏解，并给迁入地和迁出地各自经济社会发展等诸多方面带来积极影响。

最后，创新驱动和绿色发展也是"双转移"的重要推动力。绿色发展作为产业带动人口"双转移"的引领和目标，应始终贯穿于"双转移"全过程。与此同时，在产业转移带动人口迁移过程中，无论是迁出地推力还是迁入地拉力，无论是产业转移带动人口迁移还是人口迁移促进产业转移，这背后都涉及能否通过创新为其带来新的持续的驱动力。而这一创新驱动力主要源自相关各利益主体的制度创新和科技创新的内在需求。

总之，京津冀协同发展的战略导向下，支撑非首都功能有序疏解的产业带动人口"双转移"不仅各自具有内生性市场动力，而且具有政策的强大推动力，同时产业转移和人口迁移之间还存在着互为促进推动彼此发展的内在动力。加之绿色引领和创新驱动，其综合形成六轮驱动的系统动力机制和作用机理。具体可阐述如图6.8：

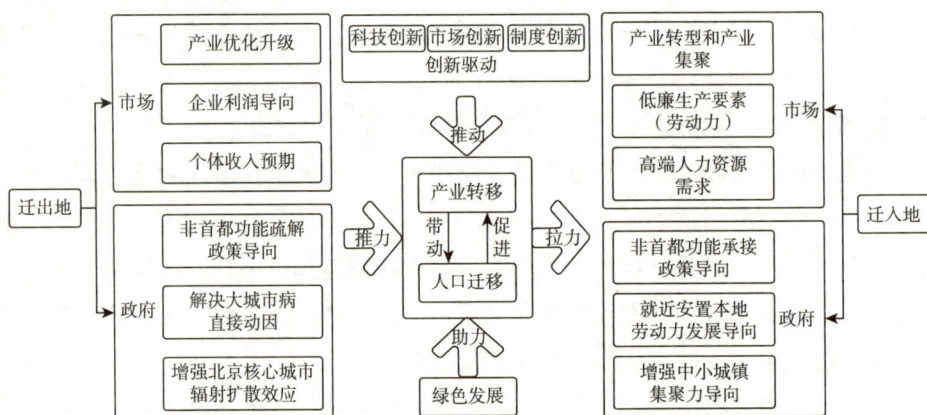

图6.8　产业带动人口"双转移"六轮驱动系统动力机制图

6.4 非首都功能疏解导向下 "双转移" 亟待解决核心问题

深入分析上述产业带动人口"双转移"主要障碍可发现，其背后核心问题指向仍是北京以往对城市多功能中心导向下，人口与产业集聚程度超过了城市服务和治理能力，突出表现为"大城市病"问题。而根治北京"大城市病"，也正是京津冀协同发展的战略核心，即如何实现有序疏解非首都功能。综合梳理归纳当前京津冀协同发展的非首都功能疏解战略政策导向下，北京产业带动人口"双转移"亟待解决的核心问题如下：

一是产业转移如何转，应遵循哪些原则？北京应优先转出哪些产业，这些转产业到哪里去，河北天津哪些地方应承接？如何承接这些产业，如何分配？

二是人口迁移如何跟着产业转移走？产业相关的劳动力资源尤其是高端人力资源如何跟着产业转出？劳动力人口随产业进入承接地之后如何留下来，如何促进迁入的就业人口带动家人和家庭也到迁入地安居？

三是在推进"双转移"和承接过程中，迁出地北京与承接地河北天津应给予哪些配套政策？如何将政府引导与市场主导实现有机融合？如何激发"双转移"的六大系统动力？

简言之，就是能否按当下的要求预测从北京应迁出多少人口？这些人口怎么跟着产业走？迁出产业和人口去向和安排，天津河北具体有哪些可承接地供选择，承接地如何承接产业和人口，需要配套哪些建设、政策以及公共服务和社会保障？总体应遵循哪些原则和规律？有哪些可供选择的路径、方向和策略？针对这些亟待解决的关键问题，本论著都试图在下一章做出一一回应。

6.5 小结

本章以前述两章阐述北京优先推进产业带动人口"双转移"的必要性和分析京津冀三地产业人口各自基础条件为出发点，进一步分析"双转移"的现状和面临的主要障碍，厘清"双转移"遵循的基本规律和作用机理，创新归纳出推动"双转移"的"六轮"驱动的系统动力机制；并提出"双转移"亟待解决的一些核心问题。

　　本章主要发现和结论如下：一是通过分析梳理京津冀三地产业和人口"双转移"的发展现状和特征，从区域共性角度和转移地承接地各自发展视角总结出"双转移"面临的主要障碍，这些障碍总体可以归结为政府、市场和制度三方面的掣肘。二是通过分析产业带动人口"双转移"应遵循的基本规律、相互作用机理、动力机制及影响因素，总结出推进"双转移"的六轮驱动系统动力机制：包括政府和市场的双重动力，产业转移和人口迁移之间互为动力，以及创新驱动的核心动力和绿色发展的导向动力。三是梳理出当前产业带动人口"双转移"过程中亟待解决的核心导向性问题：包括产业转移和人口迁移的具体方向、数量和路径选择以及操作策略等。这也是本研究拟主要解决的问题，为后面章节推进提出方向和线索。也正因此，第 7 章研究主要是通过预测北京未来人口规模和迁移人口方向，在京津冀范围内寻找到更适合承接北京迁出产业和人口的区域和城市；在此基础上为未来产业带动人口"双转移"提供政策建议。

第七章
京津冀产业带动人口"双转移"情景模拟分析

当前在京津冀协同发展战略导向下，推动疏解北京非首都功能和鼓励河北承接北京天津转移功能、产业和人口成为各自内生性需求和协同发展的趋势。这种背景下，人口尤其是劳动力人口在产业转移带动下将可能在三省市范围内进行流动。这也是产业带动人口"双转移"的基础条件。前述研究中提出了"双转移"所涉及的产业转移和承接的种类、人口迁移以及承接的规模和"双转移"的方向等问题，为此，本章节针对上述关键问题进行实证研究。总体研究思路是以水资源、土地资源以及经济发展弹性等综合承载力分析为基础，特别考虑人口尤其是劳动力素质（受教育水平）因素，在对京津冀总体人口进行多状态人口预测基础上，重点进行了产业转移带动人口迁移这一"双转移"的情景模拟预测；而后根据不同状态下预测方案，初步提出京津冀产业转移和人口疏解以及空间布局的路径设想和策略方向。

7.1　三地城市功能定位和产业人口承载力分析

7.1.1　《纲要》中区域功能定位和规划分析

《纲要》中明确规划出京津冀三地的空间布局和主要城市的功能定位。主体思路为"一核、双城、三轴、四区、多节点"。"一核"即指北京。把有序疏解北京非首都功能、优化提升首都核心功能、解决北京"大城市病"问题作为京津冀协同发展的首要任务。"双城"是指北京、天津，这是京津冀协同发展的主要引擎，要进一步强化京津联动，全方位拓展合作的广度和深度，共同发挥高端引领和辐射带动作用。"三轴"指的是京津、京保石、京唐秦三个产业发展带和城镇聚集轴，这是支撑京津冀协同发展的主体框架。"四区"分别是中部核心功能区、东部滨海发展区、南部功能拓展区和西北部生态涵养区，每个功能区都有明确空间范围和发展重点。"多节点"包括石家庄、唐山、保定、邯郸等区域性中心城市和张家口、承德、廊坊、秦皇岛、沧州、邢台、衡水等节点城市，重点是提高其城市综合承载能力和服务能力，有序推动产业和人口聚集。

《纲要》中功能分区包含的主要城市和地区如表7.1：

表7.1 《纲要》中功能分区所辖主要城市和地区

功能分区	主要城市和区域
中部核心功能区	以北京、天津（滨海新区除外）河北廊坊和保定为主。
东部滨海发展区	以天津滨海新区、河北唐山、秦皇岛和沧州为主。
南部功能拓展区	以石家庄、邯郸、邢台、衡水为主。
西北部生态涵养区	以张家口、承德为主。

资料来源：《京津冀协同发展规划纲要》

按照《纲要》规划要求分析，北京迁出的产业人口应更多向中部核心功能区和东部滨海发展区聚集，这包括京津、京保石、京唐秦三个产业发展带和城镇聚集轴，细分一下，可向区域中心城市石家庄、唐山、保定、邯郸以及张家口、承德、廊坊、秦皇岛、沧州、邢台、衡水等节点城市转移产业和人口。但要避开西北生态涵养区和部分南部功能拓展区内不适宜产业人口过度集聚的区域。因此还需要综合考虑河北省主体功能规划区中具体限制开发和禁止开发区域的范围。

7.1.2 《河北省主体功能区规划》梳理分析

根据《河北省主体功能区规划》，河北省主体功能区分为优化开发区域、重点开发区域、限制开发区域（农产品主产区、重点生态功能区）和禁止开发区域四类（区域所含名录和特点详见附录B）。

依据《河北省主体功能区规划》，应鼓励和吸引人口向优化开发和重点开发区域集聚。优化开发和重点开发区域应实施积极的人口迁入政策，加强人口集聚和吸纳能力建设，鼓励有稳定就业和住所的流动人口逐步实现本地化。限制开发区域和禁止开发区域应实施积极的人口转移政策，限制和禁止产业人口集聚。

据此综合分析可知，河北省适合承接北京迁入的产业和人口主要应布局于优化开发区域和重点开发区域，这两大区域主要依托的城市包括：石家庄、保定、唐山、秦皇岛、沧州、廊坊大部分区域和邢台、邯郸、衡水、承德、张家口部分及个别区域。同时产业和人口应严格控制进入限制开发区域（农产品主产区和重点生态功能区），完全避免进入禁止开发区域，其中包括邢台、邯郸、衡水相当一部分区域以及承德和张家口大部分区域。因此，适合承接北京产业和人口的区域更多倾向于石家庄、保定、唐山、秦皇岛、沧州、廊坊6城市的多数区域。

7.1.3 人均水资源水平设为人口承接基础依据

根据水资源承载力来预估未来人口发展是传统分析视角。尽管近年来随着经济社会综合承载力指标兴起以及南水北调工程的投入使用，对于水资源这一指标的限制略有缓解，但仍然是不容忽视的重要指标。本研究在借鉴孙瑜康、李国平等（2015）有关水资源承载的研究思路，重新构建区域人均水资源指数（HWR）公式，以衡量京津冀13个地市人口与水资源关系。所谓区域人均水资源指数是既定规模常住人口的人均水资源与标准人均水资源的比值，公式如下：

$$HWR = \frac{W_{Total}}{200H_{2015}} * 100\%$$

其中 W_{Total} 是区域多年平均水资源总量，H_{2015} 是2015年各区域常住人口规模，W_{Total}/H_{2015} 是以2015年常住人口规模为基准的人均水资源量，是区域人均水资源量的预测值；200立方米/人是标准人均水资源量，是区域人均水资源量的理想值。据此计算出京津冀主要13城市的人均水资源指数。再运用自然断点法将之划分为四类区域（表7.2）：

第一类为承德、秦皇岛、张家口三市，人均水资源指数为在200%以上，三市水资源相对丰富宽裕，水资源对人口增长尚未形成严格限制。第二类为唐山、保定、邢台三市，人均水资源指数在100%－200%之间，人口与水资源相对协调，略高于理想值200，拥有人口适度的增长潜力空间。第三类为石家庄、邯郸、廊坊、衡水、沧州5市，人均水资源指数在80%－100%之间，接近尚未达到200的标准值，人口与水资源关系相对比较紧张，应有序限制产业人口增长。第四类为北京、天津两市，人均水资源指数小于100%（即小于标准值200立方米/人），属水资源极为紧张区域，此类地区应严格以水控人，对外疏解产业和人口，同时考虑通过南水北调等多种方式以增加此区域水源供应。

综上，在综合考虑南水北调和海水淡化基础上，根据上述各城市人均水资源指数分布区间，京津冀区域13个主要地市可划为四类区域：水资源丰裕区（相对宽裕）、平衡区（相对协调）、临界区（比较紧张）和紧张区（非常紧张）四区域。具体分布如表7.2，即按人均水资源指数由高到低分别为丰裕区：承德（4.94）、秦皇岛（2.50）、张家口（2.03）；平衡区：唐山（1.55）、保定（1.29）和邢台（1.00）；临界区：石家庄（0.95）、邯郸（0.89）、廊坊（0.88）、衡水（0.83）、沧州（0.83）；紧张区：北京（0.47）、天津（0.37）。

前两个区域可在保证水资源基础上，积极吸引和承接京津迁出人口和产业。对于平衡区，可适度考虑人口发展，注意保持人与水资源的平衡。对于紧张区（包括临界区），则应严格限制人口和产业进入。

表 7.2 京津冀 13 城市水资源总量和人均用水状况（2015）

城市	多年平均水资源总量（亿立方米）	2015年常住人口（万人）	人均用水（立方米/人）	人均水资源指数%	区域类型
承德	34.91	353.01	988.92	494.46	丰裕区（相对宽裕）
秦皇岛	15.37	307.32	500.13	250.07	
张家口	17.99	442.17	406.86	203.43	
唐山	24.16	780.12	309.70	154.85	平衡区（相对协调）
保定	29.78	1155.24	257.78	128.89	
邢台	14.6	729.44	200.15	100.08	
石家庄	20.35	1070.16	190.16	95.08	临界区（比较紧张）
邯郸	16.7	943.30	177.04	88.52	
廊坊	8.04	456.32	176.19	88.10	
衡水	7.35	443.54	165.71	82.86	
沧州	12.3	744.30	165.26	82.63	
北京	20.3	2170.50	93.53	46.76	紧张区（非常紧张）
天津	11.4	1546.95	73.69	36.85	
河北省	106.14	7424.92	142.95	71.48	

备注：2015年京津冀三省市常住人口总数来源于三省市2015年公报。河北11地市常住人口数据来源于河北省人民政府网站。因河北11地市的年鉴和公报数据中多年平均水资源总量数据缺失，因此这一数据综合参考以下多种渠道数据来源，具体如表7.3。

表7.3 京津冀13地市多年平均水资源数据来源及作者单位

区域	参考资料来源及作者单位
北京	中国统计年鉴2015，北京统计年鉴2015，河北省经济年鉴2015
天津	中国统计年鉴2015，天津统计年鉴2015，河北省经济年鉴2015
河北省	中国统计年鉴2015，河北省经济年鉴2015
石家庄	http：//news. sina. com. cn/c/2014－06－16/121230370155. shtml. （燕赵都市报）石家庄年鉴2014
唐山	唐山年鉴2014
秦皇岛	秦皇岛年鉴2012
邯郸	吴旭，王玉梅. 基于基尼系数的邯郸市水资源空间分配公平性分析［J］. 水科学与工程技术，2015，（3）：1－5. （河北省邯郸水文水资源勘测局）吉伟卓，苗菊芳，解铭. 邯郸市水资源利用现状及应对策略分析［J］. 中国市场，2016，（3）：163－165. （河北省邯郸学院）
邢台	邢台年鉴2014
保定	保定市第二次水资源评价报告，保定市水利局，2006. 王占峰. 保定市水资源及开发利用状况分析［J］. 地下水，2013，v. 35（4）：47－48.（河北省保定水文水资源勘测局）
张家口	http：//www. zjktj. gov. cn/news_ view. asp? newsid =4233. （张家口市统计局）包路林. 京津冀一体化视角下的北京与张家口、承德水资源合作研究［J］. 经济论坛，2014，No. 533（12）：25－28. （北京市工程咨询公司）
承德	刘艳东. 承德市水资源现状与保护对策［A］. 中国环境科学学会. 2013中国环境科学学会学术年会论文集（第六卷）［C］. 中国环境科学学会：，2013：3. （承德市环保局）薛建军. 承德市水资源可持续利用对策［J］. 河北水利，2012，（1）：28. （承德市水资源管理办公室）
沧州	庞炳义，王艳丽. 沧州市水资源现状与开发利用对策浅析［J］. 地下水，2014，v. 36；03：45－46. （河北省沧州市节约用水办公室和河北省沧州水文水资源勘测局）
廊坊	http：//hebei. news. 163. com/14/0926/11/A72M13VL02790HT6. html. 赵琳. 廊坊市水资源现状及保护措施［J］. 地下水，2015，v. 37；06：148－149. （河北省廊坊市水务局）
衡水	李海涛. 衡水市水资源形势及开发利用分析［J］. 水科学与工程技术，2014，（6）：32－36. （河北省衡水水文水资源勘测局）

7.1.4 国家人口发展功能区划思路分析借鉴

按照国家人口发展功能区划的原则与方法，在系统分析和综合评价京津冀各地人口发展与土地资源和经济发展关系的基础上，结合区域功能布局定位，李国平教授等（2015）提出京津冀人口功能分区的理念和划分标准：将京津冀地区划分为人口稳定优化区、重点集聚区、适度增长区和限制增长区四类①。

表7.4 京津冀人口功能分区所辖城市分布情况

城市	分区
北京	人口稳定优化区
天津	
廊坊	
石家庄	人口重点集聚区
唐山	
保定	
沧州	
秦皇岛	
衡水	人口适度增长区
邢台	
邯郸	
承德	人口限制增长区
张家口	

资料来源：李国平，张杰斐. 首都经济转型特征、动力机制及对策［J］. 中国流通经济，2015（8）：40-46

如表7.4所示。其研究认为，更适合承接北京转移人口的区域是人口重点集

---

① 按照李国平等研究者划分，人口功能分区内涵如下：人口稳定优化区：指未来人口规模不出现大规模快速增长、保持相对稳定、人口变化以内部结构优化调整为主的地区，包括北京、天津和廊坊。这三个城市人地关系较紧张，人口—经济弹性较高。总体看，资源利用日趋达到极限，人口增量空间十分有限，进一步发展需要优化城市内部人口布局，同时引导人口向周边地区转移。人口重点集聚区：指京津冀地区人口主要集聚区和增长区，包括石家庄、唐山、保定、沧州和秦皇岛。这些城市人口—经济弹性相对较低，多数城市人地关系相对缓和，再加上区位优势明显，可承接北京非首都功能转移，未来发展空间广阔，发展势头强劲，人口增量空间相对较大，是京津冀地区重要人口集聚区。人口适度增长区：指允许人口适度增长，以吸引本地城镇化人口为主的地区，包括衡水、邢台和邯郸。这三个城市人口—经济弹性较低，是城乡统筹发展的重要地区，区域内保持相当的农业用地和农业生产数量，可以满足本地工业化和城镇化的需求，将其划分为人口适度增长区。人口限制增长区：指对人口增加进行限制的生态环境脆弱地区，包括张家口和承德。这两个城市虽然人地关系缓和，人口—经济弹性低，但都属于生态涵养区，以高原和中低山地为主，生态环境脆弱。考虑到长远生态环境保护，应仍将张家口和承德划分为人口限制增长区。

聚区，主要涵盖河北 5 个城市：石家庄、唐山、保定、沧州和秦皇岛。

7.2 北京产业带动人口迁出模拟预测分析

以往对京津冀地区的人口预测，多是对三地分别预测，以说明各地区变化情况。而在京津冀协同发展战略下，要推进产业和人口在区域内"双转移"进而实现空间合理分布，则有必要先对京津冀总人口与产业变化进行通盘考虑，而后再在考虑产业带动人口"双转移"战略导向下，分别对三地人口迁移承接情况进行分析，才能更好地分析未来"双转移"可能的发展方向。因此，本研究在对京津冀三地 2020 和 2030 年总人口规模进行预测（预测方法和数据详见附录A）基础上进行产业带动人口"双转移"的定量预判。

因预测值为京津冀三地总人口，在分别说明三地人口变化尤其是区域内人口迁移和承接时，需要将预测结果进行拆分。本研究在根据产业转移对于人口迁移的影响以及产业带动人口"双转移"的不同效果，分为两种方案进行对比分析。①

方案 1：假设产业没有对外迁出，人口按照目前方式增长，也就是假定 2020 年和 2030 年三地人口分布比例接近于 2010 年水平。

方案 2：根据《京津冀协同发展规划纲要》推进非首都功能疏解，实施产业迁出带动人口迁出的"双转移"策略。本方案将考虑资源环境等综合承载力对北京市人口规模的限制，结合北京市十三五规划中将人口控制在 2300 万以内的目标；同时假定迁出地北京配套积极有效的鼓励扶持政策，承接地（河北为主）的扶持政策、配套建设、公共服务和基础设施到位，可较好地承接迁入产业和就业人口，实现产业带动人口"双转移"目标。

---

① 需要说明的是由于目前天津在十三五规划中尚未设定人口红线，且滨海新区还可能吸附附近的高新技术人才前往，因此，在本研究两种方案中，均设定天津在 2020 和 2030 年人口在三地人口的占比中与 2010 年相同。

7.2.1 方案1——产业不动而人口增长

本方案根据2010年京津冀三地人口比例，对2020年和2030年总人口进行预测及拆分，得到高中低三种不同方案下京津冀区域总人口和三地各自人口规模。从表7.5和图7.1可直观看出京津冀三地未来人口规模三种情境下的变化。

表7.5 京津冀三地2020年和2030年人口规模方案

	2020（万人）			2030（万人）		
	低方案	中方案	高方案	低方案	中方案	高方案
总人口	12630	12870	12950	13840	14320	14500
北京市	2370	2415	2430	2597	2687	2721
天津市	1569	1599	1609	1720	1779	1802
河北省	8691	8856	8911	9523	9853	9977

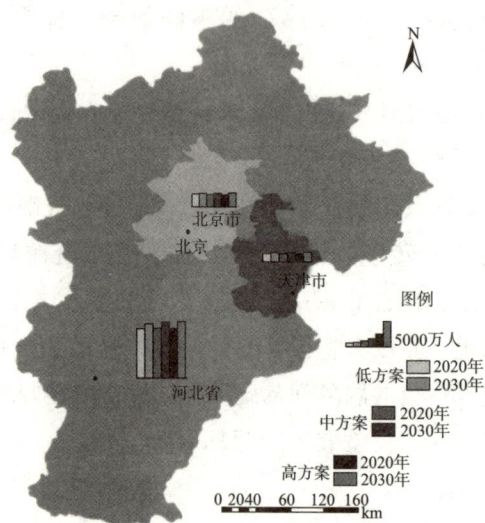

图7.1 京津冀三地2020－2030年三种方案下人口规模数量

7.2.2 方案2——产业转移带动人口迁移"双转移"

北京最新"十三五"规划中提出，2020 年常住人口规模将控制在 2300 万人以内[①]。表 7.5 显示，若不通过非首都功能有序疏解，尤其是推进产业转移带动人口对外迁移，则无论哪种情境，2020 年时北京市人口规模都将超过 2300 万。低、中、高三种情境下将分别超出 70 万人、115 万人和 130 万人。因此，本方案主要考虑北京通过产业带动人口"双转移"思路，将三种情境下超出预期目标人口迁出北京，迁入河北。

由于本方案在人口预测模型中，北京市在 2020 年的三个方案都是按 2300 万人这一宏观政策导向来预测，设定原有超出人口均迁入河北，则表 7.5 中 2020 年三地人口规模都将发生改变，进而影响到 2030 年人口规模。此处假设 2020－2030 年间，京津冀三地人口增长规模保持不变。这样按照 2020 年北京人口迁出，可以得到 2020 年和 2030 年人口规模的不同方案（表 7.6）。

表 7.6　北京市人口迁出情况下 2020 年和 2030 年京津冀人口规模

	2020 年人口（万人）			2030 年人口（万人）		
	低方案	中方案	高方案	低方案	中方案	高方案
总人口	12630	12870	12950	13840	14320	14500
北京市	2300	2300	2300	2527	2572	2591
天津市	1569	1599	1609	1720	1779	1802
河北省	8761	8971	9041	9593	9969	10108

根据《京津冀协同发展规划纲要》要求，北京市需要疏解的四类产业包括：一般性产业特别是高消耗产业，区域性物流基地、区域性专业市场等部分第三产业，部分教育、医疗、培训机构等社会公共服务功能，部分行政性、事业性服务机构和企业总部。依据这种布局要求，结合上述到 2020 年三种情境下需要迁出的人口规模，可设定不同的产业带动人口"双转移"的效度，即不同情境下需要有多少人口随产业迁出。

---

① 新华网，http://news.xinhuanet.com/2016-05/05/c_1118812095.htm，2016-05-05.

在考虑产业转移带动人口迁移时，还需考虑与迁出人口相关人口的迁移。黄匡时等（2011）研究表明，1个流动人口进入城市，将有平均0.8人随同迁入，而1名流动人口离开，会有少于平均0.8人一起迁出。综合以往类似研究经验，每1名流动人口离开，设定约有0.4人一同迁出较为适宜。因此本研究假设，产业转移时，1名从业者离开将实现总共1.4人迁出效果，也就是每5个从业者离开将带动总共7个人迁出的效果。

根据《北京市统计年鉴2015》中各行业就业人口状况，可整理出北京市2014年19个主要行业就业人口规模排名，整理如下表7.7。

与北京市需要调整疏解的产业类型相比照，北京市19个主要行业中，从业人口规模排名前13位的行业中，排名第5的科学研究和技术服务业与北京打造技术创新中心的首都功能相吻合，不考虑疏解。排名第10的行业公共管理、社会保障和社会组织虽符合第4类需要调整的部分行政性、事业性服务机构和企业总部，但考虑到北京市行政及相关事业性服务和社保机构将主要迁至通州的规划，故也不放在产业外迁出北京范围内。排名第14至19的6种行业中，第14位的文化体育娱乐类产业与北京打造文化中心和国际交往中心的功能相吻合；第15－17位的行业为基础公共服务行业，维持首都功能运转不可缺少；第18位的采矿业和第19位的农林牧渔（传统第一产业）所占比重本就偏少，两者合计仅占1%左右，在本方案中也暂不考虑。

表7.7　北京市19个主要行业就业人口规模排名（2014）

行业	人口规模（万人）	占总就业人口比（%）	排序
制造业	129.9	12.86%	1
租赁和商务服务业	124.4	12.31%	2
批发和零售业	123.0	12.17%	3
服务业	84.4	8.35%	4
科学研究和技术服务业	82.7	8.18%	5
交通运输、仓储和邮政业	66.6	6.59%	6
建筑业	63.7	6.30%	7
房地产业	52.4	5.19%	8
教育	49.0	4.85%	9

行业	人口规模（万人）	占总就业人口比（%）	排序
公共管理、社会保障和社会组织	46.7	4.62%	10
金融业	45.9	4.54%	11
住宿和餐饮业	44.1	4.36%	12
卫生和社会工作	26.9	2.66%	13
文化、体育和娱乐业	22.8	2.26%	14
居民服务、修理和其他服务业	17.2	1.70%	15
水利、环境和公共设施管理业	11.8	1.17%	16
电力、热力、燃气及水生产和供应业	8.6	0.85%	17
采矿业	6.2	0.61%	18
农、林、牧、渔业	4.2	0.42%	19
合计	1010.5	100.00%	

注：行业划分执行 2011 年国民经济行业分类标准（GB/T4754 – 2011）

数据来源：《北京市统计年鉴（2015）》

因此，综上分析，北京市 19 种主要行业中需要外迁的人口可考虑主要从以下 11 种行业（产业）中拆分（表 7.8）。由于随产业迁移人口变动较为复杂，因此迁出的 11 种业（产业）各自人口数量，以 2014 年其各自就业人口占拟外迁行业总就业人口的比重进行拆分；同时考虑迁出 1 名从业人员，平均带走 0.4 名随同人员情况；从而得到高中低三种不同情境下，2015 年至 2020 年期间 11 种产业（行业）分别需要迁出的就业人口规模（表 7.9）。

表 7.8　北京市拟外迁 11 种行业人口规模及比重

行业	人口规模（万人）	占外迁 11 种行业人口比重（%）
制造业	129.9	16.04%
租赁和商务服务业	124.4	15.35%
批发和零售业	123.0	15.18%
服务业	84.4	10.41%
交通运输、仓储和邮政业	66.6	8.22%
建筑业	63.7	7.86%
房地产业	52.4	6.47%

行业	人口规模（万人）	占外迁 11 种行业人口比重（%）
教育	49.0	6.05%
金融业	45.9	5.66%
住宿和餐饮业	44.1	5.44%
卫生和社会工作	26.9	3.32%

资料来源：《北京市统计年鉴 2015》

表 7.9　北京市 11 种行业需迁出人口规模（2015 – 2020）单位：万人

行业	低方案	中方案	高方案
制造业	8.02	13.17	14.89
租赁和商务服务业	7.68	12.61	14.26
批发和零售业	7.59	12.47	14.09
服务业	5.21	8.55	9.67
交通运输、仓储和邮政业	4.11	6.75	7.63
建筑业	3.93	6.45	7.30
房地产业	3.24	5.32	6.01
教育	3.02	4.97	5.62
金融业	2.83	4.65	5.26
住宿和餐饮业	2.72	4.47	5.05
卫生和社会工作	1.66	2.73	3.08
就业迁出数	50.00	82.14	92.86
总迁出数	70.00	115.00	130.00

　　需要说明的是，《京津冀协同发展规划纲要》中明确提出，河北省主要承担承接京津转移人口的任务。本预测中为研究方便，暂不考虑天津人口迁入迁出情况，设定此处河北承接的人口都为由北京迁出人口。应注意的是，在产业和人口迁移过程中，还要考虑对环境资源的影响，特别需要注意水、土地等生态环境承载力以及区域主题功能分区和京津冀城市及产业的功能定位等。

7.3 天津、河北承接北京迁出产业模拟分析

本章上节中从北京作为"双转移"迁出地角度对迁出产业种类和随产业迁出的就业人口及相关人口数量进行了预测。本节将从产业承接角度，分析京津冀区域范围内适合承接北京不同产业的城市。研究主要以《京津冀协同发展规划纲要》对京津冀主要地市功能和产业定位的规划为基础依据，综合分析适合承接上述北京迁出的不同产业和行业的城市。因为事实上很难将产业都限定在京津冀范围内实施转移承接，因此本研究中假定北京只在京津冀区域范围内实行产业和人口疏解。

7.3.1 京津冀各主要城市功能和产业定位梳理

本研究根据《京津冀协同发展规划纲要》与三地"十三五"规划建议中关于各主要城市功能和产业定位，将京津冀区域和主要13个城市功能和产业发展定位整理如下（表7.10）：京津冀整体定位是"以首都为核心的世界级城市群、区域整体协同发展改革引领区、全国创新驱动经济增长新引擎、生态修复环境改善示范区"。三省市定位分别是：北京市为"全国政治中心、文化中心、国际交往中心、科技创新中心"；天津市为"全国先进制造研发基地、北方国际航运核心区、金融创新运营示范区、改革开放先行区"；河北省为"全国现代商贸物流重要基地、产业转型升级试验区、新型城镇化与城乡统筹示范区、京津冀生态环境支撑区"。

其中，河北11个主要城市的功能和产业定位如下：

石家庄：京津冀世界级城市群"第三极"，全省的政治、经济、科技、金融、文化和商贸物流中心，全国重要的战略性新兴产业和先进制造业基地，国家重要的综合交通枢纽，带动冀中南地区的综合服务平台，转型升级、绿色崛起示范城市，科技创新及成果转化基地。

唐山：东北亚地区经济合作的窗口城市，环渤海新型工业化基地，环渤海地区重要港口城市，首都经济圈重要支点和京津唐区域中心城市，与北京联动的临

港产业协作示范区，带动冀东地区城镇、产业发展的综合服务平台和增长极。

保定：京南地区重要的综合交通枢纽和新兴科技城，国家重要的新能源和先进制造业基地，非首都功能疏解和京津产业转移重要承接地，创新驱动发展示范区和京津保区域中心城市。

邯郸：全国重要的先进制造业基地，晋冀鲁豫四省交界的综合交通枢纽，京津冀重要工业基地和物流枢纽节点城市，京津联动中原的区域中心城市。

张家口：国际休闲运动旅游区和奥运新城，国家可再生能源示范区、生态文明先行示范区，京津冀联系西北的综合交通枢纽，京津绿色农副产品保障基地，新能源产业基地。

承德：国际旅游城市，国家绿色发展先行区、国家绿色数据中心，京津冀联系东北的综合交通枢纽，京津绿色农副产品保障基地、钒钛产业升级示范区，世界文化遗产保护传承和创新发展示范城市。

廊坊：战略性新兴产业和现代服务业聚集区，科技研发创新成果转化引领区，京津冀全面创新改革试验区，北京新机场国际门户重点功能区。

秦皇岛：国际滨海休闲度假之都，国际健康城，环渤海地区重要港口城市，京津冀辐射东北的节点城市，国家高新技术产业及科技成果转化基地、创新型城市。

沧州：国家重要的化工和清洁能源保障基地，京津冀城市群重要的产业支撑和科技成果转化基地，北方重要的现代物流集散中心，环渤海地区重要的沿海开放城市。

邢台：国家新能源产业基地，产业转型升级示范区和冀中南物流枢纽城市，新型城镇化与城乡统筹试验区，京津冀南部生态环境支撑区。

衡水：冀中南综合物流枢纽，安全食品和优质农产品生产加工配送基地，生态宜居的滨湖园林城市。

表 7.10　京津冀区域和主要城市功能定位

区域	定位
京津冀	以首都为核心的世界级城市群，区域整体协同发展改革引领区，全国创新驱动经济增长新引擎，生态修复环境改善示范区
北京	全国政治中心，文化中心，国际交往中心，科技创新中心
天津	全国先进制造研发基地，北方国际航运核心区，金融创新运营示范区，改革开放先行区

区域	定位
河北全省	三区一基地：全国现代商贸重要基地，产业转型试验区，新型城镇化与乡镇统筹示范区，京津冀生态环境支撑区
石家庄	建成功能齐备的省会城市和京津冀城市群"第三极"
唐山	东北亚地区经济合作的窗口城市，环渤海地区的新型工业化基地，首都经济圈的重要支点和京津唐区域中心城市
保定	创新驱动发展示范区和京津保区域中心城市
邯郸	全国重要的制造业基地，区域性商贸物流中心，京津冀联动中原的区域中心城市
张家口	国家可再生能源示范区，国际休闲运动旅游区和奥运新城
承德	国家绿色发展先行区，国家绿色数据中心和国际旅游城市
廊坊	科技研发及成果转化基地，战略性新兴产业和现代服务业聚集区
秦皇岛	国际滨海休闲度假之都，国际健康城和科技创新之城
沧州	环渤海地区重要沿海开放城市和京津冀城市群重要产业支撑基地
邢台	国家新能源产业基地，产业转型升级示范区，冀中南物流枢纽城市
衡水	冀中南综合物流枢纽，安全食品和优质农产品生产加工基地，生态宜居的滨湖园林城市
定州辛集	京津冀城市群特色功能节点城市

资料来源：《京津冀协同发展规划纲要》，京津冀三地"十三五"规划建议

7.3.2 京津冀区域承接北京外迁产业预测分析

根据表7.10中各城市功能定位和上述支撑北京四大类需要对外疏解的11大类外迁产业（制造业、租赁和商务服务业、批发和零售业、服务业、交通运输、仓储和邮政业、建筑业、房地产业、教育、金融业、住宿和餐饮业、卫生和社会工作）集聚特点，可将之分为八大类。这其中，租赁和商务服务业、批发和零售业、住宿和餐饮业以及房地产业主要与商贸中心和旅游城市相关，可归为一大类。此外，卫生和社会工作类行业主要属于公共服务类行业，跟着整体产业配套疏解，因此随着各产业疏解配套推进，不需要特别加以分析。因此大致确定以下7大类产业向津冀尤其是河北疏解方向，详情如下：

1. 制造业

疏解方向：天津、石家庄、唐山、保定、邯郸。（表7.11）

表 7.11　北京市制造业疏解方向

城市	定位
天津	全国先进制造研发基地
石家庄	全国重要的战略性新兴产业和先进制造业基地
保定	国家重要的新能源和先进制造业基地
唐山	环渤海新型工业化基地
邯郸	全国重要的先进制造业基地

资料来源：《京津冀协同发展规划纲要》，京津冀三地"十三五"规划建议

2. 批发和零售业、租赁和商务服务业（低端）、住宿和餐饮业和房地产

批发和零售业、租赁和商务服务业（低端）可统合到商贸业，其与住宿和餐饮业及房地产业主要向区域中心城市、商贸中心和未来新兴旅游休闲城市相配套，因此疏解方向为：石家庄、唐山、保定、邯郸、张家口、承德、秦皇岛和沧州。（表 7.12）

表 7.12　北京市商贸业、住宿餐饮和房地产疏解方向

城市	定位
石家庄	全省的政治、经济、科技、金融、文化和商贸中心
唐山	首都经济圈重要支点和京津唐区域中心城市
保定	京津保区域中心城市
邯郸	京津冀联动中原的区域中心城市、区域性商贸中心
张家口	国际休闲运动旅游区和奥运新城
秦皇岛	国际滨海休闲度假之都、国际健康城
承德	国际旅游城市
沧州	环渤海地区重要的沿海开放城市

资料来源：《京津冀协同发展规划纲要》，京津冀三地"十三五"规划建议

3. 交通运输业、仓储和邮政业

随着交通物流日益密切，交通运输业与仓储及邮政业形成一系列配套物流体系，因此归为一类，同时结合以运输人口为主的交通枢纽作用综合分析，可得出疏解方向：石家庄、邯郸、保定、承德、张家口、沧州、邢台、衡水。（表 7.13）

表7.13　北京市交通运输业、仓储和邮政业疏解方向

城市	定位
石家庄	国家重要的综合交通枢纽、全省商贸物流中心
邯郸	晋冀鲁豫四省交界的综合交通枢纽、区域性商贸物流中心
保定	京南地区重要的综合交通枢纽和新兴科技城
承德	京津冀联系东北的综合交通枢纽
张家口	京津冀联系西北的综合交通枢纽
沧州	北方重要的现代物流集散中心
邢台	冀中南物流枢纽城市
衡水	冀中南综合物流枢纽、安全食品和优质农产品生产加工基地

资料来源：《京津冀协同发展规划纲要》，京津冀三地"十三五"规划建议

4. 金融业

疏解方向：天津、石家庄。（表7.14）

表7.14　北京市金融业疏解方向

城市	定位
天津	全国金融创新运营示范区
石家庄	河北省金融中心

资料来源：《京津冀协同发展规划纲要》，京津冀三地"十三五"规划建议

5. 教育

本研究认为此处的教育主要跟着科技创新走，因此疏解方向为：石家庄、保定、秦皇岛、廊坊、承德。（表7.15）

表7.15　京津冀区域内教育业疏解方向

城市	定位
石家庄	科技创新及成果转化基地
保定	创新驱动发展示范区和京津保区域中心城市
秦皇岛	国际健康城和科技创新之城
廊坊	科技研发及成果转化基地
承德	创新发展示范城市

资料来源：《京津冀协同发展规划纲要》，京津冀三地"十三五"规划建议

6. 服务业（生产性服务业）

此处服务业主要是生产性服务业等高端性服务业，因此疏解方向为：石家庄、唐山、廊坊、沧州、邢台。（表7.16）

表7.16 京津冀区域内高端服务业疏解方向

城市	定位
石家庄	带动冀中南地区的综合服务平台
唐山	带动冀东地区城镇、产业发展的综合服务平台和增长极
廊坊	战略性新兴产业和现代服务业聚集区
沧州	京津冀城市群重要的产业支撑和科技成果转化基地
邢台	国家新能源产业基地

资料来源：《京津冀协同发展规划纲要》，京津冀三地"十三五"规划建议

7. 建筑业

本研究此处主要考虑工业建筑业，因此主要与产业和制造业相关，疏解方向为：石家庄、保定、唐山、邯郸、廊坊。（表7.17）

表7.17 京津冀区域内建筑业疏解方向

城市	定位
石家庄	全国重要的战略性新兴产业和先进制造业基地
保定	国家重要的新能源和先进制造业基地
唐山	环渤海新型工业化基地
邯郸	全国重要的先进制造业基地
廊坊	战略性新兴产业聚集区

资料来源：《京津冀协同发展规划纲要》，京津冀三地"十三五"规划建议

上述各主要城市的承接产业可以综合归纳为图7.2京津冀区域承接北京产业的城市分布示意图，其中数字为各城市承接的产业种类，方框内为各城市承接的具体产业。

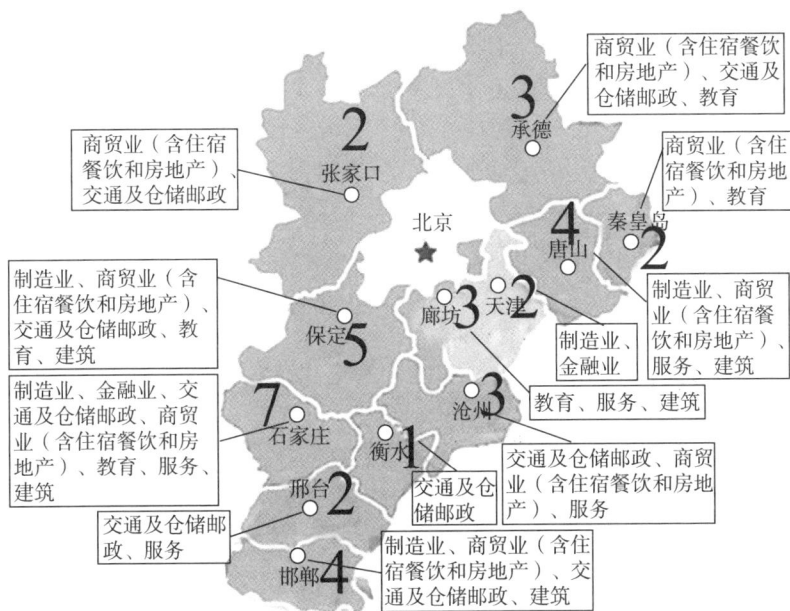

图 7.2 京津冀区域承接北京产业的城市分布示意图

7.4 产业带动人口 "双转移" 承接模拟分析

本节将综合《京津冀协同发展规划纲要》中的功能分区，河北省主体功能分区中对于河北省全区域内产业、人口和空间的规划要求，结合各城市人均水资源状况，借鉴李国平、张耀军等学者对于人口功能分区以及综合承载力的研究成果，预判出京津冀区域内适合承接北京产业和人口 "双转移" 的城市和区域。

7.4.1 河北最适合承接 "双转移" 城市预判

首先根据《京津冀协同发展规划纲要》，产业和人口更适合迁往中部核心功能区和东部滨海发展区，包括天津滨海新区以及河北廊坊、保定、唐山、秦皇岛和沧州。其中假设天津滨海新区主要承接来自天津本地人口，北京迁出的产业人口全部迁入河北。考虑到南部功能拓展区以石家庄、邯郸、邢台、衡水为主，其中石家庄拟打造区域第三极，可吸引外来人口；邯郸、邢台、衡水的发展以就近吸引本地劳动力为主。则最适合承接北京产业人口的城市为石家庄、廊坊、保定、唐山、秦皇岛和沧州。

其次，根据《河北省主体功能区规划》也可得出，适合承接北京产业和人口的区域更多倾向于主要位于河北省优化开发区域和重点开发区域的石家庄、保定、唐山、秦皇岛、沧州、廊坊的多数区域。

再次，根据人均水资源指数设定的四类区域中，可优先承接人口的是丰裕区和平衡区，其涵盖的城市主要为：承德、秦皇岛、张家口、唐山、保定、邢台，而位于临界区的石家庄等5市可根据各自发展情况，适度承接一定迁入人口。

此外，根据人口发展功能区划思路得出更适合承接人口的是人口重点集聚区，包括石家庄、唐山、保定、沧州和秦皇岛。

综上，按照木桶原理取承载力的最短板，将《京津冀协同发展规划纲要》和《河北省主体功能区规划》与人均水资源指数相结合考虑，将位于丰裕区和平衡区的承德和张家口首先剔除，因其位于生态涵养区并作为京津冀后备水资源，应重点加以保护。而石家庄作为省会城市和京津冀第三极的综合定位，要求其应适度优先考虑产业和人口发展，同时沧州的地理位置和综合发展潜力又较其他临界区城市更有承接优势。而邢台、邯郸、衡水多数区域以农产品生产和重点生态功能区为主，其综合发展基础和区位优势并不明显，不适合承接太多外迁而来的产业和人口，应以就近安置本地劳动力为主，因此可将平衡区的邢台替换为沧州。此外，廊坊市区位优势最为明显，距离北京最近，承接北京产业和人口有优先优势。综合来看，可得出河北省更适合承接北京迁入产业和人口的6城市为：石家庄、保定、沧州、廊坊、唐山、秦皇岛。（如图7.3，黄脸为产业优先迁入城市，红脸为人口优先迁入城市，红脸与黄脸重叠城市为产业人口优先迁入6城市。）

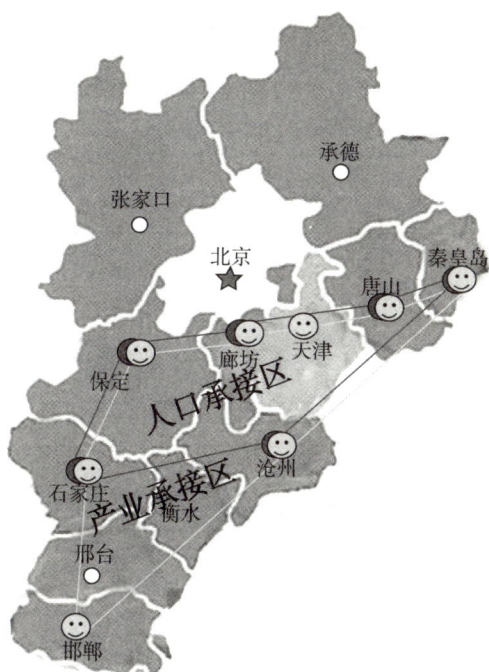

图 7.3 河北最适合承接北京产业和人口 6 城市区位示意图

7.4.2 按人均水资源占比分配承接人口

具体承接人口迁移方案的分配可依据上述 6 个城市人均水资源指数的占比来预测。计算秦皇岛（2.50）、唐山（1.55）、保定（1.29）、石家庄（0.95）、廊坊（0.88）、沧州（0.83）各自占比分别为：秦皇岛：2.50／（2.50 + 1.55 + 1.29 + 0.95 + 0.88 + 0.83）= 2.50/8.00 = 31.27%；唐山：1.55/8.00 = 19.37%；保定：1.29/8.00 = 16.12%；廊坊：0.88/8.00 = 11.02%；沧州：1.02/8.00 = 13.3%。

根据 2015 至 2020 年时北京各产业迁出总人口（就业人口）规模的高中低三种预测方案人数（表 7.18），结合上述河北 6 个城市水资源指数占比，可以得到 6 个城市承接迁入人口规模的分配方案（表 7.19）。

表 7.18 北京市各产业迁出总人口（就业人口）规模（2015－2020）

迁移预测方案	低方案（万人）	中方案（万人）	高方案（万人）
就业迁出数	50.00	82.14	92.86
总迁出人口	70	115	130

表 7.19 河北省 6 城市承接北京迁出产业人口分配方案（水资源为基础）（万人）

城市	水资源指数	占比（%）	低方案		中方案		高方案	
			就业人口	合计人口	就业人口	合计人口	就业人口	合计人口
秦皇岛	2.50	31.27%	15.64	21.89	25.69	35.96	29.04	40.66
唐山	1.55	19.37%	9.68	13.56	15.91	22.27	17.98	25.18
保定	1.29	16.12%	8.06	11.28	13.24	18.54	14.97	20.96
石家庄	0.95	11.89%	5.95	8.32	9.77	13.67	11.04	15.46
廊坊	0.88	11.02%	5.51	7.71	9.05	12.67	10.23	14.32
沧州	0.83	10.33%	5.17	7.23	8.49	11.88	9.60	13.43
合计	8.00	100.%	50.00	70.00	82.14	115.00	92.86	130.00

图 7.4 较为直观地反映出河北 6 个承接"节点"城市从 2015 年到 2020 年时，承接不同方案下北京迁出人口数量规模及空间分布。

7.4.3 承接产业和人口"双转移"综合方案

综合上述预测分析可做出以下预判：就产业转移而言更多倾向于向表 7.20 中前 8 个城市疏解，而与产业配套转移的人口则更多向上述 6 个城市迁移。两组城市的交集是京津冀区域最适合承接北京产业和人口"双转移"的城市，也即：

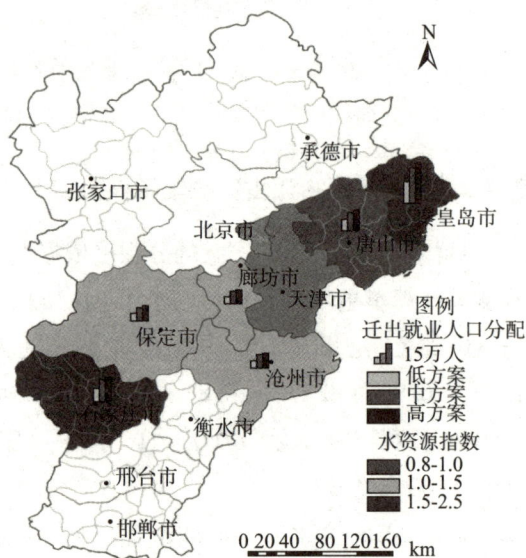

图 7.4 河北 6 中心城市三种人口规模承接方案（2015－2020）

石家庄、保定、沧州、廊坊、唐山、秦皇岛。对上述结果综合分析整理可得出津冀承接北京产业和人口"双转移"的总体预测方案如表7.20。

表 7.20　京津冀区域承接北京产业和人口"双转移"方案

产业承接方案			人口承接方案			
承接城市	承接产业	承接种类	人口分区	低方案（万人）	中方案（万人）	高方案（万人）
天津	制造业、金融业	2	稳定优化			
石家庄	制造业、金融业、交通及仓储邮政、商贸业（含住宿餐饮和房地产）、教育、服务、建筑	7	重点聚居	8.32	13.67	15.46
保定	制造业、商贸业（含住宿餐饮和房地产）、交通及仓储邮政、教育、建筑	5	重点聚居	11.28	18.54	20.96
唐山	制造业、商贸业（含住宿餐饮和房地产）、服务、建筑	4	重点聚居	13.56	22.27	25.18
沧州	交通及仓储邮政、商贸业（含住宿餐饮和房地产）、服务	3	重点聚居	7.23	11.88	13.43
秦皇岛	商贸业（含住宿餐饮和房地产）、教育	2	重点聚居	21.89	35.96	40.66
廊坊	教育、服务、建筑	3	稳定优化	7.71	12.67	14.32
邯郸	制造业、商贸业（含住宿餐饮和房地产）、交通及仓储邮政、建筑	4	适度增长			
承德	商贸业（含住宿餐饮和房地产）、交通及仓储邮政、教育	3	限制增长			
张家口	商贸业（含住宿餐饮和房地产）、交通及仓储邮政	2	限制增长			
邢台	交通及仓储邮政、服务	2	适度增长			
衡水	交通及仓储邮政	1	适度增长			

7.5　小结

本章首先对北京产业带动人口迁出进行了情境模拟预测分析。结合北京对外重点疏解的产业类别，梳理出北京拟外迁 11 类行业人口规模及比重，据此拆分出三种情境下，11 种外迁行业需带动迁出的就业人口规模和总计人口规模。本部分以北京"十三五"规划中设定全市人口到 2020 年稳定在 2300 万人左右目标，运用 PDE 多状态预测方法对京津冀三地人口规模 2020 年和 2030 年两个时点进行高中低三种情境预测。模拟预测结果显示，若不对北京进行非首都功能有效疏解，通过产业转移带动人口迁移，则三种情境下，北京市 2020 年时人口规模都要超过 2300 万。低、中、高三种情境分别超出 70 万人、115 万人和 130 万人口。因此，本章研究侧重以产业带动人口"双转移"为思路，对三种情境下超出部分的人口随着产业转移的路径和方向进行了预测。

其次，对北京迁出产业承接模拟分析：通过对《京津冀协同发展规划纲要》规划的京津冀三地主要城市功能和产业定位梳理，结合北京对外重点疏解的 11 种产业类别，预判出适合承接不同产业类别的城市分配方案。

再次，产业带动人口"双转移"和"双承接"模拟分析：在充分考虑《京津冀协同发展规划纲要》和《河北省主体功能区划》对于河北省主要地市的功能定位、产业和人口发展布局基础上，结合京津冀三地 13 地市人均水资源状况，并参考人口发展功能区划思路，综合分析预判出最适合产业带动人口"双转移"的区域和 6 个主要城市。即：石家庄、保定、沧州、廊坊、唐山、秦皇岛。根据前述至 2020 年时北京各产业迁出总人口（就业人口）规模的高中低三种预测方案，结合这 6 城市的人均水资源指数占比，得到高中低三种情境下各城市承接北京迁出人口分配方案。

第八章
雄安新区标本意义
——"双转移"应用分析

8.1 新区设立背景和发展概况

8.1.1 新区设立历史背景

2017 年 4 月 1 日，据新华社报道，中共中央、国务院日前印发通知，决定设立河北雄安新区。这是以习近平同志为核心的党中央作出的一项重大的历史性战略选择，是继深圳经济特区和上海浦东新区之后又一具有全国意义的新区，是千年大计、国家大事。[①]

中国共产党十八大以来，中共中央总书记、国家主席、中央军委主席习近平多次深入北京、天津、河北考察调研，主持召开中央政治局常委会会议、中央政治局会议，研究决定和部署实施京津冀协同发展战略；明确指示，要重点打造北京非首都功能疏解集中承载地，在河北适合地段规划建设一座以新发展理念引领的现代新型城区。

2015 年 2 月 10 日，中央财经领导小组第 9 次会议审议研究《京津冀协同发展规划纲要》。习近平在讲话中提出"多点一城、老城重组"的思路。"一城"即为要研究思考在北京之外建设新城问题。

2015 年 4 月 2 日和 4 月 30 日，习近平先后主持召开中共中央政治局常委会会议和中央政治局会议研究《京津冀协同发展规划纲要》。他再次强调，要深入

---

① 受权发布：中共中央、国务院决定设立河北雄安新区 - 新华网，http：//news. xinhuanet. com/2017 - 04/01/c_ 1120741571. html. 2017 - 04 - 01.

研究论证新城问题，可考虑在河北合适的地方进行规划，建设一座以新发展理念引领的现代新城。

2015 年 6 月印发的《京津冀协同发展规划纲要》充分体现了习近平总书记战略构想，明确提出："深入研究、科学论证，规划建设具有相当规模、与疏解地发展环境相当的集中承载地。"

2016 年 3 月 24 日，习近平主持召开中共中央政治局常委会会议，听取北京市行政副中心和疏解北京非首都功能集中承载地有关情况的汇报并作了重要讲话。习近平强调，从国际经验看，解决"大城市病"问题基本都用"跳出去"建新城的办法；从我国经验看，改革开放以来，我们通过建设深圳经济特区和上海浦东新区，有力推动了珠三角、长三角的发展。目前，北京正面临一次历史性抉择，从"摊大饼"转向在北京中心城区之外，规划建设北京城市副中心和集中承载地，将形成北京新的"两翼"，也是京津冀区域新的增长极；同时也与以 2022 年北京冬奥会为契机推进张北地区建设，形成河北的"两翼"，这是历史性的战略选择，要坚持用大历史观看待这件事情。

2016 年 5 月 27 日，这是研究设立河北雄安新区的重要时刻。这天上午，中共中央政治局召开会议，审议《关于规划建设北京城市副中心和研究设立河北雄安新区的有关情况的汇报》，"雄安新区"首次出现在汇报稿标题之中。习近平强调：在现代化建设和城镇化加快推进阶段，北京又面临着一次历史性的空间格局调整。无论是从它的健康发展和解决问题，都要做出选择，最后做了这个选择。"北京城市副中心和雄安新区的规划建设，要能够经得起千年历史检验，这也是我们这一代中国共产党人留给子孙后代的历史遗产。"①

2017 年 2 月 23 日，习近平实地考察河北省安新县和白洋淀生态保护区，了解有关情况，亲自主持会议听取汇报，就雄安新区规划建设工作强调指出，要用最先进的理念和国际一流的水准设计建设，坚持"世界眼光、国际标准、中国特色、高点定位"的理念，努力将雄安新区打造成为贯彻新发展理念的创新发展示范区。要坚持先谋后动、规划引领，借鉴国际经验，高标准编制新区总体规划等相关规划，组织国内一流规划人才进行城市设计，规划好再开工建设，决不留历

---

① 新华社万字长文，揭秘雄安新区决策全过程－时政频道－新华网，http：//news. xinhuanet. com/politics/2017－04/14/c_ 129534606. html. 2017－04－14.

史遗憾。要保持历史耐心，有"功成不必在我"的精神境界，尊重城市开发建设规律，合理把握开发节奏，稳打稳扎，一茬接着一茬干，为经济社会发展作出贡献，造福子孙后代。①

8.1.2 新区概况和发展

1. 新区概况及承载优势

雄安新区规划范围涉及河北省雄县、容城、安新3县及周边部分区域，地处北京、天津、保定腹地，区位优势明显、交通便捷通畅、生态环境优良、资源环境承载能力较强，现有开发程度较低，发展空间充裕，具备高起点高标准开发建设的基本条件。按照党中央和国务院的意见，"雄安新区规划建设以特定区域为起步区先行开发，起步区面积约100平方公里，中期发展区面积约200平方公里，远期控制区面积约2000平方公里"。②

事实上，新区位于京津保腹地，土地水利环境地质支撑条件优良，发展空间充裕，具有明显承接优势，适合集中承接北京非首都功能和人口疏解。主要承接优势如下：一、区位优势明显。新区地处华北平原，与北京、天津、石家庄距离相近，距北京、天津、石家庄和保定分别约105公里、105公里、155公里和30公里。二、交通方便快捷。新区东有京九铁路和大广高速，南有保沧高速，西含京港澳高速和京广客专，北到荣乌高速和津保铁路等交通干线。基本形成与北京、天津、石家庄、保定的半小时通勤圈。同时兼具空港优势，距离北京新机场约55公里，可满足高端高新产业发展需要。三、生态环境优良。拥有华北平原最大的淡水湖白洋淀，漕河、南瀑河、萍河、南拒马河等多条河流在区域内交汇；被誉为"华北江南"。四、发展空间充裕。雄安新区范围内人口密度低，建筑较少。核心区所辖人口不到10万人，仅相当于北京一个社区。可开发建设土地较充裕且可塑性强，具备一定的城市基础条件。③

---

① 张高丽就设立雄安新区接受新华社记者采访 - 新华网，http://news.xinhuanet.com/politics/2017-04/14/c_1120813594.htm，2017-04-14.

② 受权发布：中共中央、国务院决定设立河北雄安新区 - 新华网，http://news.xinhuanet.com/2017-04/01/c_1120741571.htm，2017-04-01.

③ 新华社万字长文，揭秘雄安新区决策全过程 - 时政频道 - 新华网，http://news.xinhuanet.com/politics/2017-04/14/c_129534606.html.2017-04-14.

2. 新区建设主要进展

自成立之后，雄安新区规划和建设工作取得一定进展。一、2017 年 4 月 26 日，河北雄安新区临时党委委员、筹备工作委员会在发布会上表示，雄安新区将 30 平方公里启动区的控制性详规和城市设计，面向全球招标，开展设计竞赛和方案征集。① 二、2017 年 6 月，中国共产党河北雄安新区工作委员会、河北雄安新区管理委员会获批设立，为中共河北省委、河北省人民政府派出机构。② 三、2017 年 7 月 18 日，中国雄安建设投资集团有限公司正式成立。公司是经河北省政府批准成立，具有独立法人资格、自主经营、独立核算的国有独资公司，初期注册资本 100 亿元人民币。③ 四、2017 年 10 月，国家工商总局在官网公布《关于支持河北雄安新区规划建设的若干意见》，其中提出将依法对"雄安"字样在企业名称核准中予以特殊保护，"河北雄安"作为行政区划使用。④

8.2 新区基本定位与核心功能

8.2.1 新区基本定位

对于雄安新区的定位，早在 2016 年 5 月 27 日，习近平总书记主持召开中共中央政治局会议时就强调，"这是党的十八大后中央抓的一个新区建设。雄安新区是党中央批准的首都功能拓展区，同上海浦东、广东深圳那样具有全国意义，这个定位一定要把握好。"

2017 年 2 月 23 日，习近平专程到河北省安新县进行实地考察，主持召开河北雄安新区规划建设工作座谈会。习近平强调，雄安新区定位"首先是疏解北京

---

① 雄安新区启动区控制性详规和城市设计将面向全球招标 – 新华网　http：//news. xinhuanet. com/fortune/2017 –04/27/c_ 1120880107. html.

② 管理机构获中央编办批复 – 新华网　http：//news. xinhuanet. com/local/2017 –06/23/c_ 129638983. html.

③ 中国雄安建设投资集团有限公司正式成立 – 新华网　http：//news. xinhuanet. com/fortune/2017 –08/07/c_ 1121445782. html.

④ 工商总局发文将"雄安"等字样在企业名称核准中予以特殊保护 – 财经 – 人民网　http：//fi- nance. people. com. cn/n1/2017/1010/c1004 –29579166. html.

非首都功能集中承载地，重点是承接北京非首都功能疏解和人口转移"。规划建设雄安新区，要在党中央领导下，坚持稳中求进工作总基调，牢固树立和贯彻落实新发展理念，适应把握引领经济发展新常态，以推进供给侧结构性改革为主线，坚持世界眼光、国际标准、中国特色、高点定位，坚持生态优先、绿色发展，坚持以人民为中心、注重保障和改善民生，坚持保护弘扬中华优秀传统文化、延续历史文脉，建设绿色生态宜居新城区、创新驱动发展引领区、协调发展示范区、开放发展先行区，努力打造贯彻落实新发展理念的创新发展示范区。①

新区规划一开始，习近平总书记就强调，"要坚持以人民为中心，从市民需要出发，做到疏密有度、绿色低碳、返璞归真，提供宜居的环境、优质的公共服务，有效吸引北京人口和功能疏解转移。"同时明确指出，"雄安新区不同于一般意义上的新区，其定位首先是疏解北京非首都功能集中承载地，重点承接北京疏解出的行政事业单位、总部企业、金融机构、高等院校、科研院所等，不符合条件的坚决不能要。"②

因此，党中央、国务院决定设立雄安新区，最重要的定位、最主要的目的就是"打造北京非首都功能疏解集中承载地。"

2017年9月通过的《北京城市总体规划（2016年-2035年)》中，对于雄安的定位也很明确，即"北京城市副中心和河北雄安新区形成北京新的两翼"，同时要求"应整体谋划、深化合作、取长补短、错位发展，努力形成北京城市副中心与河北雄安新区比翼齐飞的新格局"。③

8.2.2 新区核心功能

根据前述分析，"首先是疏解北京非首都功能集中承载地"和"建设绿色生态宜居新城区、创新驱动发展引领区、协调发展示范区、开放发展先行区，努力打造贯彻落实新发展理念的创新发展示范区"，正是雄安新区的基本定位与核心

---

① 受权发布：中共中央、国务院决定设立河北雄安新区－新华网，http：//news. xinhuanet. com/2017－04/01/c_ 1120741571. html. 2017－04－01.

② 新华社万字长文，揭秘雄安新区决策全过程－时政频道－新华网，http：//news. xinhuanet. com/politics/2017－04/14/c_ 129534606. html. 2017－04－14.

③ 北京城市总体规划（2016年－2035年）－规划动态－首都之窗－北京市政府门户网站，http：//zhengwu. beijing. gov. cn/gh/dt/t1494703. html.

功能。

2017 年 10 月 18 日，习近平在中国共产党十九大报告中明确提出，"以疏解北京非首都功能为'牛鼻子'推动京津冀协同发展，高起点规划、高标准建设雄安新区"。对此，习近平曾明确指出，规划建设雄安新区要突出七个方面的重点任务：一是建设绿色智慧新城，建成国际一流、绿色、现代、智慧城市。二是打造优美生态环境，构建蓝绿交织、清新明亮、水城共融的生态城市。三是发展高端高新产业，积极吸纳和集聚创新要素资源，培育新动能。四是提供优质公共服务，建设优质公共设施，创建城市管理新样板。五是构建快捷高效交通网，打造绿色交通体系。六是推进体制机制改革，发挥市场在资源配置中的决定性作用和更好发挥政府作用，激发市场活力。七是扩大全方位对外开放，打造扩大开放新高地和对外合作新平台。[①]

《北京城市总体规划（2016 年 – 2035 年）》中强调，要"对接支持河北雄安新区规划建设"，明确提出北京将"全方位对接，积极支持河北雄安新区规划建设"，要求"主动加强规划对接、政策衔接，积极作为，全力支持河北雄安新区规划建设，推动非首都功能和人口向河北雄安新区疏解集聚，打造北京非首都功能疏解集中承载地，与北京城市副中心形成北京新的两翼，形成北京中心城区、北京城市副中心与河北雄安新区功能分工、错位发展的新格局"。规划中明确提出三方面总体思路，除了"建立与河北雄安新区便捷高效的交通联系"，特别提出"支持在京资源向河北雄安新区转移疏解"和"促进公共服务等方面的全方位合作"。[②]

8.3 新区设立的意义与价值

按照党中央和国务院的解读，设立雄安新区，是以习近平同志为核心的党中

---

① 受权发布：中共中央、国务院决定设立河北雄安新区 – 新华网，http：//news. xinhuanet. com/2017 –04/01/c_ 1120741571. html. 2017 –04 –01.

② 北京城市总体规划（2016 年 –2035 年）– 规划动态 – 首都之窗 – 北京市政务门户网站，http：//zhengwu. beijing. gov. cn/gh/dt/t1494703. htm.

央深入推进实施京津冀协同发展战略、积极稳妥有序疏解北京非首都功能作出的一项重大决策部署，是继深圳经济特区、上海浦东新区之后又一具有全国意义的新区，是重大的历史性战略工程，是千年大计、国家大事。①

从国家层面以及京津冀协同发展的示范效应等层面来看，设立雄安新区，"对于有力有序有效疏解北京非首都功能，推动京津冀协同发展，打造贯彻落实新发展理念的创新发展示范区，具有重大现实意义和深远历史意义"。具体可从以下四个层面来把握：一是有利于探索解决"大城市病"新模式。规划建设雄安新区，打造具有相当规模、发展环境更优的集中承载地，一方面，将吸引部分非首都功能在集中承载地集聚发展，有效缓解北京"大城市病"问题；另一方面，推动北京非首都功能集中疏解，可以避免零打碎敲、盲目布局，提升疏解效率。二是有利于培育全国创新驱动发展新引擎。规划建设雄安新区，是适应经济发展新常态，探索经济发展新模式的重要举措。通过推动创新驱动发展，可以集聚京津冀乃至全国以及国际创新要素和资源，能够打造具有世界影响力、国内领先的科技新城，培育经济发展新亮点。通过推进简政放权、管放结合、优化服务，深化行政体制改革，构建促进创新的体制机制，为全国其他地区作出表率和示范。三是有利于调整优化京津冀城市布局和空间结构。规划建设雄安新区，主要承接北京非首都功能及与之相配套的部分优质公共服务功能，将进一步强化要素资源的空间集聚，打造区域发展新的增长极，优化整合现有城镇体系，拓展区域发展新空间。四是有利于促进区域协调协同共同发展。河北省与北京市、天津市发展差距悬殊，公共服务水平落差大，是京津冀协同发展亟待破解的难题，也是全国区域发展不平衡、不协调的典型缩影。规划建设雄安新区，通过集中承接北京非首都功能，提升产业层次、创新能力和公共服务水平，加快提升河北经济发展的规模水平和质量效益，缩小与京津两市的经济社会发展差距，实现区域良性互动，促进三省市协同发展。②

---

① 受权发布：中共中央、国务院决定设立河北雄安新区－新华网，http：//news. xinhuanet. com/2017 －04/01/c_ 1120741571. htm，2017－04－01.

② 张高丽就设立雄安新区接受新华社记者采访－新华网，http：//news. xinhuanet. com/politics/2017 －04/14/c_ 1120813594. htm，2017－04－14.

8.4 产业带动人口 "双转移" 应用分析

事实上，雄安新区的定位、建立和推进，符合本研究所涉及的产业带动人口"双转移"的规律，可以说是"双转移"应用的典型案例。从前述分析可知，解决北京人口相关"城市病"问题关键是有序疏解非首都功能，而推动非首都功能有序疏解的核心思路是以优先推进产业带动人口"双转移"为出发点和突破口。雄安新区作为北京非首都功能和人口的集中承载地，其在成立和发展过程中，也应优先通过产业带动人口"双转移"来带动首都公共资源公共服务的疏解，进而带动非首都功能和人口整体疏解。在这一过程中，还要始终遵循绿色发展为引领和创新驱动为核心的理念和规律。在此，我们从前述第6章中归纳总结出的"双转移"的六轮驱动的动力机制和作用规律出发，解读新区已有的政策思路与进展成效，同时依据规律尝试模拟雄安新区未来如何通过优先推动产业带动人口"双转移"，对非首都功能疏解和人口转移发挥作用。这其中将紧密结合中央和国家以及北京市对于新区设立的定位、导向、规划和政策来阐述。

8.4.1 政府与市场的混合动力（迁出地推力与承接地拉力）

根据第六章分析可知，动力的效果主要表现为推力和拉力，就迁入地双方而言，则主要是迁出地的综合推力作用和承接地的综合拉力作用。具体到产业转移和人口迁移，这种推力和拉力的性质，都可从政府和市场两个因素来考虑。

一、北京作为迁出地的转移动力（推力）分析：

1. 市场层面推力分析

从产业迁出的推动力而言，北京有本身产业优化升级的需求和企业本身想要降低劳动力成本和综合成本，以获得更好利润的需求。

同时根据人口迁移动力分析，就北京本地就业的劳动力即相关人口而言，其在首都生活处于高成本和高压力的状况，比如住房、交通以及环境的生活成本，还有强度过大，节奏过快的工作环境以及子女上学和老人养老等公共服务的紧缺。这使不少人产生外迁至类似雄安这样生活成本较低、环境较为舒适的新兴城市的意愿。加之雄安新区还是首都副中心，正处于全面开发、政策优惠时期，去这里发展不仅薪酬可能会提升，而且可能充满诸多机遇，且生活的成本和压力都较小，生活质量会偏高等。这些都是吸引人口迁入的重要因素。换言之，从人口迁移规律分析，在北京工作的相当一部分人士及家庭，本身有外迁至雄安新区的内在推动力。目前这些动力需求在实际中均有所呈现。

2. 政策层面推力分析

所有的相关政策中，最大的就是京津冀协同发展战略即《京津冀协同发展规划纲要》，以对外有序疏解非首都功能，优化提升首都核心功能为导向。这其中，推进产业带动人口对外转移，已成为重要的抓手。还有最新的北京城市总体规划和北京十三五规划及配套政策，都可以产生政策层面促进产业人口外迁的推力。其中一些规划中已明确提出，产业跟着功能走，人口跟着产业走的思路；进而再带动相关公共资源及公共服务的有序疏解。这进一步印证了本研究总结的规律。

二、雄安新区作为集中承接地的动力（拉力）分析

1. 市场层面拉力分析

雄安新区本身的产业基础和当地相关劳动力的特点（整体素质偏低，适合劳动密集型企业），决定了其产业的转型升级是其内生性的需求。为此，亟待引进首都北京一些具有相对优势的高端产业和高素质的劳动力，带动本地产业的快速升级以及本地高端劳动力的回流及普通劳动力的就业。之前的分析研究已表明，北京新增的外来常住人口中，河北来京的比例最高。这样将相对优势的产业迁入河北本地中小城市（比如雄安）之后，会带来较高收入预期的行业职业，将会吸引一部分外流北京的劳动力"回流"，不仅可以直接疏解迁入首都的人口，还能促进当地就业，实现就近就地城镇化的目标。

2. 政策层面拉力分析

根据上述新区出台背景可知，无论是《京津冀协同发展规划纲要》中对于集中承接地的需求，还是雄安新区作为首都副中心的定位和建立初衷，以及最新公布的北京城市总体规划中，都明确将雄安新区作为非首都功能和产业及人口的集中承载地。这些战略政策的导向目前已经很清晰，就是要推动北京非首都功能集中向雄安新区转移，其中承载这些非首都功能的产业和相关人口事实上已是首要迁出对象。同时雄安新区本身亦有出台促进产业升级转型的政策需求，希望通过出台相应的配套产业政策和人才公共服务政策，留住迁入的高端产业和随之而来的高素质的人才。

8.4.2 产业转移与人口迁移互为动力

根据前述第六章分析可知，除了源自外部政策与市场的推拉力之外，产业转移和人口（尤其是劳动力人口）迁移本身还具有相互促进的内在动力。

前述章节论述已说明，在当下京津冀协同发展战略下，北京基于解决人口"大城市病"而推出的以非首都功能疏解为导向的方略，客观应以优先推动产业带动人口"双转移"作为主要引擎和驱动力。因此，通过产业转移带动人口迁移实现"双转移"的优先级、必要性和重要性已然明确。而雄安新区的建立，则明确作为非首都功能和人口的集中承载地。按照本研究之前分析可预判出，未来在推进具有相对优势的产业从北京转移到雄安的过程中，相关行业的劳动力人口将随之迁移。产业迁入雄安之后，将吸引到的劳动力人口中，不仅包括来自北京的外来人口，还包括原先迁入北京的部分雄安本地人口（即带动本地劳动力的回流），同时留住计划向北京流动的部分本地人口。劳动力人口的集聚将进一步促进产业集聚，进而带动更多劳动力迁入和集聚。从而形成产业人口相互促进的循环推动效应，构成产业人口"双转移"的持续内在动力。

8.4.3 创新驱动为核心

按照之前的分析，在从北京向雄安推进产业带动人口"双转移"过程中，必须确立的一条基本原则就是坚持把创新内在驱动作为核心动力。对此，我们可以看到，习近平总书记明确强调指出，雄安新区千万不能搞成工业集聚区，更不是传统工业和房地产主导的集聚区，要在创新上下功夫，成为改革先行区。要坚持实施创新驱动发展战略，把创新驱动作为雄安新区发展的基点，加快制度创新、科技创新，完善创新创业环境，积极吸纳和集聚京津及全国创新要素资源，通过集聚科研院所和发展高端高新产业，打造一批高水平的创新创业载体，吸引高新技术企业集聚，建设集技术研发和转移交易、成果孵化转化、产城融合的创新引领区和综合改革试验区，打造京津冀体制机制高地和协同创新重要平台。^①为此，党中央和国务院明确表明，要将雄安新区建成"创新驱动引领区"。《北京城市总体规划（2016 年－2035 年）》中也明确提出，"协同建立产城融合、创新驱动的产业空间体系"，强调"以创新为纽带，促进区域产业链条贯通。突出北京（中关村）的产业引领地位，重点培育河北雄安新区及天津滨海新区、石家庄、保定等高新技术产业集群和创新型产业集群。发挥北京的科技创新资源优势，推动区域内实验室、科学装置、试验场所的开放共享，构筑三地'政产学研用'一体的创新生态环境"。^②

8.4.4 绿色发展为引领

中国共产党的十八大以来，绿色发展已上升为国家五大发展理念之一。通过前述分析表明，京津冀协同发展战略背景下，在推进产业带动人口"双转移"过程中，绿色发展是目标和准则，生态环保理念是其中应有之义。正所谓"绿水青山就是金山银山"，所有的发展都需要以绿色发展理念为引领，而最终衡量发展的重要基础性指标正是绿色发展。正如习近平总书记强调指出，雄安新区建设要充分体现生态文明建设的要求，成为生态标杆，坚持生态优先、绿色发展，不能建成高楼林立的城市，要疏密有度、绿色低碳、返璞归真，自然生态要更好。要坚持绿水青山就是金山银山，合理确定新区建设规模，完善生态功能，突出"科技、生态、宜居、智能"发展方向，创造优良人居环境，构建蓝绿交织、清新明亮、水城共融、多组团集约紧凑发展的生态城市，实现生态空间山清水秀、生活空间宜居适度、生产空间集约高效，促进人与自然和谐共处，建设天蓝地绿、山清水秀美丽家园。^③为此，党中央和国务院也明确提出，雄安新区要建立"绿色生态宜居新城区。"因此，北京与雄安新区在实施非首都功能疏解尤其是在产业带动人口"双转移"过程中，必须始终遵循绿色发展理念引领的原则。

---

① 张高丽就设立雄安新区接受新华社记者采访－新华网，http：//news. xinhuanet. com/politics/2017－04/14/c_ 1120813594. htm，2017－04－14.

② 北京城市总体规划（2016 年－2035 年）－规划动态－首都之窗－北京市政务门户网站，http：//zhengwu. beijing. gov. cn/gh/dt/t1494703. htm.

③ 张高丽就设立雄安新区接受新华社记者采访－新华网，http：//news. xinhuanet. com/politics/2017－04/14/c_ 1120813594. htm，2017－04－14.

8.5　小结

本章对雄安新区设立背景、概况进行介绍，对于新区基本定位、核心功能以及设立的重大意义与价值进行阐述；在此基础上，特别应用前述第 6 章归纳总结出的产业带动人口"双转移"的六轮驱动动力机制和作用规律，紧密结合中央和国家以及北京市对于新区设立的定位、导向、规划和政策，对新区的建设和承接做出了应用分析，解读新区已有建设思路与进展成效；同时依据规律尝试模拟预判雄安新区未来如何通过优先推动产业带动人口"双转移"，对非首都功能疏解和人口转移发挥作用。从而得出主要发现和结论如下：

雄安新区的定位、建立和推进，符合本研究所涉及的产业带动人口"双转移"的规律，可以说是"双转移"应用的典型案例。具体而言，由前述分析可知，解决北京人口相关城市病问题关键是有序疏解非首都功能，而推动非首都功能有序疏解的核心思路是以优先推进产业带动人口"双转移"为出发点和突破口。雄安新区作为北京非首都功能和人口的集中承载地，因此在成立和发展过程中，符合产业带动人口"双转移"的优先推进原则。换言之，从北京向雄安集中疏解非首都功能和人口时，也应优先通过"双转移"来带动首都公共资源公共服务的疏解，进而带动非首都功能和人口整体疏解。在这一过程中，还应始终遵循绿色发展为引领和创新驱动为核心的理念和规律。

第九章
结论与讨论

9.1 主要结论与讨论

9.1.1 北京"大城市病"和人口调控制度体系研究结果

本部分研究中，通过一系列论证得出结论：解决北京人口相关的"大城市病"问题关键是有序疏解非首都功能，而推动非首都功能有序疏解的核心思路是以优先推进产业带动人口"双转移"为出发点和突破口。换言之，从北京人口调控目的而言，当前无论是为了解决北京"大城市病"还是旨在更好地推动非首都功能疏解，都有必要将推进产业带动人口"双转移"作为优先的主要着力点和突破口。

1. 从城市发展模式和运行机理出发分析，论证出北京实施人口调控的直接原因旨在应对"大城市病"，而"大城市病"核心症结在于北京非首都功能过多过散。

本研究从北京城市经济社会发展框架模式中找到北京"大城市病"产生的原因。研究发现，"大城市病"产生的直接诱因是人口大量聚集带来的需求超过城市基础设施和公共服务能力，出现这一问题的主要原因不仅包括经济发展和产业发展原因，还有政治和社会原因等，而其核心症结在于北京非首都功能过多过散。

这一结论与《京津冀协同发展纲要》中将非首都功能有序疏解作为核心的思路相一致，同时也论证了非首都功能疏解的必要性和迫切性。以往研究中虽也有对于"城市病"原因的分析，但少有将之还原到北京城市经济社会发展运行机理图中进行动态系统分析。以往也有研究在谈首都功能的"大而全"引发产业和人口的过度集中，但较少从产业经济发展和首都政治社会公共资源布局角度进行综合考量。本研究从这两方面出发论证，则既体现出北京作为特大城市经济发展的普遍性，又体现出北京作为首都独有的政治社会中心地位的特殊性。

2. 厘清以往北京人口调控政策体系中存在的主要问题及症结。

本研究归纳弊病主要表现为：户籍制度壁垒、城市规划滞后于功能定位和产业发展、不同指向的调控政策存在冲突等问题。总结这些以往北京人口调控政策制度体系主要弊病可归纳为三大类问题：理念滞后、制度冲突和路径依赖。这三类问题产生的主要原因（也反映北京人口调控制度体系存在三方面缺陷）是：过分倚重短期行政管控手段，忽视产业带动人口"双转移"内在规律，缺乏全国和区域统筹视野。简言之，其核心症结在于忽视城市化发展、经济发展、产业发展和人口发展的规律。

以往对北京人口调控政策体系反思的研究不少，但从制度分析的视角对其弊病及背后症结进行深入归纳分析的还不多，更少有将区域协同发展视角与产业带动人口"双转移"视角结合起来进行分析。

3. 只有优先推进产业带动人口"双转移"策略才是解决北京人口相关"大城市病"问题的关键。

本研究通过论述得出，只有优先通过产业带动人口"双转移"才能"牵一发而动全身"，带动非首都功能整体疏解，促进京津冀协同发展。研究建议，以有序疏解非首都功能为导向，优先通过推动产业带动人口"双转移"的战略，促进非首都功能整体有序疏解和优质公共资源配套扩散，反过来进一步促进产业和人口疏解转移，从而达成对产业和人口的"循环疏解"效应。从而论证出通过产业带动人口"双转移"对推动非首都功能疏解的必要性和优先级价值。

这与之前理论和实践层面得出的解决北京"大城市病"，尤其是调控人口过度集聚的总体方法和路径不完全相同。虽然研究得出非首都功能疏解是解决"大城市病"的导向思路与以往研究一致，不过研究并未停留在这一既有共识层面，而是进一步深入论证出产业带动人口"双转移"是当前推动非首都功能疏解、解决北京"大城市病"乃至调控疏解北京人口的优先必然选择，也是"性价比"最高的选择。

9.1.2 京津冀三地产业发展和人口状况研究结果

本研究对京津冀产业转移和人口迁移各自的基础条件进行分析表明，京津冀三地产业发展和人口发展具有显著不均衡特征。京津冀三地经济和产业发展具有明显阶段性差异，具备产业转移的基础性条件，但仍面临制约产业发展的瓶颈问题。京津冀三地人口城镇化水平和人口素质区域不均衡显著。

首先，京津冀三地经济和产业发展具有明显阶段性差异。北京已进入工业化后期，天津市处于工业化中后期，河北省则处于工业化中期。区域产业结构存在着产业比重差异明显，产业同构问题突出和发展不均衡三大突出问题。其次，京津冀区域产业转移具有基础条件优势。主要包括：三地经济发展阶段存在明显差异，产业结构存在梯度性差异，资源禀赋和科技水平存在互补性。再次，即便考虑"全面二孩"政策下，近期京津冀区域尤其是北京人口增长仍以迁入为主。区域人口空间分布不均衡，内部人口迁移主要以河北流入京津尤其是流入北京为主。此外，京津冀三地人口城镇化水平显著不均衡，人口素质差异明显，区域人口与资源环境关系紧张。

本部分研究发现及结论与之前研究中对于京津冀区域产业发展和人口特征的总体研究结果一致。特别在分析京津冀区域人口现状和发展中，重点考虑了新近2015年底至2016年初国家层面的全面放开二孩政策对于区域人口增长的影响，并结合第4章中对于北京人口增长主要原因的分析，发现这一政策在短期内不会成为影响区域人口增长的主要因素。

9.1.3 京津冀产业带动人口"双转移"动力机制与障碍分析研究结果

本部分主要发现和结论如下：

1. 京津冀区域产业带动人口"双转移"发展方面，无论是从区域共性角度，还是转移地承接地各自视角均存在诸多障碍，这些障碍总体可以归结为政府、市场和制度方面的三重掣肘。

对于产业转移障碍的研究属于当前京津冀协同发展相关研究中最热门的研究。学界业界对于产业转移出现的问题和改进思路均有不同程度探讨。但是少有将产业和人口结合起来，尤其从两者相互间互动和联动作用角度出发，分析产业带动人口"双转移"过程中的障碍，并且将之上升到政府、市场和制度核心层面讨论。

2. 京津冀区域产业带动人口"双转移"存在相互作用机制和诸多影响因素，

应遵循其内在规律和相互作用机理。

根据其相互作用机制和影响因素，归纳出推进"双转移"的六轮驱动的系统动力机制：政府和市场的双重动力，产业转移和人口迁移之间互为动力，创新驱动和绿色发展的内驱和引领动力。本节提出的六轮驱动的系统动力机制是本研究的创新总结，以往一些研究中虽不同程度有所涉及，但并未系统进行归纳总结，并上升到理论层面。这可以说是本研究的一项突破。

3. 梳理总结出当前产业带动人口"双转移"过程中亟待解决的核心导向性问题：产业转移和人口迁移的具体方向、数量和路径选择及操作策略等。

以往研究中主要对于产业转移的动力及影响因素探讨较多，罕有将产业带动人口"双转移"作为系统整体考量并厘清"双转移"内部相互促进的动态互动作用机理，更没有从迁出地和承接地的政府和市场入手，结合绿色发展和创新驱动理念，综合发掘和构建出推动"双转移"的六轮驱动的多元动力机制。这些都是以往研究中较为缺乏的分析思路和研究发现。

9.1.4 京津冀产业转移与人口迁移和情景模拟分析结果

本部分研究通过场景模拟分析，得出主要发现和结论如下：

1. 北京产业带动人口迁出预测模拟分析：在运用 PDE 多状态预测方法对三地人口规模进行高中低三种情境预测基础上，通过比照北京"十三五"规划设定 2020 年 2300 万人口目标，结合北京产业疏解重点行业就业人口占比，预判出 2016 年至 2020 年时三种情境下适合迁出北京的 11 类产业及随产业相应迁出人口数。

2. 津冀产业承接模拟分析：通过对《京津冀协同发展规划纲要》规划的京津冀三地主要城市功能和产业定位梳理，结合北京对外重点疏解的 11 种产业类别，在津冀范围内预判出适合承接不同北京外迁产业类别的城市分配方案。

3. 产业带动人口"双转移"承接模拟分析：在充分考虑《京津冀协同发展规划纲要》和《河北省主体功能区划》对于河北省主要地市的功能定位、产业和人口发展布局基础上，结合京津冀三地 13 地市人均水资源状况，并参考人口发展功能区划思路，综合分析预判出最适合承接产业带动人口"双转移"的区域和 6 个主要城市。即：石家庄、保定、沧州、廊坊、唐山、秦皇岛。根据至 2020 年时北京各产业迁出总人口（就业人口）规模的高中低三种预测方案，结合这 6 城市的人均水资源指数占比，得到高中低三种情境下各城市承接北京迁出人口分配方案。

以往研究中对于人口规模预测并不少见。但是在人口预测基础上动态考虑北京产业和人口"双转移"的路径方向，并对产业转移承接种类及可带动迁移就业人口规模进行系统预测的较少；更少有综合城市功能定位、区域主体功能区划以及人均水资源指数和人口功能分区等规划和标准，对京津冀区域内适合承接北京迁出产业和人口的城市进行定量和定性相结合的预测分析。本研究在这些方面都做了积极探索和实证分析，最后以人均水资源状况为基础，对最适合承接北京产业带动人口"双转移"的 6 城市的产业承接类型和人口规模进行了有机分配。这在之前的同类研究中尚未发现有类似研究思路和研究成果。

9.1.5 雄安新区设立与建设的"双转移"视角应用分析结论

雄安新区的定位、建立和推进，符合本研究所涉及产业带动人口"双转移"的规律，可以说是"双转移"应用的典型案例。

从北京向雄安集中疏解非首都功能和人口时，应优先通过"双转移"来带动首都公共资源公共服务的疏解，进而带动非首都功能和人口整体疏解。这一过程中，还应始终遵循绿色发展为引领和创新驱动为核心的理念和规律。

9.1.6 总结与讨论

综合全文来看，《京津冀协同发展规划纲要》核心是有序疏解非首都功能，其主要目标是疏解北京的人口。本研究的中心正是围绕解决北京人口问题而展开的。当前北京人口问题最突出表现为"大城市病"，通过分析发现北京"大城市病"产生的实质是常住人口尤其是外来常住人口增加带来的需求超过现有基础设施、公共服务和社会保障的水平和能力，而给城市运行带来交通拥挤、房价高涨、环境污染和公共服务滞后等多重压力。这其中因产业和公共资源过度集中引致大量劳动力人口和相关人口集聚是重要推手。分析产业和公共资源过度集聚的原因，正是源于以往"大而全"的首都功能指向。

换言之，以往"大而全"的首都功能吸引过多产业和优质公共资源和向首都尤其是核心城区集中布局，进而吸引过多劳动力人口和对优质公共资源需求人口向中心城区聚集。这其中相当一部分是外来人口，尤以河北来京外来人口占比最高。因此疏解非首都功能，进而疏解过多的人口成为目标导向。

从前述工业化和城市化发展视角分析研究表明，疏解非首都功能应首先重点疏解支撑非首都功能的产业和公共资源，两者相较应优先疏解支撑非首都功能的产业。这一方面是因为只有通过产业转移实现迁出地和承接地的产业优势互补和转型升级，达成双方利益共赢和协同发展，双方才最有动力推进产业带动人口"双转移"。另一方面是因为按照产业转移发展规律，通过产业转移疏解本身即可带动劳动力人口的迁移疏解，并进而带动公共资源疏解。因为公共资源和公共服务体系的疏解只有跟着人口迁移尤其是劳动力人口迁移走，才可能使迁出的产业和人口尽可能留在承接地。

因此，本研究得出的结论是，北京只有优先通过产业带动人口"双转移"才能真正实现人口的对外疏解和区域内均衡布局，促进非首都功能整体疏解和北京"大城市病"的解决，进而推动京津冀协同发展。为此，应将北京向津冀的产业带动人口"双转移"作为推动非首都功能疏解的主要抓手和着力点。这一过程中，应侧重从总体宏观角度把握，充分把握京津冀协同发展的重大国家战略机遇，以推进非首都功能疏解为核心导向，在充分尊重城市化发展规律并遵循产业转移和人口迁移基本规律基础上，重点围绕产业转移承接（涵盖产业转型升级）推进，辨析影响京津冀尤其是北京产业转移和人口迁移的基础条件、动机机制与核心障碍因素，以创新为核心，兼顾生态文明与绿色发展、城镇化发展和城乡公共服务均等化等人口城市化发展需求，使得产业转移与人口迁移实现统筹推进和有机统一，最终实现三地产业优势互补，人口有序迁移与合理分布，促进非首都功能整体疏解和北京"城市病"的解决，进而推动京津冀协同发展。这一思路也正是本研究后续第5章至第7章的主要研究思路。

总体来看，本研究所探讨的首都人口调控问题，实际指向是首都人口压力在京津冀地区协同发展中的疏解问题，其是以非首都功能疏解为导向。而这正是本论著研究中产业带动人口"双转移"的出发点和落脚点。结合本研究发现的"双转移"面临的主体障碍、动力机制和作用机理，笔者认为，未来"双转移"研究和政策建议应主要聚焦解决北京人口存量和人口增量问题，具体可从人口存量疏解和增量优化分流两方面来考虑；人口分析可从常住人口和非常住人口视角切入，疏解范围在京津冀区域内可划分为北京城内和城外（以河北为主）。具体为：①首都现有人口存量（常住人口）在北京城内的疏解和再分布问题，特别是充分发挥北京城市副中心——通州新城对于中心城区市属行政事业单位及相关人口、部分产业及相关人口乃至公共资源和公共服务疏解的作用，加强政策路径的研究。②首都现有人口存量（非常住人口，主要分布在劳动密集型产业）在北京城外的疏解和再分布问题。③首都人口增量在北京城内的选择性接纳（优才计划）问题。④首都人口增量在北京城外（主要是河北绕北京城周边地区，尤其是雄安新区）的转移和分流（防止新增加的流动人口过分集聚于首都）。

上述四类人口问题的解决总体思路是通过优先推进产业带动人口"双转移"来实现，但要注意防止出现市场失灵和政府失灵的问题。也就是要避免两个极端，不要用政府引导代替市场主导；也不能单纯通过市场调节发挥作用，因为政府政策规范、约束和激励机制也同样重要。特别是行政干预方面，既要积极作为，做好引导和规范，又切忌过度管控。这其中需要注意的是本研究始终遵循的是京津冀协同发展的导向。首先需要以达成三地经济和产业优势互补，实现转型优化作为共同目标。为此，迁出地和承接地双方要通过产业和人口"双转移"实现各自产业转型和优化升级。这既不是以往河北一味服务京津的思路，也不是北京简单将低端产业和高污染等产业迁往津冀的思路，而是要在协同发展指向下进行疏解转移和承接，以实现三地产业优势互补、人力资源优化配置以及生态环境的科学保护为基础目标。这一过程中，通过调整京津冀三地经济结构和空间结构，探索出产业转移带动人口迁移的"双转移"有效路径，创新人口经济密集地区优化开发的有效模式，最终实现京津冀区域协调发展和绿色发展，形成区域新的增长极。

总之，未来北京人口调控问题应站在京津冀协同发展的视野上，打破"一亩三分地"思维，聚焦政治、文化、国际交往和科技创新四个中心功能，以有序疏解非首都功能为导向，以产业带动人口"双转移"为优先战略，推动三地产业和人口的均衡布局与绿色发展。

9.2 政策建议

基于全文的结论和发现，提出本研究的政策建议。综合全文研究论述表明，非首都功能有序疏解是京津冀协同发展的核心与落脚点，而通过北京向津冀的产业转移带动人口迁移则是非首都功能疏解的主要抓手和优先着力点。在这一过程中，应侧重从总体宏观角度把握，首先辨析影响京津冀尤其是北京人口迁移的核心因素（经济因素为主），以有序疏解非首都功能为统领，以创新为驱动，重点围绕产业转移承接（涵盖产业转型升级）来推进，注重依据人口自身发展和迁移规律，兼顾生态文明（绿色发展）、城镇化发展和城乡公共服务均等化等人口城市化发展需求，使得产业转移与人口迁移实现统筹推进和有机统一，最终实现三地产业优势互补，人口有序迁移与合理分布，促进三地协同发展。因此讨论"双转移"主要遵循的原则方向和对策建议都应围绕这一核心目标和思路来确定。

9.2.1 "双转移"方向和原则

本研究综合全文定性和定量分析，认为在"双转移"过程中应遵循以下战略方向和基本原则。

一、"双转移"战略方向

本研究根据全文综合分析，结合产业带动人口"双转移"的动力机制和作用机理，确定北京产业带动人口"双转移"的战略方向和目标是：在京津冀协同发展的非首都功能疏解导向下，通过优先推进北京产业转移带动人口迁移的"双转移"，实现有序疏解北京非首都功能，缓解乃至解决北京"大城市病"问题，促进京津冀三地产业转型升级和优势互补，人口产业与资源环境乃至经济社会的绿色协调可持续发展，探索人口经济密集地区优化开发的模式，推动京津冀区域协同发展和人口城镇化均衡发展，形成新的区域增长极和世界级城市群。

二、"双转移"基本原则

按照第6章研究发现，京津冀区域产业带动人口"双转移"过程中不仅遵循相互促进的作用机制，而且内部存在着六轮驱动的系统动力机制。因此，应充分尊重这些内在规律，协调统一政府政策与市场机制的推动力，充分发挥产业转移和人口迁移自身相互促进的动力机制，通过创新驱动和绿色引领来形成产业带动人口"双转移"的系统合力。因此，本研究综合全文定量和定性分析结果，结合京津冀协同发展和非首都功能的导向和上述战略方向，尤其是要遵循产业带动人口"双转移"的六轮驱动动力机制和规律，总结出推进产业带动人口"双转移"过程中应遵循的六项基本原则：一是遵循产业转移带动人口迁移"双转移"的内在规律；二是遵循产业转移和人口迁移各自的规律；三是遵循政府引导和市场主导相结合的原则；四是遵循绿色发展引领转移承接的原则；五是遵循创新驱动推动制度、技术和市场创新原则；六是遵循利益共享责任共担的协同发展原则。

1. 遵循产业带动人口"双转移"的内在规律

首先应遵循产业转移带动人口迁移"双转移"的内在规律和作用机理。

2. 遵循产业发展和人口发展的双重规律

"双转移"过程中应遵循产业发展和人口发展的双重规律。

（1）应遵循产业转移和产业发展规律。首先，遵循产业发展规律，产业转移应以产业集群为着力点，从单项产业转移向产业链整合转移发展。我国广东等发达地区产业发展经验表明，产业集群能带来正效应，有利于推进劳动力就地转移。因此，京津冀在产业转移过程中，应依据产业链整合理念规划产业定位和发展路径。北京侧重通过产业转移实现产业优化升级，在产业转移与优化升级中以培养高附加值的优势产业集群为目标，提高产业在全国乃至国际产业价值链中的权重，注重在产业研发、营销和品牌塑造等环节发力。河北和天津作为产业承接地，应合理规划好产业布局，培育拥有本地特色的产业集群，注重产业关联性，增强配套产业和生产性服务业的建设，利用承接北京产业的契机，转型升级原先产业结构。其次，应避免脱离城市功能疏解导向的单纯产业疏解或者单项产业疏解。产业疏解政策原则上不宜单独进行，必须与非首都功能疏解相配套。这是因为产业和行业是否高端应由市场而非政府判定。所谓高低端产业和行业很可能是符合实际产业结构需求的组合，比如"高端"金融和高科技产业发展离不开相应"低端"餐饮、保洁、安保等基础服务业支撑。若单纯强调转移所谓低端产业，一味只是驱赶所谓"低素质"人口聚集的"低端"产业，而不与城市功能疏解相结合，其结果只会加大高端产业发展成本并普遍降低居民的生活水平，更有可能破坏整体产业结构，伤害经济社会的健康运行。

（2）人口随产业转移时遵循其迁移居留规律。"双转移"应以产业有序疏解转移为牵引，避免忽视人口需求和经济规律的强制性功能疏解。通过遵循人口迁移和居留决策规律，带动人口迁移和空间布局优化。首先，按照人口迁移规律，产业决定人口（劳动力为主）收入水平；预期收入水平决定主要人口迁移方向；而配套公共服务只有跟着人口走，才能将迁出的人口留在迁入地。若只有功能疏解和产业迁移，没有带动人口迁移真正落地，最后的疏解结果仍不成功。也就是说，在京津冀协同发展战略下，人口迁移和空间布局必须与三地功能定位与产业分工布局相结合，制定京津地区人口内部存量调整与向河北及周边增量迁移有机结合的人口疏导政策。因此，要实现京津冀非首都功能疏解和人口空间规划布局均衡，首先需要以产业疏解为先导，遵循人口迁移规律——即人口跟着产业走，公共服务跟着人口走。为此，非首都功能疏解应与产业外迁以及相关人口配套公共服务（住房、医疗、教育等）保障到位同步进行，并注重以环保和绿色可持续发展为标准衡量产业和人口迁入地的发展成效，以此实现在京津冀范围内，通过非首都功能疏解促进人口在三地空间范围内的有序转移与合理均衡分布，进而推动京津冀三地协同发展。其次，人口迁移应避免忽视人口需求和经济规律的强制性疏解。以往经验表明，一些疏解政策忽视城市功能人口和产业就业人口的需求，违背了市场规律和人口迁移规律，导致原有疏解失败。比如若忽视支撑文化教育科研核心功能的知识分子群体对家政服务这一产业的需求，而出台疏解家政服务产业政策，结果将是为满足高端人口对家政服务需求的新产业人口将重新聚集。因此，人口疏解政策必须与城市功能疏解相配套并符合市场规律和人口需求。例如，2013 年北京从业人员中行业数量位居前三的是：批发和零售业 148.8 万人，占 13.3%；租赁和商务服务业 141.7 万人，占 12.8%；制造业 138.5 万人，占 12.5%。其中哪些属于首都功能必需人口，哪些属于城市功能无关人口？不能简单由行政指令"拍脑袋"决定，必须结合城市功能定位并尊重市场规律和人口需求，最终由市场来决定。

3. 遵循政府引导和市场主导相结合原则

前述分析可知，产业带动人口"双转移"的动力机制中，政府和市场的作用是最重要的动力之一。这其中应以市场为主导，政府做好政策引导，并将两者作用力协调统一。因此，在推进"双转移"过程中应坚持政府引导与市场机制相结合，既充分发挥政府规划、政策的引导作用，又发挥市场的主体作用。同时要注意避免市场失灵和政府失灵的问题。

首先，将京津冀协同发展和非首都功能疏解的宏观战略导向与市场发展、产业发展的规律相结合。通过发挥政策导向、政府调控和市场机制融合推动作用，在尊重产业协同发展、人口迁移规律基础上形成相互配合有机促进的机制。其次，就具体人口和产业的调控转移政策和制度指向而言，京津冀区域人口产业协同发展主要以区域人口和产业结构匹配，两者实现均衡为目标，将区域内主要城市的功能定位、产业布局与城市群人口分布的优化相结合，增强区域内新城、中小城市和小城镇对人口（尤其是劳动力人口）的吸纳和集聚能力，引导产业和人口由北京等特大城市主城区向河北等中小城市和地区疏散转移，实现城市群人口、产业与资源环境协调发展。

总之，应将非首都功能疏解的产业带动人口"双转移"政策导向与实现三地经济发展和产业优势互补相结合。单纯强调北京对外疏解，不考虑天津河北甚至全国其他地方经济产业基础和资源禀赋条件，也很难奏效。必须考虑三地城市功能和发展优势实现互补。非首都功能疏解转移应结合三地人口发展特点和需求、产业发展优劣势以及三地资源禀赋和环境特点等因素综合考虑。这样三地才更有动力围绕各自城市功能定位制定经济尤其产业发展政策、配套公共服务和社会保障体系以及生态环保和资源合理利用制度，进而促进三地协同发展。

4. 遵循绿色理念引领转移承接的原则

从目标导向来看，产业带动人口"双转移"的最终目标是通过推动非首都功能疏解，来解决北京"大城市病"问题，并促进三地人口产业发展与资源环境的协调可持续发展，进而促进三地区域的绿色协同发展。因此绿色发展是推进"双转移"所遵循的基本原则和最终发展的目标。区域协同发展和三地各自城市发展均应从单纯强调"以经济发展为中心"转变为"以人为本"的绿色健康发展的理念。

5. 遵循制度、技术和市场创新驱动原则

京津冀协同发展和"双转移"的推进根本上要靠创新驱动。这包括制度创新、市场创新和科技创新。因此，产业带动人口的"双转移"推进应遵循创新驱动原则，在"双转移"过程中，通过推动制度创新、市场创新和科技创新等，为"双转移"注入全新的动力和活力，推进金融、土地、信息、人力资源等市场一体化改革，打造区域协同创新共同体，以技术创新促进产业结构互补优化和转型升级，通过制度创新构建有利于产业转移和优化升级的体制机制，促进非首都功能有序疏解和京津冀协同发展。

6. 遵循利益共享责任共担协同发展原则

综合全文分析发现，"双转移"能否顺利推进之关键是转移承接各方首先都有动力，无论是从宏观经济产业优化升级发展角度，还是微观企业为提升利润主动转移角度，或是从当地政府实现政绩角度，都需要有利益导向和责任导向的推动，或是责权利统一形成的合力推动。而这必须是转移承接各方都有动力才能真正推动。

因此，在推进"双转移"相关各方必须遵循利益共享和责任共担的协同发展原则。没有放权让利和利益共享，没有责权利的统一，将一方获利简单建立在另一方承担代价上的做法，或是以一方无偿为另一方服务来推进，是很难实现协同可持续发展的。

9.2.2　"双转移"对策建议

本研究根据上述京津冀产业带动人口"双转移"应遵循的战略方向和基本原则，结合前述对京津冀区域"双转移"的现状和主要障碍分析以及对产业带动人口"双转移"的定量预测，从区域产业和人口共性视角、迁出地和迁入地各自视角以及区域制度创新视角提出京津冀产业带动人口"双转移"的具体对策建议。

一、区域产业与人口共性问题策略

1. 推进转移承接双方政策协调，形成区域协调合力

在推进"双转移"过程中，应将北京的产业和人口转移政策与天津和河北相应承接地政策相对接，形成区际推动"双转移"的政策合力。根据主要承接地优势切分具体承接的产业和人口，制定产业转移指导目录，同时协调好各自地方发展的利益。

首先，根据各承接地优势制定针对性产业引进和承接政策。根据第7章定性和定量的预测，本研究确定河北8个城市主要承接北京外迁的4大类7种产业，其中6个城市同时承接外迁产业及其带动疏解的人口。这就需要将北京的产业外迁政策和天津、河北8地市的承接政策进行有效对接和匹配，根据承接地之间相互的产业基础和承接优势，切分好产业和人口的分配，进而制定产业转移指导目录，实现迁入产业与本地区产业比较优势相匹配。这中间，要注意辨识产业承接

地的区位优势、产业优势、资源优势、政策优势等比较优势；迁入产业需充分利用这些比较优势，改造传统产业，形成新的产业发展极。河北主要承接地市在承接产业转移过程中应主动融入京津产业合作体系，整合京津产业和市场的优势资源，促进专业化分工和社会化协作。

其次，协调好三地产业发展规划的对接，形成推动"双转移"的政策合力。就北京作为迁出地而言，为推进产业和人口"双转移"，一方面应构建产业迁出激励机制和补偿机制；另一方面通过优化升级原有产业结构，瘦身聚焦产业资源，利用产业布局和市场机制来调整就业人口结构和分布。就产业和人口承接地的城市而言，则应制定相应针对性的产业引进和人才吸引政策，配套公共服务和社会保障体系。迁出地和迁入地形成推动"双转移"的政策合力。

2. 构建合作分工体系，推动区域产业协作与优化

根据京津冀区域产业结构互补性特点，构建产业有效合作分工机制和体系，促进产业协作分工，进而优化区域产业结构，避免产业同构和产业"虹吸"，促进区域产业优势互补和协同发展。首先，根据转移地和承接地双方比较优势构建区域产业合作机制。迁出地和承接地应发挥各自区域优势，优化产业结构，通过合理分工合作实现互利共赢。北京优势主要体现为产业基础雄厚、高端人力资源集中、工业化层次较高、分工体系完善和开放程度高等。河北欠发达地区优势主要表现为市场潜力大、土地等自然资源和劳动力等要素成本比较低廉。其次，协调区域产业发展利益，避免产业同构和产业"虹吸"问题。在促进区域产业合作过程中，应根据区域产业结构自身差异性来确定其产业发展和转型升级战略，应加强政策的宏观指导，促进区域间产业带动人口的有序转移，注重协调区域产业之间和地区发展之间利益，坚决避免产业低水平重复建设，尤其是要防止出现新的区域内产业结构同质化问题；同时注意区域产业布局和产业发展的协调均衡，避免出现新的大城市对周边产业和人口的"虹吸"问题。最终促进区域产业优势互补和协同发展。

3. 统一商品和要素市场，促进就业与产业结构匹配

首先，建立区域统一市场，促进商品和要素自由流动。研究表明，京津冀区域亟待构建统一的商品市场和要素市场，以此保障区域资源要素的合理流动。三地应在统一商品市场基础上，统一人才、资本、技术和产权等要素市场。统一资

本市场。为促进三地经济一体化，未来应从金融一体化着手推进产业一体化。京津冀区域现实的资本市场分割制约了产业资本的正常运转。同时需要研究如何发挥资本市场在产业一体化和产业升级中的作用，以促进该地区联动发展。北京可探索与天津联合打造一体化资本市场，发挥北京优质金融资源和天津滨海新区金融政策资源优势，促进京津冀区域经济产业协同发展。消除人才流动壁垒，建立区域统一劳动力市场。在京津冀范围内，建立统一的劳动力市场和人才市场，消除人才流动的区域政策和制度壁垒，促进人才在区域内自由流动，使得区域就业结构与产业结构相匹配。

其次，建立区域公平的农民工就业用工市场和制度。前述研究发现，京津冀区域内的农民工流向主要是从河北流向北京和天津。为了更好地促进城乡协调发展和人口城镇化水平的均衡发展，应特别针对农民工构建区域内公平的用工制度和就业政策，实现京津冀区域内"同工同酬""同工同制度""同工同福利"，杜绝建立在户籍制度上的用工歧视，维护农民工基本权益。建立跨区域城乡统筹机制，从区域协同发展角度建立京津对河北欠发达地区扶持的长效机制。应坚决杜绝以往北京等大城市存在的明显针对农民工等流动人口不同程度就业和用工歧视制度政策。消除针对农民工的同工不同酬和同工不同福利的问题，同时健全对农民工就业和社会融入的服务体系。一方面建立对区域农民工就业统计监测调查制度，了解农民工的就业收入状况和融入城市状况；另一方面加强针对农民工的就业信息和服务体系建设，建立区域统一透明的就业信息网络和就业服务机构准入机制。

4. 健全与人口产业配套的公共服务与社会保障机制

无论是产业和人口的迁出地还是迁入地，都需要健全完善与新的产业结构转型升级和迁移人口相适应的基础设施建设、公共服务和社会保障体系。非首都功能疏解中人口转移疏解是贯穿全过程的核心问题。如何顺利推进人口的有序疏解，涉及员工异地安置、子女教育、医疗、养老及跨区域补偿等一系列社保问题。因此，对于公共服务和社会保障政策的考虑要谨慎细致且具有可操作性。

针对高端人才的引进，在统一人才市场的同时应注重建设完善京津冀区域人力资源公共服务体系。促进京津冀区域内人才自由转移，首要任务是配套做好人才的公共服务和社会保障，消除人才转移的后顾之忧。逐步建立区域内人才统一的公共服务和社会保障政策。这样既有利于京津冀区域吸引高端人才，也有利于推动区域内人才转移。针对农民工群体，除了配套完善基本公共服务之外，还应注重完善社会保障的法治体系。尤其针对日益增多的新生代农民工，应建立完善社保关系转移接续的办法。还应通过立法建立维护保障农民工权益的制度政策，营造尊重、接纳农民工的社会氛围，促进农民工的社会融入。

总之，无论是缓解与常住人口增加相关的北京"城市病"问题，还是增强河北主要城市承接北京产业和人口"双转移"的能力，当务之急都应提升各自城市的公共服务水平和社会保障能力，加快交通等基础设施规划建设，尤其要注意保障流动人口（包括劳动力和高端人才）的基本需求（衣食住行）和基本权益（教育、医疗、养老、住房等），促进包括流动人口在内的所有常住人口"服务均等化"的实现。在此基础上，以"人口服务"为导向，建立符合所有常住人口发展需求的城市居住证制度和公共服务社会保障体系，这样才能保证产业和人口在"双转移"之后能在迁入地落地生根。

5. 将市场主导与政府生态补偿及环保监督有机融合

京津冀产业带动人口"双转移"过程中是绿色发展理念引领推动的过程。因此，应注重将市场主导与资源环境保护相结合，在遵循市场和产业规律的同时，注意配套政府的生态补偿和环保监督机制。

首先，非首都功能疏解导向下的产业和人口"双转移"需要发挥市场配置资源的主体作用。以往区域各自为政的封闭式发展导向，不仅导致产业布局大量雷同，造成很多无序竞争和重复建设；还使得北京天津等一线城市集聚了大量优质产业和公共资源，吸引人口过度集聚，并对周边造成虹吸"黑洞"效应。因此，未来应向市场主导的内生型城市化发展，在"双转移"过程中遵循产业发展和人口迁移规律，最终由市场在区域内统一配置资源，决定人和企业的去留。这是推动三地经济协同发展的根本，也是促进人口合理分布的重要政策思路。

其次，针对市场配置资源失灵部分，应完善政府生态补偿机制和环保监督机制。尤其是对京津周边卫星城和河北生态涵养区、保护区等生态脆弱区域空间和限制禁止开放区域，应加大中央财政和三地财政的转移支付力度，以弥补这些地区为支持生态建设和环境保护而做出的牺牲。

再次，应注意转移产业的环保达标问题，防止"污染"转移。避免产业低水平"复制"，严控高能耗高污染产业和企业的转移。承接双方应做好前期论证工作，建立转移产业监控追踪制度，加强转入产业环境生态监测。总之，应把"绿色发展"作为京津冀产业带动人口"双转移"发展的基础目标之一。强化生态保护红线意识，以生态约束倒逼产业转移升级，以产业转移升级促进生态环境改善，构建绿色循环的产业体系。

6. 提升流动人口专业技能和市民素养

当前流动人口的职业能力和综合素养限制了其稳定就业和融入城市。建议京津冀区域产业带动人口"双转移"的各方通过职业教育、社会团体以及大众传媒来提升流动人口的专业技能和新市民素养，促进其社会融入和市民化程度。一方面应通过职业教育提升其专业技能和就业能力；另一方面应通过社会教育体系培养其市民素养和理念。加快推进农民工等流动人口向新市民转变，融入常住地。充分发挥工青妇等社会团体及非政府组织和大众媒体的观念普及和法律教育功能，让市民观念待遇和权利意识在流动人口中间普及，让流动人口拥有平等的市民理念，在潜移默化中提升流动人口的文明素养，促进流动人口的社会融入，使其享有真正意义的市民待遇。

二、区域制度体系创新策略建议

1. 建立"以人为本"的人口城市化发展理念和制度体系

从新首都圈城市规划层面建立"以人为本"的新型人口城市化发展理念和制度体系。未来政策研究和实践应注重协调制度冲突，创新机制体制，使之形成统一理念下的合力，共同构建以"人口服务"为导向的北京市新型人口城市化发展理念和制度体系。具体建议改革以往不适宜的北京人口调控体系，协调既有各种制度冲突，共同促成人口调控体系向新型人口服务管理体系转变。尤其是从城市规划角度建立"以人为本"的总体服务目标，以此为中心统一各层面制度体系。包括城市规划在内的城市运行和治理的制度政策的制定和设计都应着眼于服务人口本身，将人口作为政策服务的主体，寓管理于服务。

2. 弱化户籍等行政管控制度，构建常住人口服务保障体系

逐步弱化甚至取消户籍管理制度以及建立在户籍制度和原有管理控制思维下的限制性和歧视性政策和制度，特别注意取消只针对原有户籍人口的住房、医疗和教育等社会福利政策体系，建立以"人口服务"导向的居住证制度，逐步有

序实现所有常住人口的公共服务均等化。无论"双转移"迁出地还是迁入地，都应完善积分入户制，构建常住人口公共服务和社会保障体系。通过推进区域内户籍管理制度改革和健全优化区域内劳动力尤其是农民工培训制度体系，将常住非户籍人口中的多数劳动力，转化为区域经济社会发展需要的现代新型产业工人，在促进流动人口社会融入同时，优化人口结构和布局，促进京津冀区域整体协同发展。

一方面，借鉴国家长三角和珠三角城市群发展规划中户籍制度改革办法和经验。改革完善北京和天津积分入户为主的户籍制度，实行城乡居民户口统一登记管理制度。通过改革调整户口迁移政策，逐步将外来人口全面纳入本地社会管理。推动流动人口服务和管理体制创新，进一步放宽河北中小城市落户条件，使在城镇稳定就业和居住的农民有序转变为城镇居民。适应产业转型升级要求，完善中高级职称技术能手的户口准入政策。完善流动人口积分制管理办法，引导流动人口融入所在城市。另一方面，健全完善承接城市的基本公共服务和社会保障体系。非首都功能疏解、产业及相关人口实现顺利迁移，北京迁出人口愿意留在迁入地的关键，是确保交通、教育、医疗、住房、养老等公共服务对迁入人口的覆盖。教育方面，可根据产业和行业需求有针对性地进行培训以提升迁出劳动力的专业素质和综合素养。医疗方面，根据人口迁移方向和路径，配置与迁入人口结构体系及空间分布相匹配的医疗资源和公共卫生服务。养老方面，应根据人口迁移方向和路径，探索构建满足迁入人口不同层次养老需求的社会化养老服务体系。

3. 构建区域利益共享和权责共担机制

针对各自为政的行政管理体制带来的问题，应尽快构建利益共享和权责共担的区域协同发展机制。包括完善跨区域投资、产业转移、园区共建、招商引资异地落户、科技成果落地等项目的收益分配机制，改革区域财税体制、政绩考核机制、投融资体制、法律制度等，加大区域内生态保护区和生态涵养区的政策扶持。

首先，建立和完善中央财政统筹的跨区域财税分享和补偿机制。类似2014年11月京津冀三地税务机关签署的《税收合作框架协议》，明确提出协商建立"飞地"与三地共建产业园区的税收利益分享机制，协商建立区域跨省迁移企业税收政策衔接协调机制，确保企业税收政策的接续执行。其次，可设立区域"双转移"专项资金。可借鉴我国其他地区开发和整治经验，在财政支出领域，设立分层次分领域的"双转移"专项资金。比如首先根据主要矛盾先设定北京市层面"双转移"专项资金，而后设立三地共同出资建立的"双转移"专项资金。通过专项资金对相关企业迁出予以资助和补偿，完善激励调节机制，加快推进产业带动人口"双转移"。类似 2017 年 9 月 30 日在北京成立的京津冀产业协同发展投资基金。该基金是经国务院批准，由国家发改委、财政部、工信部牵头发起，联合北京市、天津市、河北省以及国家开发投资公司、招商局集团、工商银行、清华大学等其他投资主体共同出资设立。基金首期规模 100 亿元，采用有限合伙制形式设立。这是国家出资引导社会资本参与的第一支京津冀协同发展专项投资基金，也是目前国内唯一以区域协同为主题的政府参与的产业投资基金，有着更明显的两级政府共同推动和社会出资人多元化参与的特点，对区域内的产业结构调整和创新机制有更多关注。[1] 第三，可建立事前分配与事后协调相结合的区域利益分配及责任共担机制。在各方有效的利益表达基础上，应建立和完善事前分配与事后协调相结合的区域利益分配机制[2]与责任共担机制。

4. 创新区域发展成效评价和公务员升迁机制

前述研究表明，当前京津冀区域协同发展和非首都功能导向下"双转移"的推进还受到区域行政体制的羁绊。强大的地方经济发展和政绩发展实效，以行政区划为基础的城市发展观和"潜在"GDP 导向的政绩考核评价体系，仍在部分管理者的思想层面及个别政策层面发挥作用，由此形成的区域间产业转移合作的行政壁垒和宏观制度壁垒仍未彻底消除。因此，必须继续改革地方发展成效的评价体系，尤其创新京津冀区域发展与产业及人口迁入迁出城市发展评价体系，以京津冀协同发展战略为导向，建立相应的新型三地政府工作评价标准及与协同发展相适应的公务员升迁机制。

---

① 京津冀产业协同发展投资基金成立 基金首期规模 100 亿 | 投资基金 | 京津冀 | 基金_ 新浪财经_ 新浪网 http://finance.sina.com.cn/roll/2017-09-30/doc-ifymkwwk7316699.shtml

② 事前分配指区域各方事先协商达成一定的区域协定或公约，使各方都具有同等发展机会和分享经济收益权利，通过调整各地产业政策，发挥区域不同优势，实现产业链条有机分布，达到不同产业利益在不同地区实现合理分享。事后协调指通过多种手段对参与区域分工而蒙受损失的一方事后进行补偿，或对区域内发展滞后地区给予财政支持和政策扶持，体现利益共享和适当补偿原则（薄文广、陈飞，2015；张颢瀚，2013）。

三、针对迁出地北京的策略建议

1. 运用产业和市场规律，引导人口迁移与合理分布

对于人口和产业迁出地北京而言，尤需注意的是，针对人口疏解尤其是外来流动人口的疏解，应充分尊重人口迁移规律，通过产业转移和市场规律有序疏导，而不是简单"排外"。切忌不分对象一刀切，实施简单的行政限制。同时应特别考虑那些为北京市建设做出长期贡献的非本地户籍的常住人口，在教育、医疗、住房等公共服务和社会保障方面给予相应准入机制，通过优化积分入户政策和降低限制门槛等举措，保障这些外来迁移人口的尊严和基本权益。

2. 发挥首都"两翼"分工疏解功能，优化功能和产业结构

总体疏解战略中，北京城市副中心和河北雄安新区作为首都新"两翼"，其本身从定位到分工具有"差异化"功能；要注意根据这一特点，充分发挥各自优势，形成疏解承接的配合效应；促进首都核心区功能重组、中心城区疏解，从而实现整体优化提升首都功能和产业结构的目标。

根据前述北京"大城市病"产生的原因可知，长期以来北京因功能过多而集聚了大量产业和人口，需要通过疏解非首都功能相关的产业带动人口实施"双转移"。因此，从作为迁出地的北京而言，应严控产业增量，严格落实近两年出台的产业禁限目录；通过产业带动人口"双转移"向河北雄安新区进行疏解；同时，还应有序推动市级党政机关和市属行政事业单位整体或部分向北京城市副中心转移；从而带动非首都功能和人口的疏解。

3. 老龄化加剧下提升流动人口素养延续人口红利

针对老龄化进一步加剧，未来人口红利减少趋势，北京应尽快制定人口红利延续战略和机制。包括提升农民工等流动人口素养，落实"全面二孩"政策等，并建立与首都功能和产业定位相适应的人力资本战略布局和配套体系等。一方面加快人口红利向人力资本红利转变。包括提高劳动力素质，促进劳动力自由流动，实现资源有效配置；同时转变经济发展方式，提升就业需求层次以及促进流动人口社会融合、充分调动户籍人口参与就业等方式。另一方面，在可能情况下，实施鼓励有条件多生政策，包括更有效地推动落实国家提出的全面放开"二孩"等政策，为中长期减缓人口红利衰减做准备。

4. 增强辐射与带动能力，优化区域人口空间布局

建议应注重发挥北京和天津的辐射带动效应，同时提高北京周边尤其是河北

中小城市人口集聚能力；进而促进区域内人口有序转移与空间合理分布，构建合理的人口空间城镇化体系。总体来看，京津冀城镇体系中的中心城市经济辐射范围较小，受中心城市辐射较强的周边城市对其更外围城市的辐射作用更弱，整个城市群经济扩散效应较为缓慢。这其中很重要原因在于京津冀地区城市等级结构不合理，特大城市和中小城市之间的大城市数量缺乏，造成经济联系和延续呈断裂状态，经济辐射作用弱，产业带动能力差。为此，需要控制资源要素进一步向北京的集中，在保证北京正常发展的前提下，发挥其辐射扩散效应，将经济发展的收益辐射到区域内其他城市。还应注重创新设计城市群协调发展机制体制，科学拟定和实施人口空间分布规划，完善引导北京人口向河北等中小城市疏解的政策，减低首都人口平均密度。

四、针对承接地河北的策略建议

1. 增强中小城市集聚力，构建合理空间体系

前述研究表明京津冀区域城镇体系布局和产业梯度不合理。与北京和天津辐射带动效应弱相比较，河北不少中小城市自身发展不足，产业集聚力和人口吸引力偏弱，难以承接中心城市产业及人口的有效转移，并在当地形成产业集聚，对相关产业和经济发展的支撑力明显不足。由此，建议依据国家新型城镇化战略，提高北京周边尤其是河北中小城市人口集聚能力，促进产业和人口梯度转移和空间合理分布。为此，当前亟待构建合理化的京津冀城镇体系，推动河北中小城市快速成长，促进产业和人口梯度转移和空间合理分布。河北中小城市应变被动承接为主动对接，由单纯承接转移向提升完善城市功能发展。根据城市功能和产业定位、资源禀赋等基础优势，做好迁入人口和产业的承接及空间布局规划。建立健全与承接产业和人口配套基础设施和公共服务，提升城市产业及人口的集聚力和吸引力，促进产业和人口梯度转移，实现人口、产业的空间合理分布。

2. 提升本地劳动力素养，优化人口就业结构

针对河北本地劳动力资源丰富但整体素质和就业层次偏低问题，应注重提升承接地劳动力素养，优化与迁入产业和本地升级产业相匹配的人口就业结构。一方面，通过构建全新的职业教育体系，培养出适合本区域城市化发展的专业劳动力。承接地应通过针对性的职业教育体系，尽量在当地培养能适应转移迁入产业的现代产业工人。作为主要承接地的河北应充分利用京津冀协同发展下北京和天津的优质教育资源，着力提升河北中小城镇农民工整体素质，优化本地就业结构。另一方面，特别注意构建适合农民工的职业培训体系。健全完善农民工职业培训体系，构建农民工职业培训平台，提升农民工的专业素养和技能。

3. 完善承接合作平台的配套服务和政策保障

注重承接产业转移的平台建设，将产业迁出地与承接地合作的开发区和科技园等打造成重要承接载体。工业园区是产业转移的重要载体。国际经验表明，二战后一些发达国家通过工业园区建设方式改善区域生产力布局，提升产业集群的竞争力，促进经济的发展。在承接北京产业转移的过程中，河北的主要承接城市应注重产业承接的平台建设，建立开发区和科技园等工业园区，支撑转入产业的集聚发展。同时健全配套基础设施与政策保障，引导迁入企业向园区集中布局，整合利用园区各方资源，吸引迁出地原有产业链的全面迁入，促进相关产业所属企业的整体转移，实现园区规模效应。

4. 推动农民就地城镇化，健全公共服务体系

前述研究表明，作为主要承接地的河北拥有大量富余劳动力，以农民工为主。而他们占据外省流入北京劳动力的最大比例。因此，河北当地可考虑将"双转移"的承接与促进当地农民返乡就业的就地城镇化相结合。如果能够使得原来选择流入北京和天津的河北当地农民工愿意返乡回流就业，则不仅可以促进转移产业的发展，更减轻了北京的人口压力，同时还促进了本地农民工就地城镇化，提升了人口城镇化水平。换言之，河北承接"双转移"的一个重要落脚点应是让当地农民工愿意并且能够实现就地城镇化和市民化。推动农民工就地城镇化应与增强周边中小城市吸引力和集聚力相结合，同时应改革户籍制度并健全基本公共服务。一是改革户籍制度。河北中小城市对当地农民应在现有基础上，进一步放开户籍制度和依附于户籍制度的福利体系，让农民"自由进城"。二是实现常住人口基本公共服务均等化。只有实现农民工与当地市民在劳动就业、医疗服务、子女教育和养老保障等基本公共服务和公共产品方面的均等化，实现公共服务对包括农民工在内的常住人口全覆盖，保障农民工享受平等的市民待遇，才能让农民进城后成为真正的市民。

9.3 研究的创新与局限

9.3.1 研究的创新性

本论著在研究视角、研究思路、研究内容和研究方法方面有一定程度创新。

一是构建了基于京津冀协同发展和非首都功能疏解导向下，优先推进产业带动人口"双转移"的理论分析框架。这一框架旨在通过打造产业带动人口"双转移"的系统"循环"疏解策略，对北京人口问题尤其是"大城市病"问题解决提供重要的路径和方向参考。

二是从城市化发展和经济社会发展宏观视角梳理北京"大城市病"主要成因。通过勾勒北京城市发展模式框架和运行机理图，厘清城市功能、产业发展、人口集聚以及优质公共资源集中与北京"大城市病"的基本关系和作用机理。

三是分析并勾勒出京津冀区域内推进产业带动人口"双转移"的系统动力机制和作用机理，创新归纳出"双转移"背后存在的六轮驱动的系统动力机制。以往研究中尚未发现类似研究。

四是对北京产业和人口"双转移"进行了场景模拟分析，对"双转移"的规模、路径和方向进行了定量与定性相结合的预测分析。

五是对雄安新区尝试进行了产业带动人口"双转移"的应用分析与定性模拟，进一步印证了优先推动"双转移"的合理性与必要性。

六是在上述基础上，总结归纳出推动产业带动人口"双转移"的战略原则和策略建议。

9.3.2 研究局限与未来研究方向

一、研究局限

首先，从研究内容看，偏宏观层面研究。微观企业转移和人口迁移作用机制探讨略显不足。从研究视角看，偏重于京津冀协同发展下跨行政区域的转移承接，对于北京行政区域内部产业人口"双转移"研究涉及不多，尤其是对于北京城市副中心通州对于未来产业转移和公共服务疏解下的人口迁移的路径方向研究没有过多涉及。

其次，场景模拟分析的"双转移"的方向和路径是基于模型预测结果进行分析和探讨，能否在实践中获得实效，尚待依据实际情况深入论证。此外，限于有关数据可及原因，对于未来京津冀人口规模和数量的预测方面难免存在误差（具体见附录模型说明）。加之预测假设中忽略天津在人口转移承接中的作用，而严格限定北京迁出人口都由河北来承接。这在实际人口迁移中也是种理想状况。

再次，需要特别说明的是，本论文最早成稿于 2016 年 4 月，目前文中涉及最新的年度数据也多为 2016 年之前数据。大部分研究论述是基于此建立的。而在当时成文时，河北雄安新区尚未建立。因此，虽在后续修订中专门补充一章来介绍雄安概况和进行定性分析，但因时间关系，在第 7 章定量预测模拟中并未明确涉及雄安的内容。这不得不说是本书的一个局限。

最后，偏重于政策研究和比较分析的论文，对于制定未来政策建议的理解和把握最好有一线实践工作和参与决策经验，这也是本书局限之处，即政策建议部分内容可操作性存在不足。

二、未来研究方向

首先，未来研究方向一方面应关注产业带动人口"双转移"的典型案例，尤其需要关注北京城市副中心和雄安新区的建立对于北京产业转移和公共服务功能疏解带动下人口转移的实质效果，同时注重提炼"双转移"过程中具有示范效应和参考价值的典型个案，从微观视角深入分析和评估"双转移"的作用机制和推进效果。

其次，可以雄安新区作为"双转移"的集中承接地，纳入定量和定性模拟分析框架，进一步优化产业带动人口"双转移"的预测模型，并结合政策实际效应来论证推进"双转移"和非首都功能的有效路径和原则，以期对实践产生切实指导。

最后，对于具体的每项策略建议还需要结合相关地区实际情况和已有区域政策及当地政策进行深入论证，通过获取更新实践基础数据，进行深入量化分析和逻辑推理，以提升政策建议的可行性。

参考文献

［1］Da Vanzo, J. Difference Between Return and Non – Return Migration, an Econometric Analysis ［D］. Rand Paper Series, Rand Co. 1957: 5048.

［2］Eager, P. W. , From Population Control to Reproductive Rights: Understanding Normative Change in Global Population Policy (1965 – 1994) . Global Society, 2004. 18 (2): p. 145 – 173.

［3］Everett S. Lee. A theory of Migration ［J］. Demography, 1966, 3 (1): 47 – 57.

［4］FAO, Potential Population Supporting Capacities of Lands in Developing Word. Rome, 1982.

［5］Haurin, Donald R. The Regional Distribution of Population, Migration, and Climate. The Quarterly Journal of Economics. 1980. 95 (2): 293.

［6］Herberle R. The Causes of Rural – Urban Migration: A Survey of German Theories ［J］. American Journal of Sociology, 1938 (43): 932 – 950.

［7］Jurgens Hw. Population Geography – Distribution and Dynamics of Population From Global, National And Regional Viewpoints – German – Bahr, J. Homo – Journal of Comparative Human Biology, 1985. 36 (1 – 2): 118.

［8］Lung T, Lubker T, Ngochoch Jk and Schaab G. Human Population Distribution Modelling at. Regional Level Using Very High Resolution Satellite Imagery. Applied Geography. 2013. 41: 36 – 45.

［9］Luo X, Shen J. Why City – region Planning Does Not Work Well in China: The Case of Suzhou – Wuxi – Changzhou ［J］. Cities, 2008, (4): 207 – 217.

［10］Mabogunje, A. K. A System Approach to a Theory of Rural – Urban Migration ［J］. Geographic Analysis, 1970 (2): 10 – 11.

［11］Millington R, Gifford R, etal. Energy and How We Live. Australian UNESCO Seminar, Committee for Man And Biosphere, 1973.

［12］Parr, J B, O'Neill G J. Aspects of the Lognormal Function in the Analysis of Regional Population Distribution. Environment and Planning A, 1989. 21 (7): 961 – 973.

［13］Piore, Michael J. Birds of Passage: Migrant Labor and Industrial Societies ［M］. Cambridge University Press, 1979.

［14］Piore, Michael J. Birds of Passage: Migrant Labor and Industrial Societies ［M］. Cambridge University Press, 1979.

［15］Raúl Prebisch," Commercial Policy in the Underdeveloped Countries," American Economic Review, Vol. XLIX, May 1959, 251.

［16］Ravenstein, E. G. The Laws of Migration ［J］. Journal of the Royal Statistical Society, 1889, 52: 241 – 301.

［17］Stark O, D Bloom. The New Economics of Labor Migration ［J］. American Economic Review, 1985, (75): 173 – 178.

［18］Vernon R. International Investment and International Trade in the Product Cycle. The Quarterly Journal of Economics, 1966. Vol. 8a (2): 190 – 207.

[19] T. W. 舒尔茨著，吴珠华等译. 人力资本投资 [M]. 北京：北京经济学院出版社，1990.

[20] Zelinsky W. The hypothesis of the mobility transition [J]. Geographical Review, 1971, 61 (2)：219 - 249.

[21] W. A. 刘易斯著，施炜等译. 二元经济论 [M]. 北京：北京经济学院出版社，1989.

[22] M. P. 托达罗著，印金强等译. 第三世界的经济发展学 [M]. 北京：中国人民大学出版社，1988.

[23] 陈功，王瑜. 协调京津冀人口一体化的路径选择 [J]，[N/OL]. 中国城市报理论版. 2015 - 3 - 9.

[24] 安虎森，周亚雄，颜银根. 新经济地理学视域下区际污染、生态治理及补偿 [J]. 南京社会科学，2013，(1)：21 - 29.

[25] 安锦，薛继亮. 基于产业视角的京津冀都市圈人口有序转移研究 [J]. 中央财经大学学报，2015，(2)：83 - 89.

[26] 安树伟，肖金成. 京津冀协同发展：北京的"困境"与河北的"角色" [J]. 广东社会科学，2015，(4)：5 - 11.

[27] 巴曙松，郑军. 中国产业转型的动力与方向：基于新结构主义的视角 [J]. 中央财经大学学报，2012 (12)：45 - 52.

[28] 薄文广，陈飞. 京津冀协同发展：挑战与困境 [J]. 南开学报（哲学社会科学版），2015，(1)：116 - 124.

[29] 北京市计委课题组. 北京市流动人口管理对策研究 [J]. 首都经济，1995，(05)：14 - 17.

[30] 北京市人大常委会合理调控城市人口规模专题调研组. 关于"合理调控城市人口规模，加强城市流动人口服务和管理"的专题调研报告 [J]. 北京人大，2011，(03)：20 - 24.

[31] 北京市人民政府. 《关于北京市人口问题与对策的综合报告》，1984.

[32] 蔡昉. 中国的人口红利还能持续多久 [J]. 经济学动态，2011 (6)：3 - 7.

[33] 陈功，曹桂英，刘玉博，庞丽华，张蕾，任强，王海涛，郑晓瑛. 北京市未来人口发展趋势预测——利用多状态模型对未来人口、人力资本和城市化水平的预测分析 [J]. 市场与人口分析，2006，12 (4)：31 - 43.

[34] 陈功，王瑜，王灏晨. 京津冀协同发展下人口调控分析及预测——基于人口健康的视角 [J]. 人口与发展，2015，21 (2)：23 - 28.

[35] 陈功，王瑜，武继磊，程云飞. 京津冀"新首都圈"人口调控战略方向和路径选择 [N/OL]. 光明日报. 2015 - 3 - 25.

[36] 曹荣庆. 浅谈区域产业转移和结构优化的模式 [J]. 中州学刊，2001，(6)：111 - 113.

[37] 曹洋，宗辉. 北京市常住外来人口社会保险调查研究. 社会福利（理论版）[J]，2014，(03)：42 - 45.

[38] 曹洋. 北京流动人口社会救助体系建设统计研究. 社会福利（理论版）[J]，2012，(04)：12 - 17.

[39] 曾群，魏雁滨. 失业与社会排斥：一个分析框架. 社会学研究，2004 (3)：11 - 20.

[40] 车维汉. "雁行形态"理论研究评述 [J]. 世界经济与政治论坛，2004，(3)：88 - 92.

[41] 陈丰. 流动人口社会管理与公共服务一体化研究. 人口与经济 [J]，2012，(06)：59 - 64.

[42] 陈刚，陈解放. 区际产业转移的效应分析及相应政策建议 [J]. 华东经济管理，2001，(2)：24 - 26.

[43] 陈刚，刘姗姗. 产业转移理论研究：现状与展望 [J]. 当代时经，2006，(10)：63 - 64.

[44] 陈桂龙，李伟. 2013 京津冀发展报告：承载力测度与对策 [J]. 中国建设信息，2013，07：42 - 47.

[45] 陈红儿. 区际产业转移的内涵、机制、效应 [J]. 内蒙古社会科学（汉文版），2002，23

（1）：19 – 21.

[46] 陈建军. 中国现阶段产业区域转移的实证研究——结合浙江 105 家企业的问卷调查报告 [J]. 管理世界, 2002 (06)：67 – 75.

[47] 陈建军. 中国现阶段产业区域转移的实证研究——结合浙江 105 家企业的问卷调查报告的分析 [J]. 管理世界, 2002, (6)：64 – 74.

[48] 陈建军. 中国现阶段的产业区域转移及其动力机制 [J]. 中国工业经济, 2002, (8)：45 – 49.

[49] 陈曦. 浅谈北京市流动人口管理的基本做法、存在问题及工作对策 [J]. 北京警院学报, 1997, (04)：33 – 38.

[50] 陈雪梅, 田慧蓝, 申黔川. 泛珠三角地区制造业梯度转移实证分析 [J]. 特区经济, 2005, (12)：53 – 55.

[51] 陈雅雯. 京津冀区域产业一体化现状及对策研究 [D]. 北京：北京邮电大学, 2014.

[52] 陈谊. 农村剩余劳动力转移理论综述 [J]. 重庆科技学院学报（社会科学版）：2007 (4)：27 – 39.

[53] 陈勇, 颜九红. 户籍及其超越：北京流动人口服务与管理法治化之门 [J]. 北京政法职业学院学报, 2012, (04)：1 – 4.

[54] 戴宏伟, 康红俊, 赵文英. 利用"大北京"产业转移优化河北产业结构 [J]. 经济与管理, 2004 (6)：8 – 11.

[55] 戴宏伟, 田学斌, 陈永国. 区域产业转移研究——以"大北京"经济圈为例. 中国物价出版社, 2003.

[56] 戴宏伟." 大北京"经济圈产业梯度转移与结构优化 [J]. 经济理论与经济管理, 2004 (2)：66 – 70.

[57] 戴宏伟. 北京产业梯度转移和产业结构优化的几点思索 [J]. 首都经济, 2003 (6)：33 – 34.

[58] 杜文平. 北京市流动人口子女接受义务教育的现状分析 [J]. 教育科学研究, 2006, (09)：30 – 33.

[59] 杜午禄. 北京市区流动人口问题探讨 [J]. 人口与经济, 1986, (01)：12 – 14.

[60] 杜午禄. 对北京城市人口规模问题的再探索 [J]. 人口研究, 1992, (01)：11 – 15.

[61] 段成荣, 邹湘江. 北京人口规模调控研究：人口流动受益者的责任重构 [J]. 2012 学术前沿论丛, 2012. 187 – 201.

[62] 段成荣：北京市人口规模调控：历史与现实的可能性 [J], 《人口与经济》2011：(3), 25.

[63] 多淑杰. 广东省产业、劳动力"双转移"现状分析与对策研究 [J]. 广西财经学院学报, 2010, 8 (4)：46 – 49.

[64] 樊杰, 周侃, 陈东. 环渤海 – 京津冀 – 首都（圈）空间格局的合理组织 [J]. 中国科学院院刊, 2016, (1)：70 – 79.

[65] 费思兰. 农村流动劳动力的务工机会——论城市劳动力市场的完善 [J]. 中国人口科学, 1999, (02)：29 – 33.

[66] 冯晓英. 改革开放以来北京市流动人口管理制度变迁评述 [J]. 北京社会科学, 2008, (05)：66 – 71.

[67] 冯禹丁. 北京的门槛, http：//www. infzm. com/content/101793 (2014 – 06 – 27).

[68] 傅鸿鹏, 何倩, 王竞波. 北京流动人口公共卫生管理政策的背景、变迁与走向. 中国卫生政策研究 [J], 2008, (03)：47 – 50.

[69] 高宇, 曾克峰. 北京市户口逐步开放条件分析 [J]. 特区经济, 2011, (07)：64 – 65.

[70] 辜胜阻, 孙祥栋, 刘江日. 推进产业和劳动力"双转移"的战略思考 [J]. 人口研究,

2013, 37 (3): 3 – 10.

[71] 郭宏斌. 城市流动人口服务管理研究综述与发展趋势 [J]. 牡丹江大学学报, 2012, (05): 98 – 101.

[72] 郭轲, 王立群. 京津冀地区资源环境承载力动态变化及其驱动因子 [J]. 应用生态学报, 2015, v. 26 (12): 3818 – 3826.

[73] 国家人口发展战略研究课题组. 我国人口迁移区实际空间格局演变研究 [M]. 国家人口发展战略研究报告 (上): 中国科学院地理科学与资源研究所课题组: 701 – 702.

[74] 韩文民王婷叶涛锋. 敏捷生产方式的实施与出口加工区的发展_ 韩文民 [J]. 经济管理, 2005, 384 (24): 32 – 35.

[75] 韩小雨, 赵东辉. 外来人口子女的学前教育现状调查及建议 [J]. 幼儿教育, 2001, (04): 26 – 27.

[76] 郝志功, 赵彪. 廊坊如何应对京津冀产业转移和调整趋势 [A]. 2010 中国廊坊基于都市区辐射功能的京津廊一体化研究——同城全面对接暨京津廊经济一体化学术会议论文 [C]. 2010.

[77] 何勤, 雍华中. 京津冀协同发展背景下统一开放的人力资源市场体系构建研究 [J]. 北京联合大学学报 (人文社会科学版), 2016, 14 (1): 50 – 59.

[78] 何音, 蔡满堂. 京津冀地区资源环境压力与人口关系研究 [J]. 人口与发展, 2016, v. 22; No. 124 (1): 2 – 10.

[79] 贺炎林, 袁敏华. 产业转移与产业结构调整的关系浅析 [J]. 特区经济, 2010 (8): 303 – 304.

[80] 侯慧丽, 李春华. 北京市流动人口住房状况的非制度影响因素分析 [J]. 北京社会科学, 2010, (05): 10 – 14.

[81] 胡俊文. 国际产业转移的基本规律及变化趋势 [J]. 国际贸易问题, 2004, (5): 56 – 60.

[82] 胡兆量. 北京人口规模的回顾与展望 [J]. 城市发展研究, 2011, (04): 8 – 10.

[83] 黄匡时, 嘎日达. 流动人口来京主要成因分析 [J]. 陕西行政学院学报, 2011 (4): 10 – 17.

[84] 黄匡时, 王书慧. 从社会排斥到社会融合: 北京市流动人口政策演变 [J]. 南京人口管理干部学院学报, 2009, (03): 29 – 33.

[85] 黄利春. 产业集聚、产业转移与产业升级 [J]. 江苏商论, 2011, (1): 126 – 128.

[86] 冀党生, 张燕友, 卢映川, 朱敏. 北京市流动人口现状与对策研究 [J]. 中国人口科学, 1995, (04): 54 – 61.

[87] 江霈. 中国区域产业转移动力机制及影响因素分析 [D]: 南开大学, 2009: 61 – 63.

[88] 姜向群, 郝帅. 北京市流动人口社会保障状况及其影响因素分析 [J]. 北京社会科学, 2008, (03): 68 – 73.

[89] 选举权与经济权同样重要, 有观点指北京对外来人口选举权确认中存在政策悖论 [J]. 领导决策信息, 2003, (43): 22.

[90] 蓝庆新, 关小瑜. 京津冀产业一体化水平测度与发展对策 [J]. 经济与管理, 2016, (2): 14 – 22.

[91] 郎咸平. 京津冀一体化, 要警惕曹妃甸悲剧 [J]. 中国民商, 2014, (5): 11.

[92] 李国平, 罗燕. 多目标约束下京津冀地区人口功能分区研究 [J]. 河北学刊, 2016, (1): 131 – 137.

[93] 李国平, 杨开忠. 外商对华直接投资的产业与空间转移特征及其机制研究 [J]. 地理科学, 2000, 20 (2): 102 – 109.

[94] 李国平. 京津冀区域发展报告. 2014. 科学出版社. 2014.

[95] 李家伟, 刘贵山. 当代西方人口迁移与流动的理论、模式和假说述评 [J]. 新学术, 2007 (5): 83 – 85.

[96] 李靖. 关于推进首都非核心功能疏解的财税政策的思考——基于京津冀协同发展的视角 [J]. 中国经贸导刊, 2015, (16): 80-82.

[97] 李然, 马萌. 京津冀产业转移的动力机制研究——基于市场和政府角度分析 [J]. 价格理论与实践, 2015, (11): 128-131.

[98] 李然, 马萌. 京津冀产业转移的行业选择及布局优化 [J]. 经济问题, 2016, (1): 124-129.

[99] 李若建. 广州工人群体变动分析, 广东社会科学, 2004 (4): 85-91.

[100] 李万钧. 北京市流动人口管理服务工作对策研究 [J]. 北京观察, 2007, (12): 57-59.

[101] 刘波. 北京人口调控的特点、问题及对策 [J]. 生态经济, 2013, (5): 188-190.

[102] 刘琳, 张宝秀. 北京市流动人口分布与公共设施资源空间配置关系探讨 [C]. 人文北京与北京学研究——第十一次北京学学术研讨会, 中国北京, 2009: 346-365.

[103] 刘琳. 产业梯度转移的中国化发展——基于京津冀视角 [J]. 山东社会科学, 2015, (S1): 254-258.

[104] 刘秋平, 王珏, 陈煜. 京津冀一体化战略下河北面临的挑战 [J]. 石家庄铁路职业技术学院学报, 2014, 04: 61-64.

[105] 刘易斯.《国际经济秩序的演变》中译本. 北京: 商务印书馆, 1984.

[106] 刘伟. 京津冀制造业产业转移与产业空间结构优化重点领域研究 [D]. 北京: 北京化工大学, 2013.

[107] 刘志, 李国平. 人口长期均衡发展: 北京的战略选择 [M]. 北京: 科学出版社, 2013. 18-19.

[108] 刘智. 京津冀人才结构与产业结构互动关系对比研究 [J]. 经济论坛, 2015, (12): 4-7.

[109] 卢根鑫. 试论国际产业转移的经济动因及其效应 [J]. 上海社会科学院学术季刊, 1994, (4): 33-42.

[110] 鲁金萍, 刘玉, 杨振武, 等. 京津冀区域制造业产业转移研究 [J]. 科技管理研究, 2015, (11): 86-89, 94.

[111] 鲁金萍, 杨振武, 孙久文. 新时期京津冀区域产业合作的方向与重点 [J]. 河南科学, 2014, (11): 2337-2342.

[112] 陆杰华, 李月. 特大城市人口规模调控的理论与实践探讨——以北京为例 [J]. 上海行政学院学报, 2014, 15 (1): 13-22.

[113] 罗文标, 黄照升. 产业结构与人才结构互动研究科技进步与对策 [J], 2004 (7): 38-39.

[114] 罗源昆, 王大伟, 刘洁, 苏杨. 大城市的人口只能主要靠行政手段调控吗?——基于区域人口承载力研究 [J]. 人口与经济, 2013, (01): 52-60.

[115] 罗云, 胡平. 从经济关照到政治回应——基于流动人口对城市教育服务满意度调查的研究 [J]. 教育发展研究, 2012, (10): 36-43.

[116] 马颖, 刘建钢. "泛珠三角" 区域产业转移的现状与对策研究 [J]. 中国集体经济, 2008, (12): 29-30.

[117] 孟祥林. 京津冀 "双核＋双子" 模式城市化进程研究 [M]. 西南财经大学出版社, 2011.

[118] 牛丸元. 日本企业国际经营行动 [M]. 同文馆, 1999 年.

[119] 齐子翔. 京津冀产业区际转移利益协调机制研究 [J]. 工业技术经济, 2014, (10): 3-13.

[120] 千庆兰, 陈颖彪. 我国大城市流动人口聚居区初步研究——以北京 "浙江村" 和广州石牌地区为例 [J]. 城市规划, 2003, (11): 60-64.

[121] 乔晓春. 实施 "普遍二孩" 政策后生育水平会达到多高?——兼与翟振武教授商榷 [J]. 人口与发展, 2014, 20 (6): 5-18.

［122］邱振国，郭雅江．劳动力要素对广东省产业转移的影响分析［J］．特区经济，2006，(5)：53-54.

［123］阮加，李欣．从产业转移与人才转移的互动机制看京津冀区域一体化［J］．中国行政管理，2011，(2)：71-75.

［124］申志永，袁素娟，唐欣，等．京津冀区域人才合作的现实困境与机制重构［J］．河北联合大学学报（社会科学版），2014，(3)：46-48，66.

［125］盛来运．国外劳动力迁移理论的发展［J］．统计研究，2005(8)：72-73.(15)：20-22.

［126］盛婉玉．论河北省产业结构调整与就业结构优化的协调互动［J］．燕山大学学报（哲学社会科学版），2011，12(2)：116-119.

［127］盛亦男，童玉芬．北京市外来人口调控政策效应的定量分析［J］．中国人口科学，2015，(6)：12-22，126.

［128］石红溶．北京人口调控的原则与对策研究［J］．未来与发展，2012，(10)：60-63.

［129］石林．京津冀地区产业转移与协同发展研究［J］．当代经济管理，2015，(5)：65-69.

［130］石奇．集成经济原理与产业转移［J］．中国工业经济，2004，(10)：23.

［131］宋健，何蕾．中国城市流动人口管理的困境与探索——基于北京市管理实践的讨论［J］．人口研究，2008，(05)：41-47.

［132］宋健，侯佳伟．流动人口管理：北京市相关政策法规的演变．市场与人口分析［J］，2007，(03)：14-22+18.

［133］苏东水．产业经济学［M］．高等教育出版社，2005.

［134］苏华，胡田田．中国各区域产业承接能力的评价［J］．统计与决策，2011，5.

［135］孙昊．低收入流动人口居住空间结构分布特征——以北京市为例［C］．2006中国城市规划年会，中国广东广州，2006：176-178.

［136］孙久文，丁鸿君．京津冀区域经济一体化进程研究［J］．经济与管理研究，2012，(7)：52-57.

［137］孙久文，张红梅．京津冀一体化中的产业协同发展研究［J］．河北工业大学学报（社会科学版），2014，03：1-7.

［138］孙卫．流动人口增长与首都发展相协调问题研究——一个城市规划的视角［J］．北京行政学院学报，2009，(03)：61-64.

［139］孙瑜康，李国平，席强敏．多目标约束下的京津冀人口功能分区研究［C］//中国建筑工业出版社，2015.

［140］唐杰，杨胜慧．北京新城流动人口结构及流动机制分析［J］．城市发展研究，2012，(12)：11-15+21.

［141］唐勇智．从防范到融合：追寻流动人口管理的足迹［J］．改革与开放，2010，(22)：113-115.

［142］唐有财．流动儿童的城市融入——基于北京、广州、成都三城市的调查［J］．青年研究，2009，(01)：30-38+94.

［143］天津经济课题组，张丽恒，王黎明，等．京津冀一体化的综述与借鉴［J］．天津经济，2014，(4)：22-29.

［144］田智宇，杨宏伟．我国城市绿色低碳发展问题与挑战——以京津冀地区为例［J］．中国能源，2014，11：25-29.

［145］童玉芬，马艳林．城市人口空间分布格局影响因素研究——以北京为例［J］．北京社会科学，2016，(1)：89-97.

［146］汪斌．基于全球视角的产业结构研究——个新的切入点和研究框架［J］．社会科学战线，2002(2)：22-27.

[147] 王安顺.2014 年政府工作报告，

[148] 王春兰，杨上广.中国区域发展与人口再分布新态势 [J].地域研究与开发，2014，33 (1)：158 – 163.

[149] 王德文.刘易斯转折点与中国经验.人口与劳动绿皮书（2008），北京：社会科学文献出版社，2008.

[150] 王芳，潘京海.北京市流动人口公共卫生服务与管理的思考 [J].首都公共卫生，2007，(03)：134 – 134.

[151] 王继源，陈璋，胡国良.京津冀协同发展下北京市人口调控：产业疏解带动人口疏解 [J].中国人口·资源与环境，2015，25（10）：111 – 117.

[152] 王佳佳.“双转移”的影响因素与路径规律研究 [D].广东：暨南大学，2010.

[153] 王建峰，卢燕.京津冀区域产业转移综合效应实证研究 [J].河北经贸大学学报，2013 (1)：81 – 84.

[154] 王竞梅，张宣昊，赵儒煜.京津冀区域经济差异及其影响因素分析与政策选择 [J].当代经济管理，2014，12：84 – 88.

[155] 王举，史崇欣，宋春生.北京市流动人口的状况及管理对策 [J].人口与经济，1993，(04)：35 – 39.

[156] 王俊祥，吕红平.健全和完善人口宏观调控体系 [J].人口与计划生育，1999，(6)：17 – 19.

[157] 王昆山.区域产业集群及京津冀产业发展战略研究 [D].河北大学，2006.

[158] 王立军.东部企业西进的十大模式 [J].理论学刊.2001，(5)：73 – 76.

[159] 王培安.创新完善特大城市人口规模调控机制（学习贯彻十八届三中全会精神，

[160] 王平.“新北京人”社会保障制度安排现状与改进.知识经济 [J]，2014，(07)：65 – 64.

[161] 王文录.北京劳动力市场供求变化与京津冀人口流动 [J].人口学刊，2008，(04)：25 – 30.

[162] 王祥进.北京市流动人口管理的现状、难点及对策 [J].市场与人口分析，2006，(04)：76 – 80.

[163] 王兴化，王小敏.香港产业结构调整的目标、方式与障碍 [J].当代亚太，2001，(5)：46 – 49.

[164] 王延杰.京津冀协同发展的财税体制创新 [J].经济与管理，2015，(4)：14 – 17，73.

[165] 王瑜，北京大学人口研究所.人口是京津冀协同发展的重中之重 [N/OL].中国人口报．2015 – 05 – 18.

[166] 王瑜，武继磊.京津冀协同发展视角下北京流动人口管理政策综述分析 [J].人口与发展，2015，21（5）：34 – 46.

[167] 王瑜.京津冀协同发展下人口调控的制度障碍及创新建议 [J].《人口与计划生育》，2015.5：13 – 15.

[168] 王瑜.以人为本有序疏解非首都功能 [N/OL].人民政协报．2015 – 5 – 28.

[169] 王瑀.京津冀都市圈农民工融入城市影响因素研究 [D].北京：首都经济贸易大学，2012.

[170] 王玉海.京津冀都市圈产业空间再造及其政策举措研究 [A].见创新驱动与首都“十二五”发展——2011 首都论坛文集 [C].2011.

[171] 魏后凯.产业转移的发展趋势及其对竞争力的影响 [J].福建论坛（经济社会版），2003，(4)：13 – 17.

[172] 温春娟.关于北京城乡户籍制度改革的思考 [J].北京市经济管理干部学院学报，2008，(04)：12 – 15.

[173] 文魁，祝尔娟．京津冀蓝皮书 [M]．北京：社会科学文献出版社，2015：204 - 206.

[174] 吴少平，王先庆．推动产业升级加快企业创新 [J]．首都经济贸易大学学报，1999，(2)：45 - 48.

[175] 吴伟萍．广东承接新一轮国际产业转移的策略研究 [J]．国际经贸探索，2003，(3)：73 - 75.

[176] 西蒙·库兹涅茨．现代经济增长理论 [M]．北京：商务图书馆，1989.

[177] 肖金成等．京津冀区域合作的战略思路 [J]．经济研究参考，2015，(2)：3 - 15.

[178] 肖周燕．对特大城市人口调控问题的反思——基于公共政策与管理视角 [J]．2011 学术前沿论丛，2011：124 - 129.

[179] 小岛清．《对外贸易论》中译本．天津：南开大学出版社，1981.

[180] 谢欣梅，周乐．北京重点行业外来务工人员生活需求规划研究．多元与包容 [C]——2012 中国城市规划年会，中国云南昆明，2012：1 - 10.

[181] 熊光清．中国流动人口管理模式：由控制型向服务型转变 [J]．中共杭州市委党校学报，2010，(05)：51 - 55.

[182] 徐捷，楚国清．北京市新生代农民工城市融入意愿研究 [J]．北京青年政治学院学报，2013，(03)：44 - 52.

[183] 徐强．承接国际产业转移的有效措施及借鉴意义 [J]．国际经济合作，2005，(12)：27 - 30.

[184] 徐伟明．我国城市流动人口管理模式的演变与展望 [J]．南京人口管理干部学院学报，2009，(03)：34 - 38 +61.

[185] 许建琴．中国纺织企业区际产业转移的模式研究 [D]．上海：东华大学，2012.

[186] 薛枫．北京市非户籍常住人口调控政策研究 [J]．祖国，2014，(04)：102 - 103.

[187] 薛继亮．内蒙古产业结构调整和劳动匹配研究 [J]．内蒙古大学学报（哲学社会科学版），2014，46 (1)：67 - 74.

[188] 杨崇勇．推进京津冀协同发展的关键是政策一体化 [J]．经济与管理，2015，29 (1)：7 - 8.

[189] 杨东平，王旗．北京市农民工子女初中后教育研究 [J]．北京社会科学，2009，(01)：49 - 54.

[190] 杨帆，柳巧云，甘霖．城镇化进程中外来人口融入程度：以海淀区为例 [J]．哈尔滨工程大学学报，2015，36 (12)：1647 - 1652.

[191] 杨光宇．区域一体化视角下的京津冀产业协同发展研究 [D]：兰州大学，2015.

[192] 杨红瑞，李继娜，田苗．新常态下河北省就业结构性问题及对高校就业的启示 [J]．石家庄经济学院学报，2015，38 (5)：136 - 140.

[193] 杨菊华．制度歧视与结构排斥：北京市青年流动人口职业流动变动研究 [J]．南京工业大学学报（社会科学版），2013，(03)：68 - 80.

[194] 杨开忠．京津冀协同发展的探索历程与战略选择 [J]．北京联合大学学报（人文社会科学版），2015，13 (4)：27 - 32，40.

[195] 杨连云，石亚碧．京津冀区域协调发展的战略思考 [J]．河北学刊，2006 (4)：74 - 79.

[196] 杨龙，胡世文．大都市区治理背景下的京津冀协同发展 [J]．中国行政管理，2015，(9)：13 - 20.

[197] 杨爽，范秀荣．对农村人力资本培育的思考 [J]．太原理工大学学报（社会科学版），2008 (3)：10 - 13.

[198] 杨文选，张晓艳．国外农村劳动力迁移理论的演变与发展 [J]．经济问题，2007 (6)：18 - 21.

[199] 杨香合, 张艳新. 新生代农民工融入城市问题的研究——以环京津经济圈为例 [J]. 湖南农业科学, 2013, (21): 123-126.

[200] 杨晓东, 张喜才. 北京市城乡结合部流动人口社会管理与公共服务研究 [J]. 中国市场, 2011, (29): 49-53.

[201] 姚苹, 王景芝, 张磊. 流动人口服务管理与和谐社区建设——以北京市东城区为例 [J]. 中共银川市委党校学报, 2009, (01): 54-58.

[202] 叶裕民, 陈宇. 惠及流动人口的城市公共卫生服务研究——以北京市为例 [J]. 农村经济, 2012, (02): 93-95.

[203] 叶裕明, 李彦军, 倪稞. 京津冀都市圈人口流动与跨区域统筹城乡发展 [J]. 中国人口科学, 2008, (2): 57-64.

[204] 尹德挺, 闫萍, 杜鹃. 北京人口发展研究报告 [J]. 新视野, 2013, (06): 90-94.

[205] 尹德挺, 张洪玉, 原晓晓. 北京人口红利的结构性分析和形势预判 [J]. 北京社会科学, 2014, (01), 91-96.

[206] 尹德挺. 丰台区流动人口管理与服务面临的挑战及其对策 [J]. 北京广播电视大学学报, 2007, (03): 33-34.

[207] 有关城市功能与产业发展以及人口增长等相关环节的关系, 本研究第 4 章已运用北京城市运行模式框架理论图进行了理论分析和论述. 此处主要从现实和证据角度进一步支撑. 前面

[208] 余慧倩. 论国际产业转移机制 [J]. 江汉论坛, 2007, (10): 43-46.

[209] 余静文, 王春超. 城市圈驱动区域经济增长的内在机制分析——以京津冀、长三角和珠三角城市圈为例 [J]. 经济评论, 2011, (1): 70-79, 127.

[210] 宇文晶, 吴风庆. 产业结构与就业结构关系的统计研究 [J]. 数学理论与应用, 2010, (4): 89-93.

[211] 袁蕾. 北京市新型流动人口居住区建设研究 [J]. 兰州学刊, 2011, (02): 99-104.

[212] 袁庆明. 新制度经济学教程 [M]. 中国发展出版社, 2011: 355-365.

[213] 翟相如. 地区产业转移承接能力评价研究 [D]: 哈尔滨工业大学, 2008.

[214] 张冬梅. 西部地区产业承接能力研究 [J]. 现代经济探讨, 2008 (10): 56

[215] 张贵, 王树强, 刘沙, 等. 基于产业对接与转移的京津冀协同发展研究 [J]. 经济与管理, 2014, 28 (4): 14-20.

[216] 张颢瀚. 区域一体化转型与融合体制建设研究——以长三角一体化为例 [J]. 南京政治学院学报, 2013, 29 (1): 71-78.

[217] 张洪增. 论移植型产业成长模式及其缺陷——兼论对我国产业成长模式的借鉴 [J]. 中共浙江省委党校学报, 1999 (3): 7-12.

[218] 张捷. 外向型工业化与二元经济结构的转变 [J]. 学术研究, 2008 (7): 69-75.

[219] 张静波. 世界城市东京的环境问题与对策——兼谈对北京建设"世界城市"的启示. 中国北京: 北京市社会科学界联合会, 2010: 285-291.

[220] 张可云. 论我国区域经济政策的几个基本问题 [J]. 开发研究, 1997 (5): 30-32.

[221] 张黎黎, 马文斌. 国内外产业转移的相关理论及研究综述 [J]. 江淮论坛, 2010, (5): 25-31.

[222] 张力方. 广东发展"双转移"战略的动力机制及对策研究 [J]. 科技管理研究, 2013, (4): 39-42.

[223] 张莉琴. 产业集聚视角下西北承接产业转移的实证研究 [D]. 兰州大学, 2008.

[224] 张梅珠. 后暂住证时代北京流动人口政策特点及评价 [J]. 北京社会科学, 2013, (04): 116-122.

[225] 张曙光.《论制度均衡和制度变革》.《现代制度经济学》(下卷), 北京: 北京大学出

版社，2003：244．

[226] 张天尧．北京青年住房保障政策研究 [J]．北京规划建设，2012，（04）：54－57．

[227] 张欐欐．产业集聚与人才集聚的互动关系评析 [J]．商业时代，2010，（18）：121－122．

[228] 张先兵．北京市流动人口调控管理的现状与对策 [J]．生产力研究，2013，（02）：128－131＋201．

[229] 张毅．重点产业的转移与选择及对策 [J]．求实，2001，（12）：18－19．

[230] 张银锋，侯佳伟．北京市流动人口证件管理演变与实证研究 [J]．南方人口，2009，（03）：35－41＋54．

[231] 张英洪．推进北京市户籍制度改革的思考 [J]．北京农业职业学院学报，2013，（03）：61－65．

[232] 张真理．北京市流动人口服务管理史略（1978－2008）[J]．兰州学刊，2009，（07）：113－118．

[233] 张真理．首都流动人口待遇市民化与规模调控 [J]．北京观察，2010，（06）：48－51．

[234] 张红梅，蒋中挺．国内外产业转移相关研究观点述评 [J]．江西行政学院学报，2009，（2）：50－52．

[235] 赵光辉．人才结构与产业结构互动的一般规律研究，商业研究 [J]，2008（2）：35－36．

[236] 赵鹏飞．北京两会盯住非首都功能疏解 [N/OL]．人民日报海外版．2016－1－26．

[237] 赵卫华．论我国大城市人口规模与经济规模关系——以北京为例 [J]．中国名城，2014，（5）：51－55．

[238] 赵张耀，汪斌．网络型国际产业转移模式研究 [J]．中国工业经济，2005，211（10）：14－21．

[239] 周学馨．从流动人口管理走向流动人口治理——我国政府流动人口管理中行政范式转型的制度设计 [C]．中国社会学会2010年年会"社会稳定与社会管理机制研究"论坛．中国黑龙江哈尔滨，2010．

[240] 郑伊静．"双转移"战略对广东外贸竞争力的影响研究 [D]．广东外语外贸大学，2014－06－04．

[241] 朱波，赵朋，王新峰，陈怡星．京津冀城镇群协调发展规划：回顾与展望 [J]．城市规划，2014，S2：99－104．

[242] 朱春燕，冯泰文，孙林岩．我国未来劳动力人口和就业吸纳人口的测算 [J]．商业时代，2012，

[243] 朱虹，徐琰超，尹恒．空吸抑或反哺：北京和上海的经济辐射模式比较 [J]．世界经济，2012，（3）：113－126．

[244] 朱妍．劳动力流动、产业转移与城市发展研究 [D]．天津：南开大学，2010：104．

[245] 祝尔娟，鲁继通．以协同创新促京津冀协同发展——在交通、产业、生态三大领域率先突破 [J]．河北学刊，2016，（2）：155－159．

[246] 祝尔娟．京津冀一体化中的产业升级与整合 [J]．经济地理，2009（6）：881－886．

[247] 庄亚儿，姜玉，王志理，等．当前我国城乡居民的生育意愿——基于2013年全国生育意愿调查 [J]．人口研究，2014，38（3）：3－13．

附录 A
京津冀人口总体规模预测方法和数据说明

A.1 多状态人口预测方法

多状态人口预测模型是对多状态生命表和队列构成预测方法的一个扩展，将人口按照年龄、性别、教育程度、区域等分为不同"状态"（Lutz，Goujon，2001）。某一区域的出生队列人数在预测期内受死亡、人口净迁移影响而变化，而队列内不同教育程度人数则在小学、中学和大学等适龄阶段随着教育转换发生变化（Lutz，Goujon，2005）。

PDE 模型优点在于不仅充分考虑了生育、死亡和迁移等因素对未来人口变动的影响，而且同时考虑了教育水平和城市化对生育、死亡和迁移的影响，使预测结果更加科学。PDE 模型不仅可以预测人口规模和年龄结构，而且可以预测未来人口的教育水平，分析人力资本的变化趋势（郑晓瑛、陈功等，2007）。多状态人口预测模型的原理如下图 A.1 所示：

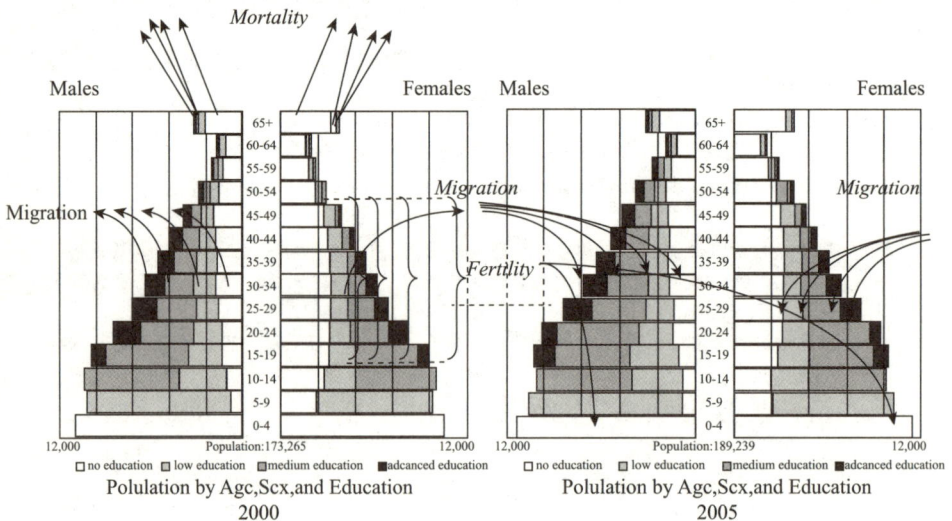

图 A.1 多状态人口预测模型的原理

数据来源：Lutz and Goujon，2005.

基于分省预测的经验，本研究在预测京津冀地区未来人口和人力资本变化时，选取城乡、性别、年龄、教育程度作为不同状态，分别考虑城市和乡村在不同的生育率、死亡率和教育转换率水平下未来人口变化，并通过城乡之间的人口迁移，将城市和农村两个状态连在一起，两者加总即可得到整个京津冀地区的总人口。

A.2　基础数据修订和参数确定[①]

多状态模型在人口和人力资本预测中所需要的数据包括基期数据和预测参数，预测结果是否接近真实取决于基础数据的准确性和预测参数合理性。

A.2.1　基期人口数据来源、数据评价和修订

利用 PDE 模型预测人口变化对基础数据的要求较高。我们在模型中将人口分为城乡、性别、年龄、教育程度四个状态，所以需要给出预测起始年分城乡、性别、年龄和教育程度的人口数，作为基期人口数据（陈功等，2006）。

以 2010 年人口普查数据作为基期数据，具体数据来源为《中国 2010 年人口普查资料》中长表数据。其中，年龄数据按照 5 岁分组并根据数据结构将原表中的文化程度合并为未受过教育（未上过学和扫盲班人口）、小学、中学（初中、高中和中专）和大学及以上（大学专科、大学本科和研究生）。城乡划分按照 2010 年人口普查中对常住人口的规定进行了划分，城镇人口为常住地为城市和镇的人口，农村人口为常住地为乡村的人口。

基础数据是人口预测的出发点，基础数据质量的高低直接影响到人口预测的精度（黄荣清，2004）。所以，我们需要对所使用的基础数据进行评估，并对数据进行必要的修订。本研究参考王金营等（2013）对人口基期数据的漏报水平和重报水平对原始的基期数据进行了回填，修订之后得到了质量较高的基期数据。

A.2.2　预测参数的确定

PDE 模型预测需要的参数包括：生育率、死亡率、人口净迁移数和教育转换率。我们在确定预测参数时以中国 2010 年第六次人口普查数据为基础，根据对数据的评估进行了相应的调

[①]　特别致谢王灏晨、程云飞对本部分统计分析过程中的数据处理与结果整理的协助。

整，并给出了各个参数在预测期内的变化趋势。

1. 生育率及其调整（考虑普遍二孩政策影响）

模型中的生育率参数以育龄妇女（15 – 49）分城乡和教育程度的年龄性别生育率和总和生育率表示，并通过不同时期生育率参数的变化来影响出生人口。

与基期数据一样，参考翟振武（2014）、王金营（2014）、乔晓春（2014）等的文献对京津冀地区的 TFR 进行了调整，调整之后 2010 年育龄妇女的总和生育率为 1.6，其中农村为 2.15，城市为 1.23。

尽管 2013 年开始实施了单独二孩政策，但是目前对单独二孩生育多出生的人口并没有权威的数据支持，因此我们结合各方面的资料以及自己的推测与判断，认为在 2015 年前由于单独二孩政策而导致的多出生的人口为 84 万。之后我们根据乔晓春（2014）文章中的 TFR 与出生人数的转换公式进行了 TFR 转换，得到下表 A.2。

由于"普遍二孩"政策已经提出，本研究在进行 2015 年后的人口预测时也纳入了对这项政策的可能影响分析。现有对"二孩政策"的研究多是从生育意愿入手进行调查。"普遍二孩"政策下有条件生育且想再生育 1 个孩子的人群，必须同时满足以下三个条件（乔晓春，2014）：（1）目前只有一个孩子；（2）户籍在"一个孩子"政策地区或在"一个半孩子"政策地区且目前只生了一个男孩；（3）有想生育第二个孩子的意愿。有生育意愿后的人数直到最后能够顺利产下一名婴儿的人数一般会在图 A.2 中的各个环节上发生损耗。

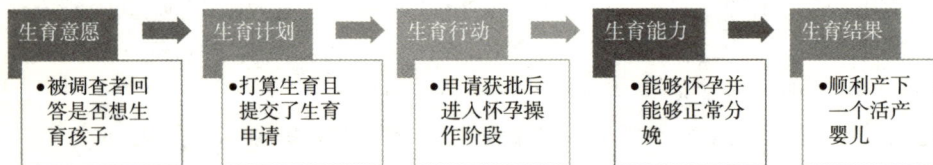

图 A.2　生育意愿——生育结果环节流程图

资料来源：乔晓春. 实施"普遍二孩"政策后生育水平会达到多高？——兼与翟振武教授商榷 [J]. 人口与发展，2014，20（6）：5 – 18.

"普遍二孩"政策下潜在生育人群的比例估计见表 A.1。

表 A.1　"普遍二孩"政策下潜在生育人群比例估计

特定人群	比例（%）
15 – 49 岁在婚育龄人群	100.0
其中：现有 1 孩夫妇	58.5
其中：属于 1 孩政策地区夫妇	52.0
属于 1.5 孩政策地区且目前只有一个男孩的夫妇	25.9
符合"普遍二孩"政策目标夫妇	77.9
现有一孩夫妇生育意愿	
想生第二个孩子	48.1
不想生第二个孩子	38.4
说不好	13.5
有条件生育 2 孩且想生第 2 个孩子的夫妇占全部 15 – 49 岁在婚育龄人群的比例和人数	
下限值（想生）	21.9
上限值（想生 + 说不好）	28.1

资料来源：乔晓春. 实施"普遍二孩"政策后生育水平会达到多高？——兼与翟振武教授商榷 [J]. 人口与发展，2014，20（6）：5 – 18.

根据上述条件，本研究利用 2013 年生育意愿调查数据（庄亚儿等，2014）进行了计算并且假定：有生育第二个孩子意愿且符合政策条件的人等于实际生育第 2 个孩子的人。之后，针对 2010 年后生育率可能出现的变化设计了下面 3 种方案（具体设定见表 A.2）：低方案：假定即使开放了"普遍二孩"政策，但在京津冀地区并未造成明显影响，而使得生育水平在 2015 – 2030 年基本与 2010 年的水平持平，因此，在低方案中，京津冀全区域 TFR 会一直保持在 1.6 的水平。中方案：假定 2020 年生育人数能够达到生育下限，之后缓慢降低，全区域 TFR 在 2030 年的时候恢复到 1.6 的水平。高方案：假定 2020 年生育人数能够达到生育上限，之后缓慢降低，全区域 TFR 在 2030 年的时候会降到 1.8 的水平。

表 A.2　三种情境生育方案（TFR 值）设计

方案名称	年份	农村	城镇	京津冀全域
低方案	2010 – 2015	2.15	1.23	1.6
	2015 – 2020	2.15	1.23	1.6
	2020 – 2025	2.15	1.23	1.6
	2025 – 2030	2.15	1.23	1.6

方案名称	年份	农村	城镇	京津冀全域
中方案	2010－2015	2.37	1.36	1.76
	2015－2020	2.81	1.61	2.09
	2020－2025	2.88	1.62	2.10
	2025－2030	1.76	1.36	1.76
高方案	2010－2015	2.43	1.39	1.80
	2015－2020	2.97	1.70	2.21
	2020－2025	3.04	1.74	2.26
	2025－2030	2.63	1.50	1.95

2. 死亡率及其调整

PDE 模型通过分城乡、年龄组、性别和教育程度的死亡率来确定因死亡退出各出生队列的不同状态人口。我们需要给出起始年份的死亡率并通过出生预期寿命来调整预测期内死亡率的变化。考虑到我国目前死亡水平趋于稳定，我们只分别给出男性和女性死亡率参数变化的一种假设，并假设不同教育程度水平相同。

根据黄荣清（2014）、郑晓瑛（2005）等文献对死亡数据进行了漏报数据回填后，得到 2010 年京津冀地区城镇男性预期寿命为 78.82 岁，女性为 82.34 岁，乡村男性 72.91 岁，女性 77.66 岁。这一水平已经高于全国平均水平，因此我们假设死亡模式在 2010－2030 年并没有太大变化。

3. 教育转换率

教育转换率是预测未来人力资本变化的关键参数，指某一教育程度人口中在预测期内获得更高一级教育程度的人口的比例，具体转换率的公式为：

$$T_{1,2}(5-9) = \frac{popr_2(5-9)}{popr_1(0-4)}, \quad T_{1,2}(10-14) = 1 - \frac{popr_1(10-14)}{popr_1(5-9)},$$

$$T_{2,3}(10-14) = \frac{popr_3(10-14)}{popr_2(5-9)}, \quad T_{2,3}(15-19) = 1 - \frac{popr_2(15-19)}{popr_2(10-14)};$$

$$T_{3,4}(15-19) = \frac{popr_4(15-19)}{popr_3(10-14)}, \quad T_{3,4}(20-24) = 1 - \frac{popr_3(20-24)}{popr_3(15-19)};$$

$$T_{4,5}(20-24) = \frac{popr_5(20-24)}{popr_4(15-19)}, \quad T_{4,5}(25-29) = 1 - \frac{popr_4(25-29)}{popr_4(20-24)}$$

在确定 2010 年教育转换率基础上，我们根据《国家中长期教育改革和发展规划纲要》给出了 2010－2020 年教育转换率参数。由于缺乏相关资料和数据，本研究设定方案设计总体假设原则为：一是假设教育发展路线为农村向城市方向发展，城市向更高层级比如《国家中长期教育改革和发展规划纲要》规划的高目标发展。尤其是中学－大学转换率，假设农村未来发展目标是城市现有水平，城市未来发展目标是上述规划纲要中要求的增加一倍水平。二是因为 2010 年城市的文盲－小学转换率和小学－中学转换率已达到较高水平，因此这两个转换率假设保持不变。

具体设计如下（方案设计具体数据详见下表 A.3）：5－9 岁组和 10－14 岁组的文盲－小学转换率：目前初级教育已经基本上普及，我们假设转换率保持 2010 年水平不变。10－14 岁组和 15－19 岁组的小学－中学转换率：城市中学升学率已经稳定在较高水平，因此假设城市 10－14 岁组和 15－19 岁组的小学－中学转换率保持不变；农村随着经济的发展和教育的普及，小学－中学转换率在 2025 年达到城市 2010 年的水平，内插计算 2015、2020 年的教育转换率。15－19 岁组和 20－24 岁组的中学－大学转换率：根据教育部 2010 年教育事业发展规划，2010 年我国高等教育的毛入学率达 11% 左右，相当于目前中学－大学转换率的 2倍。由于缺乏相关京津冀的政策对教育进行规划，我们按照全国的要求对京津冀地区教育转换率进行了调整，最终我们假设城市 15－19 岁组和 20－24 岁组的中学－大学转换率在 2020年分别比 2010 年增加 1 倍，然后保持到 2030 年，农村 15－19 岁组和 20－24 岁组的中学－大学转换率在 2030 年达到城市 2010 年水平并内插分配给各年份。

表 A.3　分城乡（农村）人口预测参数设定：教育转换率

时间	受教育水平	农村（%）							
		男性				女性			
		5－9	10－14	15－19	20－24	5－9	10－14	15－19	20－24
2010	文－小	0.757	0.983	0	0	0.757	0.983	0	0
	小－中	0	0.535	0.915	0	0	0.539	0.9	0
	中－大	0	0	0.087	0.116	0	0	0.097	0.13
2015	文－小	0.757	0.983	0	0	0.757	0.983	0	0
	小－中	0	0.	0.	0	0	0.	0.	0
	中－大	0	0	0.	0.	0	0	0.	0.
2020	文－小	0.757	0.983	0	0	0.757	0.983	0	0
	小－中	0	0.	0.	0	0	0.	0.	0
	中－大	0	0	0.	0.	0	0	0.	0.
2025	文－小	0.757	0.983	0	0	0.757	0.983	0	0
	小－中	0	0.639	0.976	0	0	0.649	0.974	0
	中－大	0	0	0.255	0.329	0	0	0.293	0.329

表 A.4　分城乡（城镇）人口预测参数设定：教育转换率

时间	受教育水平	城镇（%）							
		男性				女性			
		5－9	10－14	15－19	20－24	5－9	10－14	15－19	20－24
2010	文－小	0.766	0.989	0	0	0.77	0.99	0	0
	小－中	0	0.639	0.976	0	0	0.649	0.974	0
	中－大	0	0	0.255	0.329	0	0	0.293	0.329
2015	文－小	0.766	0.989	0	0	0.77	0.99	0	0
	小－中	0	0.639	0.976	0	0	0.649	0.974	0
	中－大	0	0	0.	0.	0	0	0.	0.
2020	文－小	0.766	0.989	0	0	0.77	0.99	0	0
	小－中	0	0.639	0.976	0	0	0.649	0.974	0
	中－大	0	0	0.511	0.658	0	0	0.586	0.657
2025	文－小	0.766	0.989	0	0	0.77	0.99	0	0
	小－中	0	0.639	0.976	0	0	0.649	0.974	0
	中－大	0	0	0.511	0.658	0	0	0.586	0.657

4. 迁移人口

PDE 模型中还纳入了对各个时期城乡间分年龄组、性别和教育程度的迁移人口对预测人口影响的考虑。根据周一星（2005）等研究对中国未来城市化水平发展趋势的估计和国外城市化进程中迁移人口规模的普遍规律，我们认为在 2010 年的基期数据基础上每 5 年乡城迁移的人数应该减少 20%，以实现《国家新型城镇化规划（2014－2020 年）》中的规定。同样，由于缺乏京津冀区域的相关政策资料，我们也只能参考国家的平均水平来设定参数。另外，由于数据的局限，本研究中目前使用的迁移数据来自 2010 年的京津冀三地的人口普查资料，并根据我们使用模型的需要进行的拆分，最终得到的迁移规模数据存在着一定的高估问题，这一点从某种程度上来说，对应着京津冀一体化实施后，京津冀地区成为了一个十分具有吸引力的地区，因此迁移的规模持续增长的情形。

A.3 京津冀未来总体人口规模变化预测

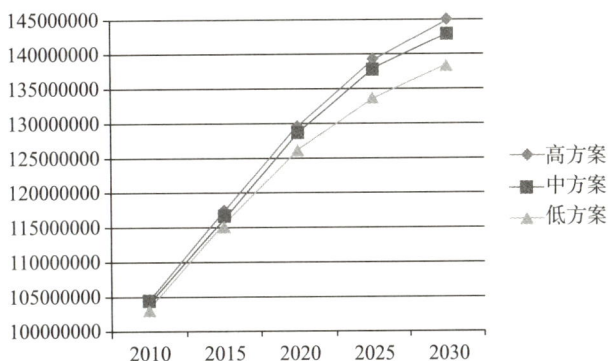

图 A.3 京津冀三种情境人口总体规模预测方案 (2010 – 2030)

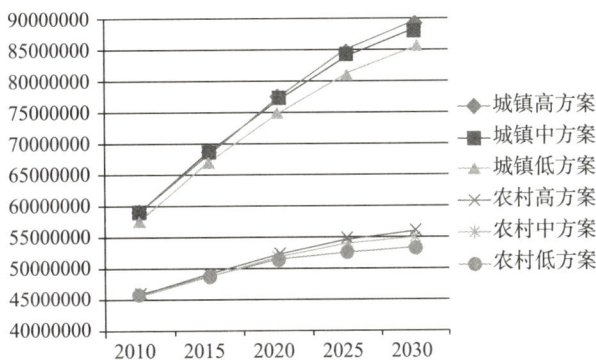

图 A.4 京津冀分城乡三种情境人口规模预测方案 (2010 – 2030)

不同预测方案都显示京津冀地区人口规模在未来 20 年内保持增长趋势，区域人口峰值将出现在 2030 年到 2035 年之间。按照我们的预测，2020 年全国范围内应该比 10 年增加 3000 万人左右，之后由于各种不同的预测模式，2030 年人口数应该在 1.38 亿到 1.45 亿之间，之后会逐步出现下降。如果按照低方案，结合死亡率参数、迁移规模和教育转换率的变化，2020 年京津冀地区人口规模将控制在 1.26 亿，2030 年将达到 1.38 亿。如果按照中方案，结合死亡率参数、迁移规模和教育转换率的变化，2020 年中国人口规模将达到 1.29 亿，2030 年将达到 1.43 亿。如果按照高方案，结合死亡率参数、迁移规模和教育转换率的变化，2020 年中国人口规模将1.29亿，2030年将分别达到1.45亿。

不同预测方案下未来人口规模以及基于2010年人口增长比较详见下表A.5：

表A.5　京津冀三种情境人口规模预测方案（亿）

方案	2010年			2020年			2030年		
	全域	城镇	农村	全域	城镇	农村	全域	城镇	农村
低方案	1.033	0.576	0.457	1.263	0.749	0.513	1.384	0.853	0.531
中方案	1.033	0.576	0.457	1.287	0.771	0.516	1.432	0.883	0.549
高方案	1.033	0.576	0.457	1.295	0.883	0.520	1.450	0.894	0.556

A.4　京津冀未来总体人口年龄结构变化预测

人口金字塔能清楚反映出人口的规模和分性别人口年龄结构，在三种方案中，我们选择最有可能实现的方案为例进行描述。

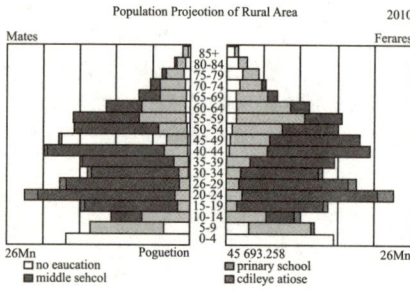

图A.5a　农村2010年人口金字塔

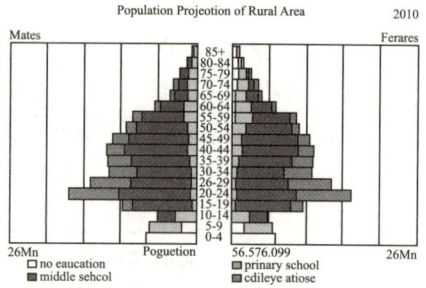

图A.5b　城镇2010年人口金字塔

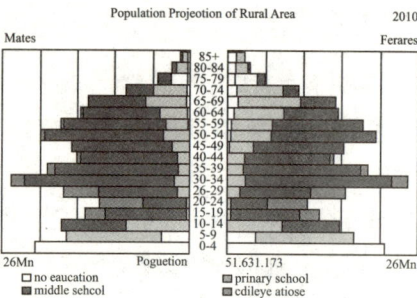

图A.5c　农村2020年人口金字塔

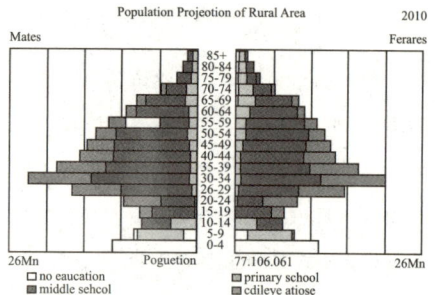

图A.5d　城镇2020年人口金字塔

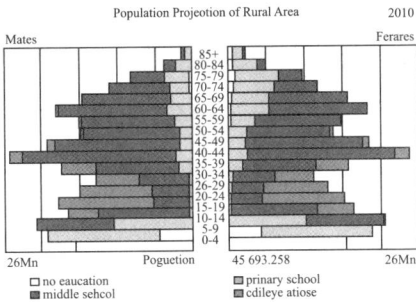

图 A.5e 农村 2030 年人口金字塔

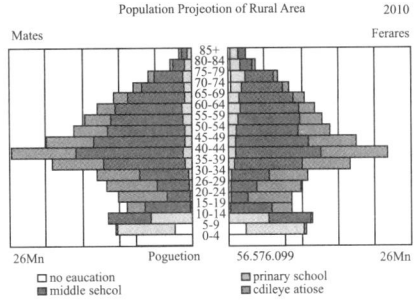

图 A.5f 城镇 2030 年人口金字塔

图 A.5 京津冀分城乡 2010、2020、2030 年人口金字塔一览

从上面图 A.5 中可以看出，京津冀地区的农村地区在 2010 年 – 2030 年的人口结构变化并不明显，而城镇人口有一个从年轻型人口向中年型人口金字塔转变的趋势。另外，二孩政策从一定程度上带来了 0 – 4 岁人群的井喷。同时，无论城乡，老年人口规模都明显增加，老龄化程度加剧。为了更清楚地分析人口年龄结构的变化，本研究将全人群分为 0 – 14 岁，15 – 64 岁，65 岁及以上三个年龄段的人群进行比例分析。根据预测结果得出下表 A.6：

表 A.6 京津冀不同预测方案的人口年龄结构　　　　　　　　　　　　　　单位：亿，%

	0 ~ 14	15 ~ 64	65 +
城镇			
2010	0.073（12.37%）	0.469（79.69%）	0.047（7.94%）
2015	0.113（14.60%）	0.574（74.40%）	0.085（11.00%）
2020	0.130（14.72%）	0.621（70.31%）	0.132（14.97%）
农村			
2010	0.079（17.36%）	0.337（73.77%）	0.041（8.87%）
2015	0.110（21.32%）	0.341（67.04%）	0.065（12.64%）
2020	0.115（21.02%）	0.347（63.13%）	0.087（15.85%）

根据上表，我们可以看出低龄组和高龄组同时有着随时间而上升的趋势，而中龄组所占比例一直在下降，这一点在抚养比的变化上体现的较为明显，根据上表我们有图 A.6。

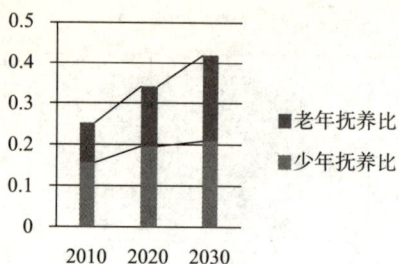

图 A.6a 城镇地区抚养比变化图

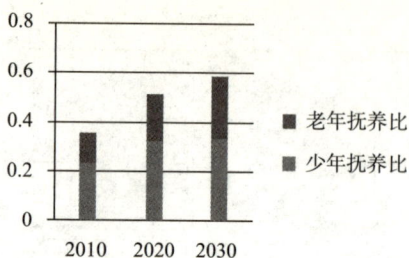

图 A.6b 农村地区抚养比变化图

图 A.6 京津冀分城乡抚养比变化图（2010－2030）

从图 A.6 可以看出，无论城乡的总体抚养比都是呈现上升趋势，农村常住人口的总体抚养比高于城镇常住人口抚养比（尤其是少儿抚养比）。这都显示出在老龄化程度不断加剧的背景，在与"普遍二孩"政策叠加之后，京津冀地区劳动力供给人群承担压力将进一步加大。

A.5 京津冀教育人力资本变化分析和预测

教育人力资本反映了一个地区发展的潜力，一般认为人力资本越高该地区越具有发展的潜力与资本。PDE 模型中同样给出了各种情景下教育人力资本的情况：

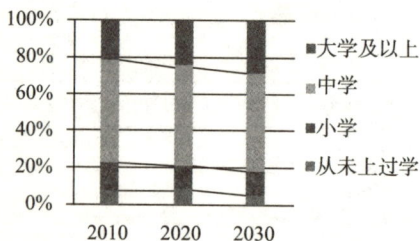

图 A.7a 城镇地区教育人力资本变化图

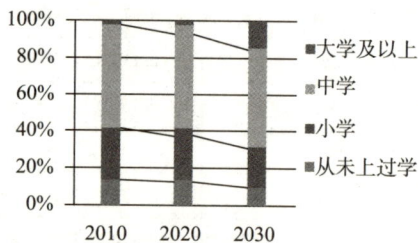

图 A.7b 农村地区教育人力资本变化图

图 A.7 京津冀分城乡教育人力资本变化趋势预测（2010－2030）

从图 A.7 可以看出，京津冀地区城乡具有大学及以上教育程度的人越来越多，这也展示了京津冀地区良好的发展前景。中学文化程度人口比例变化无论城乡都并不明显，随着教育的普及以及教育工作的持续推进，小学及从未上过学的人士所占比例都在逐渐减小。

附录 B
京津冀协同发展大事记

2013 年 5 月，中共中央总书记、国家主席、中央军委主席习近平在天津调研时提出，要谱写新时期社会主义现代化的京津"双城记"。

2013 年 8 月，习近平在北戴河主持研究河北发展问题时，提出要推动京津冀协同发展。

2014 年 2 月 26 日，习近平在听取京津冀协同发展工作汇报时做了重要指示，就推进京津冀协同发展提出 7 点要求。京津冀协同发展上升为重大国家战略。习近平强调，实现京津冀协同发展，是面向未来打造新的首都经济圈、推进区域发展体制机制创新的需要，是探索完善城市群布局和形态、为优化开发区域发展提供示范和样板的需要，是探索生态文明建设有效路径、促进人口经济资源环境相协调的需要，是实现京津冀优势互补、促进环渤海经济区发展、带动北方腹地发展的需要，是一个重大国家战略，要坚持优势互补、互利共赢、扎实推进，加快走出一条科学持续的协同发展路子来。

2014 年 4 月，官方正式明确表态将通州打造为北京城市副中心。

2015 年 4 月 2 日，中共中央政治局常委会会议召开，研究《京津冀协同发展规划纲要》。

2015 年 4 月 30 日，中共中央政治局召开会议，审议通过《京津冀协同发展规划纲要》。纲要指出，推动京津冀协同发展是一个重大国家战略，核心是有序疏解北京非首都功能，要在京津冀交通一体化、生态环境保护、产业升级转移等重点领域率先取得突破。这意味着京津冀协同发展的顶层设计基本完成，推动实施这一战略的总体方针已经明确。

2016 年 2 月，《"十三五"时期京津冀国民经济和社会发展规划》印发实施。这是全国第一个跨省市的区域"十三五"规划，以《京津冀协同发展规划纲要》为基本遵循，将京津冀作为一个区域整体统筹规划，明确京津冀地区未来五年发展目标。

2016 年 5 月 27 日，中共中央政治局会议审议通过《关于规划建设北京城市副中心和研究设立河北雄安新区的有关情况的汇报》。

2016 年 12 月 14 日至 16 日，中央经济工作会议在北京召开。习近平发表重要讲话，强调要继续实施京津冀协同发展。

2017 年 2 月 23 日，习近平专程到河北省安新县进行实地考察，主持召开河北雄安新区规划建设工作座谈会。习近平强调，规划建设雄安新区，要在党中央领导下，坚持稳中求进工作总基调，牢固树立和贯彻落实新发展理念，适应把握引领经济发展新常态，以推进供给侧结构性改革为主线，坚持世界眼光、国际标准、中国特色、高点定位，坚持生态优先、绿色发展，坚持以人民为中心、注重保障和改善民生，坚持保护弘扬中华优秀传统文化、延续历史文脉，建设绿色生态宜居新城区、创新驱动发展引领区、协调发展示范区、开放发展先行区，努力打造贯彻落实新发展理念的创新发展示范区。此次会上，习近平提出规划建设雄安新区要突出的七个方面重点任务。

2017 年 2 月 24 日，习近平到通州区考察北京城市副中心建设情况。习近平强调，北京城市副中心建设不但要搞好总体规划，还要加强主要功能区块、主要景观、主要建筑物的设计，体现城市精神、展现城市特色、提升城市魅力。

2017 年 4 月 1 日，中共中央、国务院印发通知，决定设立河北雄安新区。其中明确指出，雄安新区是继深圳经济特区和上海浦东新区之后又一具有全国意义的新区，是千年大计、国家大事。

2017 年 6 月，中国共产党河北雄安新区工作委员会、河北雄安新区管理委员会获批设立，为中共河北省委、河北省人民政府派出机构。

2017 年 8 月 17 日，北京市人民政府与河北省人民政府签署《关于共同推进河北雄安新区规划建设战略合作协议》。

2017 年 9 月 27 日，《北京城市总体规划（2016 年 - 2035 年）》通过中共中央、国务院批复同意并正式对外公布。其中明确定位："北京是中华人民共和国的首都，是全国政治中心、文化中心、国际交往中心、科技创新中心"。

2017 年 10 月 18 日，习近平在中国共产党十九大报告中提出，以疏解北京非首都功能为"牛鼻子"推动京津冀协同发展，高起点规划、高标准建设雄安新区。

2018 年 2 月 22 日，中共中央政治局常务委员会召开会议，听取河北雄安新区规划编制情况的汇报。中共中央总书记习近平主持会议并发表重要讲话。

会议指出，规划建设雄安新区，是以习近平同志为核心的党中央对深化京津冀协同发展作出的又一项重大决策部署，是一项历史性工程，对承接北京非首都功能、探索人口密集地区优化开发模式、调整优化京津冀空间结构、培育推动高质量发展和建设现代化经济体系的新引擎具有重大现实意义和深远历史意义。

2018 年 3 月 5 日，第十三届全国人民代表大会第一次会议在北京人民大会堂开幕。国务院总理李克强作政府工作报告，其中再次强调："以疏解北京非首都功能为重点推进京津冀协同发展，高起点规划、高标准建设雄安新区。"

后 记

一个学文学和新闻学起家的家伙，居然去研究区域人口与经济社会的发展，这可能要被不少人认为是不务正业了。然而在我而言，这种跨专业的研究却是符合常理的事情。大约八九年前，我的报道领域开始转向社会层面，并且逐渐关注中国老龄化和人口的发展。在采写多篇报道之后，日渐为自己贫乏的人口学、社会学和经济学相关专业知识汗颜，于是萌发想要深入研究这一领域的念头。而后就与北京大学结缘，六年前考入北京大学人口研究所，追随导师陈功教授，开始攻读法学（人口学）博士学位。

当时也许并未料到，真正的煎熬与历练才刚刚开始。最磨砺人的当属完成博士论文，也就是本书的初稿。从起笔构思到最后完成，本书前后历时四年之久。其中作为初稿的博士论文，花了近三年时间。作为个人第一部学术专著，颇有姗姗来迟之感。这首先可能源于写作本论著之时正值人生步入中年，工作、家庭乃至个人的状态均遭遇一系列变化。恰如改革进入深水区，处于深度调整转型过程中，多少影响到写作的效率和进度。但也许更为重要的是，内心深处对于学术研究始终怀有一种敬畏感，总希望能对个人学术方面有一个较好的总结，毕竟这代表着自己在学术研究领域第一块正式的"敲门砖"。不敢说有多深厚的造诣，却也敝帚自珍，期望能对自己和关爱自己之人有个负责任的交代，因而难免慎重。当然我深知，书中还有很多不足和缺憾。因受时效限制，目前只能呈现如此。还请各位方家多多赐教，以便我今后更好地努力与成长。

本书即将付梓之时，我刚刚度过 37 岁生日。已近不惑之年，上有老下有小，正处于"压力山大"的人生"负重爬坡"阶段。这么多年似乎一直忙于赶路，却很少停下来对人生过往做一个梳理，现在正好是个不错的机会。

在我既有的人生之路上，学习占据了相当大的比例。从初入小学到博士毕业，花了整整30年，从临汾到太原再到北京，从山西大学到人民大学再到北京大学，我的求学之路可谓漫长而曲折。这期间经历的坎坷与挫折很难与外人道，也许唯有一直陪我成长、在背后无私支持和默默鼓励的父母能深刻体会。

我在年少时代就对新闻怀有浓厚兴趣。高考填报志愿时，义无反顾将所有报考院校第一志愿都填成新闻。在此不禁要感谢中国人民大学新闻学院和山西大学新闻传播系老师，尤其是硕士生导师高钢教授，还有张子辉、刘小燕、匡文波、陶文实、韩志强、袁文丽等教授，让我从新闻爱好者变为有新闻理想和职业操守的新闻人，也让我最终选择新闻作为第一份职业。迄今为止我已坚守十多年，相信即使未来职业身份或有变化，我的新闻理想也不会改变。

而与之伴随的是，我个人也从蹒跚学步和青涩懵懂，慢慢变得步履平稳且日渐从容。在遭遇一系列生活的变故、人生的风雨与学业的挑战之时，我开始学会在和解中慢慢成长，与自己内心和解，与他人和解，与这个世界和解。与此同时，我学会了感恩，感恩父母，感恩爱人，感恩孩子，感恩师长，感恩亲朋，感恩他人，感恩生活。

一切的经历与磨砺，都是财富，也都是为了遇见更好的自己。借此机会，我想要认真感谢一下在三分之一的生命中遇到的这些"恩"人。

首先特别感恩我的导师陈功教授。五年的博士生涯中，他不仅拓宽了我学术的视野，教会我对自我和人生的反躬自省，更使我经历了刻骨铭心的历练和涅槃重生般的成长。

特别感恩尊敬的中国残疾人事业发展研究会会长程凯教授对我从事学术研究和论文写作的深切指引与持续鼓励，其真知灼见对论文的成稿思路与架构设计均有重要启发。

特别感恩尊敬的发展中国家科学院院士、北大人口研究所所长郑晓瑛教授对我高屋建瓴的学术指导和无微不至的关怀叮嘱。

特别感谢穆光宗教授和武继磊副教授在论文写作过程中的悉心指导和耐心教诲，他们对论文的选题架构和执行操作等各层面提出重要建议，对论文初期修改做了详尽指导。

特别感恩尊敬的国务院研究室乔尚奎司长、中国残联康复部主任胡向阳博士、北京大学东西方文化研究中心李湛军教授、中国对外文化集团张宇教授、北京大学人民医院王杉教授、文化部陈新华博士和人民公安报评论部翟永太主任在我的论文写作和人生成长过程中的点拨和指教。

特别感谢米南阳老师百忙之中拨冗为本书题写书名。

特别感恩尊敬的宫恩年教授多年来对我和家人工作、学习和生活的鼎力关怀与持续扶持。

特别感谢有机会参与中国区域科学协会会长、北京大学杨开忠教授和北大首都发展研究院院长李国平教授、副院长林坚教授主持的京津冀协同发展相关研究项目，三位业内大家的熏陶与指点令我获益匪浅；特别感谢中国人民大学社会与人口学院张耀军教授在参与相关项目和本论著写作过程中的提点与支持。

感谢为本论文研究提供全面数据支持的国家统计局赵军利女士和常炜女士。特别感谢军利女士，对我的需求总是有求必应。

感谢北京大学人口研究所的宋新民、乔晓春、李涌平、裴丽君、胡玉坤、庞丽华、张蕾、刘岚、黄成礼等老师对论文初稿提出的意见。感谢王德利、胡成花老师对我在博士期间的周到关照。

特别感谢花费宝贵时间和精力评阅本论著的匿名评审专家和答辩委员会的专家教授。

感谢我所工作的工人日报社诸位领导和同事对我攻读博士学位的支持，尤其感恩社长孙德宏教授的知遇之恩和学术鼓励；感谢总编辑刘家伟和副社长戚廷瑞、王四新以及前后几位副总张刃、吴新民、秦少相、董宽、王娇萍、宋澎、赵巧萍等领导的关心教诲；感谢先后几位部主任杨祝夫、赵永智、白青峰、石述思、兰海燕、刘颖余、张明江、成露和李元程老师对我工作和成长的包容与帮助。

特别感恩最早的启蒙恩师郭簵教授引领我走进学术之门并通过言传身教持续激励我勇敢前行，百折不挠。

在此，要特别感谢本书责任编辑、编审萧晓红女士的理解宽容、鼎力支持和及时督促，才使得我在繁忙的工作和一系列的生活变故中能够排除干扰和困难，按时完成书稿修订。

感恩能与姜雪、张硕、王东敏、王灏晨、唐晓雪、吴炳义、邱明锋、王朋岗、杨宇、路凤、周爽、李成波等诸多优秀的同学一起度过难忘的博士学习生涯。感谢程文楚、程云飞、程昭雯、Lloyd、田阳、张刚、宣华等师弟师妹读博期间对我的帮助。

特别感谢沃兴伟仁兄、李晓钧姐、黄震教授、李坤仁兄、王航仁兄、潘跃老师、关明老师、张敏老师、姜明仁兄和孟隰生老师在各个时期对我的帮助和支持。

特别感谢闫锋锋、王锋、王黎明、成浩、慕容素娟、姜宝、高菲、刘小鹏、马杨灵、周畅、陈昆、郭士玉、袁建岚、刘薇、陈世朋、杨登峰、赵舒润、郭宏、乔强、要智华、任红波、王伟平、陈光华、曹飞华、周建华、冯伟、赵新成、宛尼、刘洋、张亮、双力、谷松、成亚、蓝波、李永强、李恒、苏丽婧、聂丽军等亲友和兄弟一直以来的倾情支持。

感恩我求学和成长各阶段遇到的所有老师、同学和友人，感谢你们走进我的生命，见证了我从步履蹒跚到健步如飞的人生旅程。

还要特别郑重感恩张朝堂、李玉华、王广生、郭清珍、郭旭兵、王娟、王晨轩等至亲的全力支持。

最值得好好感恩的是我最敬爱的父母和最挚爱的家人，是你们在我人生和写作最艰难的时刻陪在我左右，与我共度时艰，不离不弃，生死相依。你们才是我一切奋斗拼搏的出发点和落脚点，也是我能勇往直前的精神支柱和动力源泉。

感恩这个伟大的时代和伟大的国度，让我有幸进入母校北京大学人口研究所深造。在这里，我不仅深刻感受到顶级高等学府的博大学术胸怀和高远学术视野，更被老师们严谨治学态度和踏实为人风范深深感染和震撼。无疑，这将影响我一生的学术和人生追求。

　　未来，好风正劲。我的学术和事业才刚刚启航，尚须全力以赴！

2017 年 11 月 17 日
于北京昌平清河北岸